ÉTICA APLICADA

RELAÇÕES INTERNACIONAIS

ÉTICA APLICADA

RELAÇÕES INTERNACIONAIS

COORDENAÇÃO
MARIA DO CÉU PATRÃO NEVES
NUNO SEVERIANO TEIXEIRA

70

Título original:
Ética Aplicada: Relações Internacionais

Revisão: Cátia Loureiro

Capa: FBA

Depósito Legal n.º 449621/18

Biblioteca Nacional de Portugal – Catalogação na Publicação

ÉTICA APLICADA

Ética aplicada: relações internacionais / coord. Maria do Céu Patrão Neves,
Nuno Severiano Teixeira. – (Ética aplicada; 11)
ISBN 978-972-44-2135-3

I – PATRÃO NEVES, Maria do Céu,
II – TEIXEIRA, Nuno Severiano,

CDU 172

Paginação:
EDIÇÕES ALMEDINA, S.A.

Impressão e acabamento:
PENTAEDRO, LDA.

para
EDIÇÕES 70

1.ª edição: Dezembro de 2018

EDIÇÕES 70, uma chancela de Edições Almedina, S.A.
Avenida Engenheiro Arantes e Oliveira, n.º 11 – 3.º C – 1900-221 Lisboa / Portugal
e-mail: geral@edicoes70.pt

www.edicoes70.pt

Índice

(A moral d)os direitos humanos e a democracia (política)

Maria do Céu Patrão Neves
Nuno Severiano Teixeira

É frequente considerar que a Política – como governo da *pólis*, dos Estados – e sobretudo as Relações Internacionais – como gestão das ligações entre os Estados – estão à margem da Ética, como se esta se confinasse meramente às relações intersubjectivas, cujas normas de viver bem caducassem no âmbito mais alargado dos povos, dos Estados. Ética Aplicada às Relações Internacionais reconhece-o ao mesmo tempo que atesta, firme e reiteradamente, a pertinência e mesmo a urgência de tornar a ética cada vez mais preponderante também neste domínio das relações internacionais em que se colocam alguns dos mais importantes desafios que a humanidade hoje enfrenta.

Bastará pensar no ancestral e universal desejo de paz entre os povos para reconhecer que a sua construção requer um plano maximamente alargado de actuação. Podemos também invocar, a título de exemplo, outras realidades, bem mais recentes, como a protecção ambiental, a luta contra as alterações climáticas, a poluição dos oceanos e a sua gestão partilhada, cuja intervenção exige igualmente amplos consensos internacionais para poder ser eficaz. E outros complexos problemas se continuam a somar, engrossando a lista dos que demandam o que se designa por uma governança mundial, como sejam a multiplicação de fluxos migratórios e a sustentabilidade demográfica à escala global. Com efeito, neste mundo global em que as fronteiras se esbatem – as distâncias reduzem-se e os tempos encurtam-se –, as acções de cada um repercutem-se, em diferentes graus, em todos até às gerações futuras, pelo que tudo, de alguma forma, diz respeito a todos. Não podemos ser indiferentes.

Eis por que o nosso mundo global reclama uma governança global. Esta tem de reunir os Estados e uma panóplia de organizações cidadãs representativas, aproximando os interesses das diversas partes, na formação do consenso possível, na celebração do compromisso desejável, na implementação das acções necessárias. Não se tratará da mera obtenção de uma qualquer maioria simples (no exercício democrático mais primário); mas da agregação de sinergias numa cooperação empenhada traduzida num acordo inscrito num quadro de possibilidades de actuação concretamente estabelecido, pela exequibilidade dos seus propósitos e sustentabilidade dos seus impactes, e eticamente formulado, pela observância dos Direitos Humanos. Isto é, de uma democracia plenamente exercida (não só como literalmente «poder do povo», mas também) como «poder do povo para o povo» e solidamente fundamentada e legitimada pela moral social, política e jurídica dos Direitos Humanos. Estes perfilam-se hoje, não obstante as críticas iniciais de imperialismo e as mais recentes de défice democrático, como a única moral universalista para a acção humana no mundo global. E a governança global necessita de uma moral comum, partilhada, que constitua, aliás, a plataforma de encontro de diferentes e a língua franca entre diferentes.

A ética não se reporta, pois, apenas às relações intersubjectivas, entre duas pessoas, mas também e hoje, mais do que nunca, necessariamente à vida comunitária à escala planetária.

Com efeito, desde a origem da moralidade, na sua constituição no decurso da hominização, no enfraquecimento dos instintos e fortalecimento da vontade, que esta se exerce como relação não violenta e vínculo de coesão social, sempre num horizonte universalista, isto é, formulando normativas passíveis de se tornarem universais. Na verdade, não há morais individuais – contrariamente ao que não raramente se afirma; há diferentes concepções de bem e de mal que só ganham peso moral se forem partilhadas e só são eticamente legitimas se forem universalizáveis. Por isso, após a queda sucessiva dos tradicionais universais morais no decurso da história da humanidade – a natureza desde a Grécia antiga, Deus nas religiões monoteístas, a razão humana com Kant –, importava enveredar por uma nova via que, servindo os desígnios originários da moralidade, na construção de relações pacíficas e de vínculos sociais, os concretizasse num plano mais abrangente, envolvendo todos os povos, a humanidade. O movimento dos direitos humanos vem precisamente protagonizar esta ambição ancestral e urgência moderna, na esteira, aliás, da autonomização kantiana da moral, isto é, da afirmação de que só o homem é e pode ser autor da moral e que a normativa moral só é válida se for universalizável.

O longo movimento dos direitos humanos atingiu um marco decisivo da sua história com a Declaração dos Direitos Humanos, cujo septuagésimo aniversário assinalamos este ano. Produto do consenso possível entre os povos da Terra, no rescaldo da segunda Guerra Mundial e no empenho de evitar um novo conflito mundial, constitui-se como uma normativa convencionada – redigida, negociada e aprovada pelas nações –, autónoma – projectada como lei dos povos para os povos –, minimalista – na medida em que contempla apenas o que é amplamente consensual – e universalista – na sua aspiração.

Desde a génese do movimento dos direitos humanos (que podemos designar como a sua pré-história), mas sobretudo após a Declaração de 1948 (que classificaríamos então como a sua história), consideramos que o desenvolvimento dos Direitos Humanos narra a evolução moral da humanidade na contemporaneidade. As designadas sucessivas gerações dos Direitos Humanos (Karel Vasak, 1977) são precisamente prova desta evolução, que traçam consistentemente por dois sentidos complementares progredindo: da afirmação de obrigações negativas (não ingerência) para a reivindicação de obrigações positivas (providenciar bens); e da centralidade do indivíduo para um crescente enfoque na sociedade, o qual se tem vindo a ampliar, projectando-se para um horizonte global.

Com efeito, a Declaração dos Direitos Humanos de 1948, a sua primeira geração, enuncia direitos individuais, civis e políticos, isto é, de liberdade individual a ser respeitada pelo Estado que não se deve imiscuir na esfera privada do cidadão. Entretanto, vai-se tornando evidente não ser possível garantir os direitos individuais sem providenciar condições materiais para que aqueles possam ser exercidos. Os pactos económicos, sociais e culturais de 1966 vêm precisamente estabelecer os deveres dos Estados nestas matérias e assim proclamar os direitos sociais, de igualdade de tratamento entre todos os cidadãos. É a segunda geração de direitos. Entretanto, tornou-se imperativo avançar para direitos de titularidade colectiva, por via de acordos internacionais e dando consistência a uma governança global (bem evidente na Agenda 2030), já numa terceira geração que procura cumprir o desiderato da fraternidade universal. Estamos hoje bem mais próximos de realizar o ideal da Revolução Francesa, nos valores supremos da liberdade, igualdade e fraternidade, para o que contribuiu decisivamente o regime democrático.

Aliás, importa aqui sublinhar que, se os regimes democráticos e a expansão da democracia no mundo permitiram o desenvolvimento geracional dos direitos humanos, estes constituem o fundamento moral da democracia. Isto é, o regime político democrático é considerado eticamente superior na medida em que se funda na moral universal dos direitos humanos e a concretiza. Daí que Direitos Humanos e Democracia tenham sido consensualmente perspectivados como indissociáveis: a democracia alicerça-se nos iguais direitos e liberdades individuais de todos os cidadãos, e os direitos humanos só são respeitados e satisfeitos em democracia.

É o quadro agora descrito, de consolidação democrática e progresso moral, que se encontra hoje sob ameaça numa dinâmica sociopolítica cuja face mais visível é a do actual processo de erosão das democracias.

A erosão das democracias

A democracia está hoje sob ataque. A democracia liberal e a ordem internacional multilateral estão sob ataque dos nacionalismos populistas e em retrocesso em todo o mundo. Defender a democracia é uma urgência política e um imperativo ético, na medida em que consiste no mais inclusivo e igualitário modelo de organização das sociedades.

Um rápido vislumbre de um passado recente ou um olhar mais longo para além da viragem do século oferecia-nos uma democracia triunfante. A economia de mercado, a democracia liberal e a ordem multilateral, que haviam saído vitoriosas da guerra fria, moldavam o modelo político e ético ocidental que se expandia num processo de universalização acelerada. O triunfo da democracia parecia definitivo. Nas sociedades ocidentais a economia estava a crescer e os cidadãos empenhados na democracia liberal; o sistema político era dominado por partidos moderados e os partidos radicais eram politicamente irrelevantes; eleições livres e justas, liberdades cívicas, direitos humanos e estado de direito, eram valores inquestionáveis. A democracia era o único sistema internacionalmente aceite com legítimo.

Os cientistas políticos argumentaram, então, que a democracia, uma vez consolidada, não admitiria recuo, ou seja, que a instauração e consolidação da democracia eram definitiva e a democratização um processo de sentido único e irreversível. Eram os tempos áureos do «fim da história» de Francis Fukuyama.

Há cerca de dez anos, este panorama e o optimismo de que se revestia começaram a mudar, primeiro com os manifestos fracassos de iniciativas democráticas no Iraque e no Afeganistão; depois com os resultados pouco animadores da designada Primavera Árabe, das revoluções populares que eclodiram a partir de 2011 contra os governos de vários países árabes na reivindicação da democratização do país.

O alarme, porém, só soou quando sinais de debilidade da democracia se declararam no centro do sistema das sociedades ocidentais: na Europa e nos Estados Unidos, com o Brexit e com a eleição de Donald Trump, respectivamente. Estes sinais ameaçam converter-se numa tendência a nível global com uma vaga crescente dos populismos em todo o mundo: da Rússia de Putin à Turquia de Erdogan, das Filipinas de Duterte, à Venezuela de Chávez e Maduro, da Hungria de Órban ao Brasil de Bolsonaro.

É assim que o retrocesso da democracia se vai declarando. E não se trata meramente de uma opinião; são os dados objectivos de estudos empíricos que o indicam, nomeadamente dois relatórios recentes publicados por instituições tecnicamente credíveis e politicamente independentes. Referimo-nos ao *Freedoom in the World* (2018)[1], publicado pela Freedoom House, que aponta que 71 países desceram nos índices de liberdade, enquanto apenas 35 subiram. Entre os países com alterações

---

[1] https://freedomhouse.org/report/freedom-world/freedom-world-2018.

mais acentuadas, 20 pioraram e apenas 6 melhoraram. Este é o 12º ano consecutivo em que a média dos níveis de direitos cívicos e liberdades políticas declina em todo o mundo. Um segundo estudo a mencionar é o *Democracy Index* (2018)[2], publicado pelo Economist Intelligence Unit, que confirma a mesma tendência: 89 países descem no índice de democracia, enquanto apenas 27 sobem. As conclusões de ambos os relatórios convergem na afirmação de que a liberdade e a democracia estão «sob assalto e a bater em retirada globalmente» (*under assault and in retreat globally*).

Perante o desenrolar desta nova realidade, os cientistas políticos tiveram de regressar à biblioteca e tirar o pó de alguns livros, voltar a ler Juan LINZ e Alfred STEPAN em *The Breakdown of Democratic Regimes* (1978) e *Problems of Transition and Consolidation of Democracy* (1996).

A tese de Linz e Stepan é simples e muito conhecida: as democracias estão consolidadas quando são «*the only game in town*» (o único jogo na cidade). Qual o sentido desta metáfora? O de que, na realidade, a consolidação da democracia depende da concretização de três condições fundamentais: uma primeira, relativa às atitudes, afirma que a democracia está consolidada quando a esmagadora maioria do povo acredita ser a melhor forma de governo; uma segunda, num plano constitucional, reporta-se ao respeito das normas democráticas pelos principais protagonistas das relações internacionais (órgãos governamentais e não governamentais) que as fazem reflectir nos seus próprios procedimentos; e a terceira, no âmbito dos comportamentos, requer que nenhum actor nacional de importância significativa mobilize recursos e procure activamente o derrube do regime ou a secessão do Estado.

---

[2] https://www.eiu.com/topic/democracy-index

Olhando para o panorama actual, verifica-se que as situações concretas variam muito de caso para caso, sendo difícil generalizar. Não obstante, pode-se apontar algumas tendências dominantes: no que respeita ao grau de apoio popular à democracia, a tendência é a de uma diminuição do empenhamento na democracia liberal e de uma progressiva abertura a soluções iliberais; no que respeita ao grau de aceitação das regras e práticas democráticas, a tendência é de uma deterioração da protecção dos direitos cívicos e liberdades políticas e, por vezes, de erosão ou eliminação da separação de poderes e do sistema de freios e contrapesos; no que respeita às forças e partidos antissistema, os movimentos e partidos populistas em ascensão, seja no poder ou na oposição, não querem apenas ser alternativas políticas dentro do regime democrático, mas, pelo contrário, pretendem desafiar as regras do próprio sistema.

Os cientistas políticos, depois de relerem Juan Linz e Alfred Stepan e de avaliarem a realidade atual, tiveram, pois, de admitir que as democracias se consolidam, mas também se podem desconsolidar, isto é, a democratização é, afinal, um processo de dois sentidos. Assim sendo, a democracia está também sujeita a retrocessos, quer este novo processo seja designado por «*democratic deconsolidation*» (desconsolidação democrática) ou por «*democratic backsliding*» (retrocesso democrático), segundo diferentes perspectivas teóricas (Nancy Bermeo; Yascha Monk; Pippa Norris; Daniel Ziblatt e Steven Levistzky).

Simultaneamente, os cientistas políticos verificaram que também a queda das democracias não seguia o modelo conhecido: em vez de caírem de um só golpe, súbita e estrondosamente, por meio de golpes de Estado, caiem agora lenta e silenciosamente, peça a peça, brandamente. Hoje restringe-se uma liberdade de associação, amanhã reduz-se a autonomia de um Tribunal, no dia seguinte compra-se um jornal incómodo para depois o fechar, supostamente por razões financeiras.

Afinal, invocar-se-á, não se trata de política, mas apenas da lei e do mercado a funcionar. Cada diferente episódio parece não ter relevância, mas o seu processo cumulativo tem um efeito devastador de degradação da democracia.

Em suma, as democracias já não caiem pelo método violento do derrube ou do colapso, mas sim pelo incremental da erosão. Neste novo método são usados os mecanismos do regime democrático para subverter a própria democracia (liberal), uma prática amplamente desenvolvida pelos populismos em ascensão um pouco por todo o mundo. Aliás, o «populismo» tornou-se uma «buzzword» (palavra de ordem) no discurso político e mediático.

Os populismos

Mas a que se refere, afinal, o «populismo»? É de definição difícil, existindo tantos sentidos quantos os utilizadores do termo. No debate político é usado para atacar o adversário e denunciar, indistintamente, a demagogia, o discurso primário ou o estilo do líder carismático. A ciência política não conseguiu, até ao presente, nem uma definição teórica nem uma metodologia de medição que sejam consensuais. O populismo é, como se costuma dizer nas ciências sociais, um conceito essencialmente contestado: o único consenso é que não há consenso.

Entre estruturalistas, institucionalistas, construtivistas, tem-se produzido extensa bibliografia em que, não obstante a ausência de amplos consensos, se identificam quatro grandes linhas de definição teórica do populismo, a saber, como: ideologia; discurso; a estratégia; e estilo. Na presente reflexão, apoiamo-nos no conceito minimalista de Cas Mudde, por ser o mais operacional para abordar o fenómeno populista.

Cas Mudde define o populismo como uma ideologia centrada em três ideias fundamentais: o povo, a elite e a vontade geral. Não se trata, em todo o caso de uma ideologia comum. Ao contrário do liberalismo, do fascismo ou do comunismo, que oferecem uma narrativa global e uma visão holística da agenda política, o populismo quer romper com o sistema vigente sem, todavia, oferecer uma visão geral do que o deve substituir. Além disso, o populismo dirige-se apenas a uma estreita parte da agenda política. Trata-se de uma «*thin-centered ideology*» (uma ideologia de estreito centramento) – na expressão de Cas Mudde – que divide a sociedade em dois grupos homogéneos e antagónicos: o «povo puro» e a «elite corrupta». O que os separa não é a riqueza ou o poder, mas os valores e, por isso mesmo, mais do que uma divisão política, esta é uma divisão moral entre puros e corruptos, entre os puros que são o povo e os outros que não são considerados povo. Esta é uma visão absolutista da sociedade, o que conduz à intolerância, e dualista, o que conduz à exclusão, numa inversão radical dos valores democráticos.

Com efeito, os populistas, que reclamam o monopólio da representação do povo e afirmam que o exercício da política deve ser a expressão da sua vontade, da «vontade geral», não reconhecem a legitimidade de existir politicamente aos que excluem desta categoria, os designados arbitrariamente como «elitistas», categoria de facto constituída por todos os que pensam, agem ou são diferentes do modelo único preconizado. O pluralismo é silenciado, a negociação e o compromisso entre partes não se justificam numa luta moral absolutista em que os outros têm de ser convertidos ou suprimidos, pelo menos politicamente.

O populismo, sendo uma *thin ideology*, não é autossuficiente, combinando-se frequentemente com outas ideologias: com o nacionalismo à direita ou com o socialismo à esquerda. De facto, o populismo não pode ser vinculado à esquerda ou à direita, podendo ser de esquerda ou de direita, de acordo com a combinação ideológica por que optar nas circunstâncias concretas em que se quer afirmar. Os populismos de esquerda têm geralmente um fundamento económico e opõem frontalmente o povo trabalhador à elite dos ricos e poderosos. São diádicos. Os de direita têm mais frequentemente um fundamento identitário, opondo também o povo à elite, mas introduzindo um outro elemento, o de acusação de a elite ser conivente com um terceiro grupo social – imigrantes, refugiados, terroristas, globalistas ou simplesmente os beneficiários do estado social (*Welfare State*) – contra a vontade e o interesse do povo. São triádicos.

Estes dois tipos de populismo, de esquerda e de direita, têm eleitorados diferentes. Mas a razão principal para o seu sucesso é a mesma: a crise da representação nas democracias liberais.

A crise de representação

É na percepção de ausência de representação nas democracias liberais que reside a base de recrutamento dos populismos, sem que estes movimentos sejam de facto contra a democracia em geral.

No passado, o populismo estava associado à direita radical e havia então um consenso estabelecido de que era contrário à democracia. Em termos teóricos era visto como uma «patologia da democracia» (Richard Hofstadter) ou como a negação da própria democracia (Jan-Werner Muller; John B. Judis). Com a emergência do populismo à esquerda dá-se uma evolução importante no debate teórico e alguns autores começaram a argumentar em sentido contrário, afirmando que o populismo não só favorece a democracia como é a essência da própria democracia (Ernesto Laclau; Chantal Mouffe; Éric Fassin). O problema – dirão – não está na democracia, mas sim no liberalismo. Hoje, uma terceira linha interpretativa considera que o populismo não é nem a essência, nem a negação da democracia (Cas Mudde; Cristóbal Rovira Kaltwasser). Sublinha-se então que os populistas não são contra a democracia, uma vez que aceitam a democracia eleitoral, a soberania popular e a regra da maioria. São, todavia, contra o constitucionalismo liberal, rejeitando o pluralismo, os direitos das minorias, a separação de poderes e o estado de direito. Não estarão, pois, contra a democracia em geral, mas contra a democracia liberal.

No que se refere à relação entre o populismo e a democracia liberal recorremos, mais uma vez, a Cas Mudde e à sua afirmação de que esta é uma relação complexa que pode ter de tudo: «o bom, o mau e o feio». O «bom», porque os populismos levantam um conjunto de problemas reais sentidos pelas populações e que não têm tido uma resposta por parte das elites como, por exemplo, os problemas da imigração e dos refugiados (à direita) ou os problemas da austeridade (à esquerda) – questões reais, sérias e que as democracias têm de enfrentar. O «mau», porque a solução que encontram não só não resolve os problemas como põe em causa o fundamento das nossas sociedades, nomeadamente quando a sua ideologia monista e moralista nega o pluralismo e rejeita a legitimidade de toda qualquer oposição política. O «feio», porque quando os populistas chegam ao poder, representando a «voz do povo», tendem a pôr em prática esta sua ideologia, silenciando todas as vozes diferentes que apenas representarão interesses particulares. Procedem então minando a legitimidade da oposição, restringindo a independência do poder judicial, cerceando o pluralismo dos *media* e, com a ajuda das redes sociais, assaltando o próprio conceito de verdade.

Esta sua agenda política é implementada recorrendo a três técnicas de governo: a ocupação do Estado; o clientelismo em massa; e a repressão da sociedade civil (Jan-Werner Muller). Actuam de forma incremental e usando os mecanismos democráticos para deformar ou subverter a democracia.

Uns chamam-lhe democracias iliberais, outros democracias defeituosas, outros não hesitam em classificá-las como autoritarismos competitivos.

É, aliás, no âmbito das expectativas alimentadas pela democracia que os cidadãos protestam por não se sentirem representados pelos partidos tradicionais e não sentirem que os governos respondem aos seus problemas, sobretudo, aos seus medos e às suas inseguranças.

Referimo-nos a medo e insegurança, em primeiro lugar, de natureza económica. As políticas neoliberais de privatização e desregulação económica e financeira têm aumentado exponencialmente as desigualdades económicas e as assimetrias sociais, contrariando a tese axial dos trabalhos clássicos de Seymour Martin Lipset de que a equidade é fundamental para a legitimidade e o apoio à democracia (John B. Judis).

Medo e insegurança, em segundo lugar, de natureza cultural. Os fluxos migratórios massivos e por vezes desregulados geram a reação contra o «outro», sentindo-o como uma ameaça. Aliás, como uma dupla ameaça: ao nível económico, são percepcionados como uma ameaça aos produtos nacionais, à segurança no emprego ou aos benefícios sociais; e ao nível cultural ou religioso, são percepcionados como uma ameaça aos costumes, às tradições e às identidades – como tão bem o evidencia Francis Fukuyama no seu último livro, *Identidades*.

Em ambos os casos, a realidade populista é a mesma: uma reacção nativista contra a globalização. A reação dos «*somewheres*» (em algum lugar), com baixas competências (*skills*) e ligados à terra, ao país, à nação de que dependem inteiramente, contra os «*anywheres*» (em qualquer lugar) desligados económica e culturalmente e cujas elevadas competências (*skills*) lhes permitem aproveitar, em qualquer lado, todos os benefícios da globalização (David Goodhart). Ora, são estes «*somewheres*», perdedores da globalização, que receiam perder o controlo da nação e reclamam a renacionalização das políticas, que não se sentem representados; e é entre eles que cresce a insatisfação nas democracias liberais.

A crise de representação é hoje evidente na Europa e nos Estados Unidos manifestando-se no enfraquecimento das estruturas tradicionais, na capacidade de organização e mobilização dos partidos, e também no declínio da própria participação dos cidadãos.

Na Europa, destacam-se dois outros factores que agravam a tendência comum. O primeiro, reporta-se ao colapso dos partidos dominantes (*mainstream*) e ao bloqueamento do sistema de partidos em vários Estados Membros, sendo que o problema não reside essencialmente no plano nacional, mas no europeu. Esta realidade é geralmente designada por «deficit democrático». Porém, o problema central é mais profundo e complexo, tal como Vivien Schmidt descreve: «Nos sistemas políticos nacionais a democracia tende a ser baseada em quatro mecanismos de legitimação: o governo *do* povo através da participação política; pelo povo, através da representação dos cidadãos; *para* o povo, através do governo efectivo; e *com* o povo através da consulta de interesses. Ora, a União Europeia tem apenas dois desses mecanismos a funcionar plenamente: o governo efectivo e a consulta de interesses. A participação política e a representação dos cidadãos, isto é, o governo *do* povo e *pelo* povo, continuam essencialmente no plano nacional.» O segundo aspecto a sublinhar é o do sistema político da União Europeia ter sido desenhado para governar e não para representar – o que se agrava a partir do Tratado de Maastricht com cada vez mais áreas de acção política (*policymaking*) a serem transferidas para a União, paralelamente reduzindo os instrumentos nacionais de controle democrático.

Quando o cidadão comum não encontra resposta para os seus problemas, a sua percepção é a de que as elites não respondem ou porque não querem («*eles são todos iguais*»), ou porque não podem («*não têm poder*»). E se não podem é porque o poder já lá não está, foi transferido e está num outro lugar: em Bruxelas ou em qualquer outra parte no mundo, em instituições supranacionais ou forças transnacionais. O resultado é o mesmo: sentem que não têm qualquer controlo democrático sobre o poder.

Para além da questão académica em torno do populismo, este perfila-se com um grave problema político que coloca hoje efectivamente em causa o futuro da democracia. Da democracia liberal bem entendido. Mas a ameaça à democracia é também, como vimos, uma ameaça à moral dos direitos humanos – o que, aliás, se compreende facilmente pela indissociabilidade de ambas, antes apontada.

Não obstante, tem-se também argumentado que o governo da maioria, o «poder do povo», pode ser democraticamente contra os interesses de minorias, protegidos pelos direitos humanos. Neste sentido, poder-se-ia apontar a existência de democracias à margem do respeito dos direitos humanos e a ruptura da indissociabilidade de ambas. Esquecem-se estes que a democracia plena se exprime, de facto, como «poder do povo para o povo», sem discriminações, sem exclusões – única garantia que se mantenha «poder do povo» e não se converte num qualquer governo autoritário, independentemente da designação adoptada.

A questão pela salvaguarda da democracia é ela própria uma questão ética. A questão como se resgata e reinventa a autêntica democracia é um desafio inaliável para que este volume pretende contribuir.

Ética Aplicada: Relações Internacionais abre-se com a interrogação que serve de mote às diferentes glosas dos múltiplos autores: que relação existe entre ética e relações internacionais? E Nuno Severiano Teixeira, em «Ética e Relações Internacionais», prossegue sublinhando que as relações internacionais foram, quase sempre, olhadas como um espaço que escapava ao campo da ética. Tudo parecia separar os dois saberes, acrescenta. A Ética, como racionalidade da acção humana, releva da Filosofia e reflecte sobre o «que deve ser», na dimensão prescritiva da moral. Assume um paradigma normativo. A Teoria das Relações Internacionais releva da Ciência Política e quer compreender ou explicar aquilo «que é». Tem um paradigma analítico. A Ética é o domínio de valores. A Teoria das Relações Internacionais é um domínio de factos. Mas será tudo assim tão simples? Na verdade, nem as teorias analíticas deixam de ter uma dimensão normativa, nem as teorias normativas dispensam os factos – argumento que o autor desenvolve a partir de uma breve genealogia teórica das principais Teoria das Relações Internacionais.

Segue-se uma primeira secção de análise e desenvolvimento de alguns «Temas Fundamentais» no domínio das Relações Internacionais. Carlos Gaspar, em «A ética do realismo» parte da pergunta «é possível uma ética do realismo?» e faz depender a resposta da validação de três pressupostos: o primeiro reporta-se à inevitabilidade da alternância entre a guerra e a paz nas relações entre as unidades independentes que formam o sistema de Estados moderno; o segundo implica o reconhecimento de que a defesa da autonomia das entidades soberanas na sociedade internacional, por todos os meios, é a primeira obrigação dos responsáveis políticos nacionais; o terceiro admite a possibilidade de os estadistas serem tão prudentes como corajosos e se submeterem aos imperativos da ética da responsabilidade na defesa da comunidade política.

Em «A ética do liberalismo», Luís Lobo-Fernandes parte da ideia de que o liberalismo, no seguimento dos tratados de Vestefália de 1648, facilitou a consolidação dos Estados territoriais e do nacionalismo moderno e o próprio sistema internacional, tendo contribuído para socavar as estruturas absolutistas tradicionais, propugnando o direito colectivo à autodeterminação das comunidades – uma das vantagens éticas do nacionalismo liberal. É neste argumento racional que estabelece a ligação entre a questão intrincada de natureza político-filosófica – a ética liberal – e o domínio científico específico das relações internacionais. A abertura conceptual suscitada pelo enunciado liberal-pluralista permitiria abarcar e estabilizar hipóteses porventura mais profícuas sobre o desenvolvimento exponencial da economia global e dos fluxos comerciais, os efeitos da comunicação cibernética universal, e a rede e extensão das múltiplas ligações transnacionais de carácter mais cosmopolita. Aqui residiria, dirá, uma das principais virtualidades da ética do liberalismo premonitoriamente avançada por Grócio.

Maria Raquel Freire aborda «A ética do construtivismo», quer face ao interesse que as questões éticas assumem nesta perspectiva teórica, quer na orientação ética da própria agenda construtivista. A dimensão intersubjectiva que informa o construtivismo aponta para a interpretação de significados e para a forma como a realidade é uma construção social, permitindo mudança e sociabilidade. Além do mais, a dimensão da prática política reflecte considerações éticas e assenta em pressupostos normativos e discursivos, sendo que o debate sobre a conduta ética está subjacente aos princípios, às regras e à acção política. Pela sua dimensão normativa em duplo sentido, ou seja, pela pertinência dada às normas na regulação da vida internacional, e pela sugestão de alternativas numa realidade socialmente construída e mutável, a componente ética encontra no construtivismo um interesse claro.

A segunda secção, dedicada aos «Desafios Actuais», incide sobre algumas temáticas preponderantes no domínio das Relações Internacionais. A primeira destacada é a dos «Direitos Humanos e Relações Internacionais» em que Patrícia Galvão Teles reflecte sobre o impacto dos direitos humanos sobre relações internacionais e como este impacto veio a alterar o seu terreno moral. Esta alteração dá-se, essencialmente, com a criação das Nações Unidas e a adopção, há 70 anos, da Declaração Universal dos Direitos Humanos, e com o desenvolvimento – a partir desses alicerces - de um sistema universal e de sistemas regionais de protecção dos direitos humanos. Aborda-se também o desafio ético que constitui a dinâmica entre o universalismo e o regionalismo cultural em matéria de direitos humanos, bem como o novo desafio para o século XXI no que se refere aos direitos humanos, especificamente quando colocado pelas consequências do fenómeno das alterações climáticas.

António Marques, em «A característica ética da noção de justiça global», parte da convicção que os problemas de justiça global não são dissociáveis de elementos especificamente morais. Defende essencialmente dois pontos de vista, a saber: as democracias pluralistas com estado de direito democrático encontram-se nas melhores condições para responder a problemas de justiça global, já que são as que respeitam um conjunto de direitos individuais fundamentais; apesar de essa vantagem, tais estados não podem resolver certas questões do foro da ética. Defende ainda a importância do crescente papel do que designa por *sensibilidade moral pública*. Esta intensifica-se no espaço de uma globalização dos novos *media* e coloca novos desafios às teorias dominantes, sejam elas de cariz cosmopolita ou soberanista. Explora ainda as propostas de programas de justiça global com ênfase na ideia de John Rawls de um «direito dos povos» (*law of peoples*), o qual sintetiza aspectos soberanistas e cosmopolistas.

«Convicção e responsabilidade na ética da globalidade», de Luís Moita, parte de uma concepção relacional e cosmopolita da ética, assente na natureza intersubjectiva dos valores. Adopta uma leitura construtivista das normas morais para fundamentar a pertinência dos imperativos éticos na esfera das relações internacionais. Recusa qualquer tentativa de privatização da ética e critica a tentação da visão dualista, designadamente a que distingue ética da convicção e ética da responsabilidade. Contrariando esta perspectiva centrada no Estado com actor da vida internacional, a responsabilidade de agir criteriosamente recai sobre todos os agentes que actuam no domínio internacional. Acresce que, nos nossos tempos, mercê da crescente internacionalização dos processos sociais, a questão ética não se limita às relações entre Estados, mas abre-se para uma ética da globalidade, que alguns designam «macro-ética planetária».

Manuel Lobo Antunes aborda a problemática dos «Nacionalismos e ordem liberal», a partir das suas memórias como Embaixador, numa reflexão vivencial. O autor começa por se deter no tipo de nacionalismo de «raiz autoritária», a partir da sua experiência na tentativa de obter um acordo que resolvesse de forma pacífica o conflito na ex-Jugoslávia, no primeiro semestre de 1992, reportando também a situação na Eslovénia, Croácia, Sérvia e Bósnia-Herzegovina; prossegue remontando ao desmembramento da URSS e ao papel dos nacionalismos na constituição dos vários Estados que então ganharam soberania (com o caso exemplar da separação entre as actuais República Checa e Eslováquia). A representação de Portugal em Bruxelas oferece detalhes de uma realidade que nos é mais próxima tal como acontece com a recente opção do Brexit no Reino Unido, sempre numa partilha que coloca o leitor em contacto com uma perspectiva rara dos bastidores da política internacional.

«Entre paz e soberania: nacionalismo e cosmopolitismo», de Alexandre Franco de Sá, considera *nacionalismo* e *cosmopolitismo* como dois projectos políticos potencialmente antagónicos que encontram na política moderna uma origem comum. Por um lado, o nacionalismo desenvolve-se a partir do conceito de soberania nacional como princípio; por outro, o cosmopolitismo alicerça-se na paz como fim. O presente texto evidencia de que modo não apenas o pensamento nacionalista pôde absolutizar o princípio da soberania nacional e contrapô-lo ao propósito da paz, mas também o pensamento cosmopolita pode absolutizar a paz e evocar o pacifismo como justificação para intervenções militares que desrespeitam a soberania e independência dos povos. Face a esta possibilidade, esta reflexão coloca o problema de uma articulação entre nacionalismo e cosmopolitismo que ultrapasse a sua contraposição e o seu desenvolvimento unilateral.

José Manuel Pureza, em «A guerra justa: entre a regulação e a legitimação», aponta como a teoria da guerra justa, como discurso moral, fixa um conjunto de critérios quer sobre a legitimidade do recurso à guerra, quer sobre a legitimidade dos modos de condução das hostilidades. Esta elaboração, de algum modo situada entre o pacifismo e o realismo, terá tido o seu apogeu como resposta, primeiro, à necessidade de justificação das guerras da cristandade e, depois, à legitimação do recurso à guerra pelas soberanias em consolidação. E se é certo que os desenvolvimentos do Direito Internacional no século XX retiraram espaço argumentativo a este discurso, assistimos nas últimas décadas a uma recuperação dos critérios sedimentados desde a Idade Média no discurso público sobre a guerra. Trata-se, na verdade, de uma elaboração de grande ambivalência porque se, por um lado, limita eticamente a guerra como instrumento político, legitima-a, por outro, como prática dos Estados.

Em «Terrorismo, liberdade e segurança», Nuno Lemos Pires afirma que nenhuma nação se pode deixar intimidar porque se defende a dignidade dos povos de forma global. Não se pode permitir que actos terroristas, dentro de cada Estado, ponham em causa as acções humanitárias na defesa de milhões de seres humanos. Em muitos casos as acções terroristas pretendem intimidar populações para que os seus governos saiam de regiões onde impera o terror e as maiores brutalidades contra os seres humanos. Quem lá exerce a influência e pretende instaurar regimes de imposição de terror pretende a expulsão dos povos que ali estão para ajudar. É fácil ceder. Facilmente a demagogia pode, em nome da necessária segurança, conduzir à perda de direitos e de liberdade. E todavia, não se pode, nunca, jamais, ceder – defende o autor.

Jaime Nogueira Pinto, em «Tolerância e democracia nas relações internacionais» considera que a ética, que transmitia a mensagem humanista, integrando como valores dominantes indiscutíveis a tolerância e a democracia, se vê hoje abalada, quer na teoria, quer na prática, quer na política doméstica, quer na internacional pela recusa destes valores ou mesmo pela afirmação de valores alternativos. Os movimentos nacionalistas e identitários que, com o apoio popular, protagonizam esta nova orientação, têm vindo a pôr em causa a tolerância e a democracia, como faces da mesma moeda, na afirmação de uma preferência nacional, ou na rejeição do multiculturalismo, ou ainda no choque entre os muitos sentidos do conceito de democracia. O paradigma e o sentido da História parecem em revisão e mudança – conclui.

Gonçalo Saraiva Matias e Mariana Viana Pedreira, em «Migrações e cidadania», apontam serem várias e intrincadas as questões éticas presentes na regulação internacional das migrações e da cidadania. Tanto a comunidade internacional como os Estados não podem desconsiderar esta dimensão quando aprovam os instrumentos jurídicos atinentes às migrações e à cidadania. Procuram analisar essas várias dimensões nos momentos relevantes do chamado «caminho para a cidadania», que se inicia quando o migrante atravessa a fronteira de um Estado e se conclui quando se integra plenamente, com a passagem de «migrante» a «cidadão». Este é um percurso em que a ética e o direito caminham lado a lado, não podendo a regulação ser relegada à política, aos populismos e às perceções infundadas. É para o debate esclarecido sobre essas opções políticas que a presente reflexão procura contribuir.

Em «Bens comuns globais», Paula Duarte Lopes caracteriza os bens comuns globais pela sua natureza global, mas também pela sua utilização competitiva e por ser socialmente difícil impedir o seu acesso (em particular em países democráticos). Ao longo dos últimos séculos – afirma – os bens comuns globais foram sendo apropriados e, alguns, abrangidos por diferentes regimes de gestão ou governação, tentando prevenir a sua sobre-exploração. Estas dinâmicas reflectem diferentes entendimentos éticos ao nível da justiça, da responsabilidade, da precaução, da humanidade e da cooperação, os quais variam com o tempo e o local e incluem também preocupações inter-geracionais.

O volume encerra com uma reflexão de Luís Amado sobre «Ética e globalização», que considera que a actualidade da Ética na contemporaneidade é o reflexo não só dos problemas com que nos confrontamos individualmente, mas também das dificuldades sentidas pela generalidade das organizações perante transformações estruturais que desafiam a sua própria existência. Nas origens desta inquietação existencial deparamo-nos – afirma – com a problemática da globalização, cujos temas têm dominado a agenda mundial nos últimos trinta anos: a guerra, a questão nuclear, os limites do crescimento e os problemas ecológicos e ambientais, a sustentabilidade dos diferentes sistemas que suportam a nossa vida em sociedade, as fronteiras da ciência e da tecnologia.... A reflexão desenvolve-se à volta destas questões tendo por referência a globalização, o seu impacto nas relações sociais e humanas e o despertar do se designa por uma «ética da sobrevivência», que obriga a repensar as relações do homem consigo próprio, com «o outro» e a sociedade, bem como com a própria natureza.

Ética Aplicada: Relações Internacionais corrobora ampla e muito diversamente o mote inicial de que a reflexão e a acção éticas estão no âmago das relações entre as nações, moldando-as intrinsecamente e enquadrando as decisões a tomar a partir dos direitos humanos, cujo contínuo desenvolvimento vai construindo uma normativa moral mundial. Esta é uma realidade que emergiu e encorajou os regimes democráticos como único contexto em que vigoram e se concretizam. A crise das democracias liberais é a crise dos direitos humanos e também da ética nas relações internacionais.

Leituras Recomendadas

Freedoom in the World (2018): https://freedomhouse.org/report/freedom-world/freedom-world-2018

Democracy Index (2018): https://www.eiu.com/topic/democracy-index

BERMEO, Nancy, "On Democratic Backsliding", *Journal of Democracy*, 27, 1, 2016, pp. 5-19;

FASSIN, Éric, *Populisme: le grand ressentiment*, Textuel, Paris, 2017.

FOA, Roberto S/ Mounk, Yascha, "The Danger of Deconsolidation", *Journal of Democracy*, 27, 3, 6 pp. 5-17 and "The Signs of Deconsolidation", *Journal of Democracy*, 28, 1, 2017, pp. 5-15;

FUKUYAMA, Francis, *The end of history and the last man*, Avon Books, NY, 1992.

FUKUYAMA, Francis, *Identity, the Demand for Dignity and the Politics of Resentment*, Farrar Straus and Giroux, NY, 2018.

GALSTON, William A., *Anti-Pluralism. The Populist Threat to Liberal Democracy*, Yale University Press, New Haven, 2018.

GOODHART, David, *The Road to Somewhere: The Populist Revolt and the Future of Politics*, C. Hurst &Co., Londres, 2017

HOFSTADTER, Richard, *The Age of Reform*, Vintage Book, NY, 1955.

JUDIS, John B., *The Populist Explosion*, Columbia Global Reports, NY, 20016.

LACLAU, Ernesto, *La razón populista*, Fondo de Cultura Economica, Buenos Aires, 2005.

LEVITZKY, Steven/Ziblatt, Daniel, *How democracies die*, Crown, NY, 2018;

LINZ, Juan J. and STEPAN, Alfred (eds), *The Breakdown of Democratic Regimes.* The Johns Hopkins University Press, Baltimore and London (1978).

LINZ, Juan J. and STEPAN, Alfred (org.), *Problems of Democratic Transition and Consolidation: Southern Europe, South America, and Post-Communist Europe.* The Johns Hopkins University Press, Baltimore and London (1996).

MOFFITT, Benjamin, *The Global Rise of Populism: Performance, Political Style and Representation*, Stanford University Press, Stanford, 2016.

MONK, Yascha, *The People vs. Democracy. Why our Freedom is on Danger and How to Save It*, Harvard University Press, Cambridge, 2018.

MUDDE, Cas/Kaltwasser, Cristóbal Rovira, *Populism: A very Short Introduction*, Oxford University Press, NY, 2017.

MÜLLER, Jan-Werner, *What is Populism?*, University of Pennsylvania Press (2016).

NORRIS, Pippa, "Is Western Democracy Backsliding? Diagnosing the Risks", *Journal of Democracy*, 29, 2, 2017;

PATRÃO NEVES, M.; Costa Pinto, António; Sousa, Luís de [coord.s], *Ética Aplicada: Política*, Lisboa, Edições 70, 2018: 362 pp.

SCHMIDT, Vivien A. Democracy and Legitimacy in the European Union Revisited: Input, Output and 'Throughput'. *Political Studies*, v. 61, p. 2-22 (2013).

VASAK, Karel, "Human Rights: A thirty-year struggle. The Sustainable Efforts to give Force of Law to the Declaration of Human Rights", *UNESCO Courrier*, 30: 11, Novembro 1977.

WODAK, Ruth, *The Politics of Fear: What Right-wing Populist Discourse Mean*, Sage, Washington DC, 2016.

ZÚQUETE, José Pedro, "Populismo", Ética Aplicada: Política, M. Patrão Neves; A. Costa Pinto; L. de Sousa (org.), Lisboa, Edições 70, 2018: 111-122.

Ética e Relações Internacionais

Nuno Severiano Teixeira
Universidade NOVA de Lisboa
Instituto Português de Relações Internacionais (IPRI-NOVA)

A moral (uma normativa da acção) é a identificação do que uma sociedade considera o Bem e o Mal; a ética (a racionalidade da acção), o discurso filosófico sobre a moral, isto é, sobre as condições e os processos do comportamento, individual ou colectivo, que conduzem a praticar o Bem e a evitar o Mal.

Na história do pensamento ocidental, as relações internacionais foram, quase sempre, olhadas como um espaço fora da moral e que, consequentemente, escapavam ao campo da ética.

Os factos contra os valores: o regime de exclusão

A ideia, historicamente dominante, era a de que ao contrário da ordem interna dos Estados, delimitada por um território e fundada sobre um contrato social, a cena internacional é um espaço de anarquia em que não existe uma autoridade legítima. Se na ordem interna o Estado define as normas, regula as relações sociais e tem legitimidade e força para as fazer cumprir, a esfera internacional é um campo sem regulação, de confronto permanente entre os Estados, em que a força prevalece sobre a norma. E consequentemente, sem espaço para a moral.

Ora, esta realidade ontológica tinha uma tradução epistemológica, também ela historicamente dominante. Entre a Ética e a Teoria das Relações Internacionais o regime era o da exclusão. Aparentemente, tudo separava os dois campos do saber. A Ética releva da Filosofia, e tende a pensar o mundo em abstracto, frequentemente sob a forma do «que deve ser». As hipóteses que formula e os resultados que persegue têm uma visão prescritiva. O seu paradigma é, pois, o de uma disciplina normativa. A Teoria das Relações Internacionais, pelo contrário, releva das Ciências Sociais e em especial da Ciência Política. Não pensa o que «deve ser»; antes quer compreender ou explicar aquilo «que é» e tem uma visão objectiva. O seu paradigma é de uma disciplina analítica. A Ética é um domínio de valores e funda uma axiologia. A Teoria das Relações Internacionais é um domínio de factos e procura-se, axiologicamente, neutra.

Apesar de alguns ensaios de aproximação, este regime de exclusão imperou no mundo académico até ao final da Guerra Fria, e tanto do lado da Filosofia como do lado da Ciência Política o pensamento normativo sobre o campo internacional ocupou sempre um lugar, mais ou menos marginal, em ambas as disciplinas.

É certo que na história da filosofia ocidental não foram poucos os filósofos que deixaram a sua reflexão sobre o fenómeno internacional, muitos dos quais a genealogia teórica contemporânea considera hoje marcos fundamentais de uma pré-história da Teoria das Relações Internacionais. De Tucídides a Maquiavel, de Locke a Hegel, de Hobbes a Kant, passando pelos juristas da Escola de Salamanca, de Vitoria e

Suárez à sua posterior versão secular que, em certo sentido, constitui o pensamento de Hugo Grotius. Mas, ao mesmo tempo, não é menos verdade que para estes filósofos o fenómeno internacional nunca ocupou o lugar central do seu pensamento. Como também não ocupou, de resto, nos filósofos da tradição analítica e até nos filósofos contemporâneos que, fora destas duas tradições, maior influência exercem sobre as correntes pós-positivistas nas Relações Internacionais, como Jacques Derrida ou Michel Foucault.

Do lado da Teoria das Relações Internacionais, o lugar do pensamento normativo aparecia ainda mais periférico. E a razão era simples. A autonomização epistemológica e a afirmação disciplinar das Relações Internacionais como campo teórico no domínio da Ciência Política fundou-se, precisamente, na separação estrita entre factos e valores e na construção de um paradigma assente no positivismo. O cientismo da disciplina exigia, em boa medida, o afastamento da ética. E é esse princípio que preside aos primeiros debates teóricos fundadores da disciplina.

Nos anos 70 do século passado, primeiro nos Estados Unidos da América, mas com repercussão na Europa, um conjunto de fenómenos internacionais provocou uma certa reflexão ética sobre as questões do momento, em particular: a dimensão moral da utilização possível da arma nuclear ou a política de direitos humanos da administração Carter. Isto no plano ontológico. No plano epistemológico, o verdadeiro ensaio de aproximação entre Filosofia Política e Teoria das Relações Internacionais é resultado do acontecimento filosófico que foi a publicação de *Uma Teoria da Justiça*, de John Rawls[3]. Não se tratava, como é óbvio, de uma obra de Teoria das

---

[3] Rawls, John, A Theory of Justice, Cambridge, Belknap Press of Harvard University Press, 1971.

Relações Internacionais. Mas o seu impacto intelectual nas ciências sociais foi tal, que as relações internacionais não ficaram à margem dessa fundamental exigência de justiça. E é nesse contexto teórico que surge um conjunto de outras obras reflectindo sobre diferentes questões de justiça nas relações internacionais, nos planos económico e social, político e militar. Estão neste caso as obras de Robert Nozick, *Anarquia, Estado e Utopia*[4], sobre os fundamentos de uma ética para os Estados, de Charles Beitz, *Teoria Política e Relações Internacionais*[5], sobre a justiça redistributiva a nível internacional e os direitos económico-sociais, e de Michael Walzer, *Guerras Justas e Injustas*[6], sobre os fundamentos morais da guerra.

Os factos e os valores: o regime de aproximação

Mas foi o fim da Guerra Fria e as novas tendências que então se desenhavam na cena internacional que vieram alterar todo o panorama anterior. O 11 de Setembro e o segundo pós Guerra Fria confirmaram definitivamente a mudança. A globalização económica e financeira e a transnacionalização da segurança que o terrorismo global impõe, o poder dos *media* globais e o crescimento exponencial das redes sociais, o aparecimento de um discurso global sobre direitos humanos e de uma prática de intervencionismo humanitário e as questões civilizacionais que requerem uma governação global, como a mudança climática ou a questão nuclear, vieram desafiar a ordem vestefaliana (sistema internacional saído da Paz de Vestefália

---

[4] Nozick, Robert, *Anarchy, State and Utopia*, Oxford, Blackwell, 1974.

[5] Beitz, Charles (org.), *International Ethics: A Philosophy & Public Affairs Reader*, Princeton, Princeton University Press, 1985.

[6] Walzer, Michael, *Just and Unjust Wars: A Moral Argument with Historical Illustrations*, Filadélfia, Basic Books, 1977.

em 1648 fundado na relação entre Estados). Tudo isto, a par da afirmação internacional de novos e poderosos actores não estatais, esbateu a nitidez da clássica divisão interno-externo e não só acabou com o monopólio como retirou centralidade ao Estado nas relações internacionais. Alguns defenderam que a centralidade se deslocara do Estado para o Indivíduo. Ora, esta crítica do estatocentrismo e este individualismo metodológico não foram sem consequências e vieram colocar importantes desafios morais na ordem internacional.

Esta mudança no plano ontológico foi acompanhada por uma outra no plano epistemológico. Os debates teóricos mais recentes no campo da Teoria das Relações Internacionais tendem a deslocar o centro da questão não só do Estado para o Indivíduo como também dos factos para as ideias. E esta mudança «ideacional» que atravessa as diferentes correntes teórico-metodológicas mais recentes faz-se sob o signo anti-positivista. O pós-positivismo na Teoria das Relações Internacionais abre espaço ao pensamento normativo e este, à reflexão sobre as normas e ao regresso da Ética.

Na relação entre Ética e Teoria das Relações Internacionais, o «regime de exclusão» cede o lugar a um «regime de aproximação». E os dois saberes abrem-se, progressivamente, a um espaço de interdisciplinaridade crescente. No cruzamento entre a Filosofia e a Ciência Política, na intercepção entre a Ética e a Teoria das Relações Internacionais começa a emergir um novo campo a que alguns já chamam Ética das Relações Internacionais. Para os filósofos é um subdomínio da ética aplicada; para os teóricos das Relações Internacionais é um subdomínio do pensamento normativo sobre o internacional. De um modo ou de outro, trata-se sempre das questões éticas levantadas pelas relações internacionais: por um lado, uma reflexão sobre os limites morais que devem ser respeitados pelos actores internacionais; por outro, sobre as finalidades morais que devem perseguir.

Certo é que Ética e Relações Internacionais não são campos opostos nem sequer estranhos. Pelo contrário, desenvolvem entre si espaços de intercepção que a interdisciplinaridade crescente, no actual «regime de aproximação», tem vindo a revelar. Mas mais do que isso, que uma arqueologia de ambos os saberes tem mostrado que tais intercepções, embora implícitas, sempre existiram, mesmo durante o anterior «regime de exclusão». Em boa verdade, nem as teorias analíticas deixavam de ter uma dimensão normativa, nem as teorias normativas podiam passar sem um mínimo de análise. A questão é pois: como se relacionaram esses dois campos do saber?

Eis o objectivo deste ensaio: procurar responder a esta questão a partir de uma brevíssima genealogia teórica das principais escolas na Teoria das Relações Internacionais[7].

O império da força: o realismo clássico

O debate fundador da disciplina das Relações Internacionais opôs, nos anos 20 e 30 do século passado, idealistas e realistas. Nesse primeiro debate, o realismo clássico acusava os idealistas de sobreporem os julgamentos morais à realidade dos factos; de privilegiarem a utopia em detrimento da ciência, que eles próprios queriam fundar no campo das Relações

[7] Veja-se VILMER, Jean-Baptiste e CHUNG, Ryoa, *Éthique des relations internationales*, Paris, Presses Universitaires de France (PUF), 2013, pp.1--38; Seckinelgin, Hakan e Shinoda, Hideaki (org.), *Ethics and International Relations*, Nova Iorque, Palgrave Macmillan, 2001, pp. 1-7; SMOUTS, Marie--Claude, BATTISTELLA, Dario e VENNESSON, Pascal, *Dictionnaire des relations internationals: approches, concepts, doctrines*, Paris, Dalloz, pp. 206-209.

Sobre os pontos que se seguem, veja-se igualmente, Vilmer, Jean--Baptiste e Chung, Ryoa, *Éthique des relations internationales*, Paris, Presses Universitaires de France (PUF), 2013, pp. 39-61.

Internacionais. Reclamavam a herança teórica da tradição filosófica de Tucídides, Maquiavel e Hobbes e fundavam os seus pressupostos numa ontologia desencantada e num princípio antropológico pessimista do «homem lobo do homem».

Embora sob diferentes nuances, tal como o formularam Edward Hallett Carr[8] e Hans Morgenthau[9], o realismo clássico considera a autonomia absoluta do político e o primado da política externa sobre a política interna. O Estado detém o monopólio das relações internacionais e nesse quadro persegue, exclusivamente, a defesa do seu próprio interesse nacional e procura, nesse sentido, maximizar o seu poder. Num mundo em que só os Estados contam, não há autoridade superior nem regulação possível. É a anarquia internacional, o estado de guerra permanente ou iminente, o que significa o primado da força sobre a norma. É essa a razão por que o realismo é considerado a teoria mais afastada da moral. Na defesa do seu interesse e na maximização do seu poder, o Estado é visto como um actor racional. Daí que os realistas considerem que o idealismo não é racional: não é científico no plano epistemológico e é perigoso no plano político.

Não há dúvida que o Estado procura defender o interesse nacional e maximizar o seu poder na esfera internacional. Mas isso não implica, obrigatoriamente, uma recusa da moral, nem significa que o realismo seja completamente estranho às considerações de natureza ética. Edward Hallett Carr como Hans Morgenthau, e mais tarde Raymond Aron[10] e Stanley

---

[8] CARR, Edward Hallett, *The moral foundations for world order*, in Foundations for World Order, Denver, Denver University Press, 1949, pp. 53–76.

[9] MORGENTHAU, Hans, *The twilight of interjeccional morality*, Ethics 58, 1948: pp. 79–99.

[10] ARON, Raymond, *Paix et guerre entre les nations*, Paris, Calmann-Lévy, 1962.

Hoffmann[11], são influenciados por Max Weber, e neste sentido transportam o princípio weberiano da «ética da responsabilidade» para a Teoria das Relações Internacionais.

O realismo clássico é uma teoria pragmática e, nesse sentido, procura antecipar o resultado das decisões de política externa, ou seja, toma em consideração as consequências da decisão e assume o primado dos resultados sobre as intenções. A decisão é boa se os resultados forem bons, o que implica, desde logo, uma avaliação moral sobre as consequências. Significa isto que a ideia de que o realismo clássico é, pura e simplesmente, uma concepção amoral da política deve ser revisitada e corrigida, pela simples razão de que o pragmatismo consequencialista do realismo conduz, necessariamente, a uma «ética da responsabilidade».

A força da norma: a teleologia liberal

No que se refere ao liberalismo, a presença da dimensão ética na Teoria das Relações Internacionais é bem mais clara e evidente. A teoria liberal integra-se na genealogia teórica da tradição filosófica kantiana do Projecto da Paz Perpétua e funda os seus pressupostos numa ontologia positiva e num princípio antropológico optimista de que o homem é essencialmente bom.

Em reacção ao realismo, o liberalismo considera a autonomia relativa do político e, sem contestar a centralidade do Estado, não aceita o seu monopólio sobre as relações internacionais. O político é olhado no seu contexto social e na sua relação de interdependência complexa com os outros

---

[11] Hoffmann, Stanley, *Une morale pour les monstres froids: Pour une éthique des relations internationales*, Paris, Éditions du Seuil, 1982.

campos: da economia à tecnologia, da sociedade à cultura. E o Estado não está só nem se relaciona exclusivamente com outros Estados nas relações internacionais. Pelo contrário, partilha a cena internacional com actores de natureza não estatal, como as organizações internacionais e as forças transnacionais, as empresas multinacionais ou as organizações não governamentais.

Nas suas várias correntes teóricas, do funcionalismo de Karl Deutsch[12] à teoria da interdependência complexa de Robert O. Keohane e Joseph Nye[13], sem esquecer a teoria dos regimes internacionais de Stephen D. Krasner[14], as teorias liberais põem a tónica não na iminência da guerra, mas nas potencialidades da cooperação internacional; não na anarquia, mas na possibilidade de uma ordem internacional. Propõem, pois, o primado da norma sobre a força e sublinham a importância dos mecanismos reguladores, em particular o papel das instituições internacionais.

Ao contrário do consequencialismo realista, a teoria liberal é deontologista: a decisão é boa não pelas suas consequências, mas pelo princípio que as determina, pelas suas intenções. Ou seja, não vale pelos seus resultados, mas pelo valor intrínseco dos seus princípios e objectivos, pelos valores morais que persegue e considera universais. Não é uma ética da responsabilidade, mas antes uma ética da convicção.

A teoria da paz democrática é talvez a expressão mais evidente desta teleologia liberal nas relações internacionais.

---

[12] Deutsch, Karl W., Political Community and the North Atlantic Area: International Organization in the Light of Historical Experience, *The American Historical Review*, 63, 1958: pp. 375–376.

[13] Keohane, Robert O. e Nye, Joseph S., *Power and Interdependence: World Politics in Transition*, Boston: Massachusetts, Little, Brown, 1977.

[14] Krasner, Stephen D. (org.), *International Regimes*, Ithaca e Londres, Cornell University Press, 1983.

Na tradição directa do projecto kantiano da paz perpétua, que estabelece uma distinção clara entre as repúblicas e os outros regimes e uma relação preferencial entre os regimes republicanos – leia-se, em linguagem de hoje, entre as democracias –, Michael Doyle[15] adianta uma constatação: as democracias entram em guerra com regimes não democráticos, mas não fazem a guerra entre si. Esta linha teórica aberta por Doyle nos anos 80, e que continua ainda hoje a ter desenvolvimentos, é normativa nos seus pressupostos e na sua hipótese de partida, mas é, simultaneamente, normativa nos seus resultados teóricos e pode até sê-lo nas suas implicações políticas. Se os Estados democráticos não fazem a guerra entre si, então podem criar espaços de paz que favorecem a formação de áreas regionais de cooperação económica, de integração política ou até comunidades de segurança. A Organização do Tratado do Atlântico Norte (OTAN), enquanto comunidade de segurança, e a União Europeia, enquanto integração económica e política entre democracias, serão a este respeito os exemplos mais acabados.

O mundo somos nós que o fazemos: o construtivismo

O construtivismo não é uma teoria específica das relações internacionais. Releva de uma teoria geral nas ciências sociais e defende a ideia básica de que a realidade é uma construção social. Em oposição directa ao realismo, mas também ao liberalismo, o construtivismo é importado para a Teoria das Relações Internacionais nos anos 90, tem um extraordinário desenvolvimento na literatura pós Guerra Fria e constitui hoje

[15] Doyle, Michael W., *Liberal Peace: Selected Essays*, Nova Iorque, Routledge, 2012.

uma terceira corrente de referência no campo das relações internacionais.

Como o define Nicholas Onuf, «o mundo somos nós que o fazemos»[16], isto é, não é predeterminado, antes resulta das acções e interacções entre os actores internacionais. No quadro de uma teoria geral da «construção social da realidade», as relações internacionais não fogem à regra e também elas constituem uma construção social. Os interesses são socialmente construídos e o interesse nacional dos Estados também o é e, por isso, resulta das suas interacções na cena internacional. É neste sentido que Alexander Wendt[17] diz que «a anarquia é o que os Estados fazem dela». Por outro lado, o construtivismo substitui o primado dos factos pelo primado das ideias e transporta esta perspectiva ideacional para o campo das relações internacionais. Nas teorias realistas e até liberais, os factores de ordem material jogam o papel fundamental: a riqueza das nações ou a força militar dos Estados ocupam o centro das relações internacionais. No construtivismo, pelo contrário, os factores materiais articulam-se com os factores de natureza imaterial, que não raras vezes ocupam a centralidade, nomeadamente: as ideias, as motivações, as identidades e a própria linguagem. O discurso produz realidade e, nesse sentido, também as ideias condicionam os factos. Esta perspectiva assume particular relevância quando se trata das normas que no construtivismo jogam um papel central enquanto lugar de construção social ou de disputa política: de mudança ou resistência à mudança. A dimensão normativa tem assim um lugar importante na teoria construtivista.

---

[16] ONUF, Nicholas, *World of Our Making: Rules and Rule in Social Theory and International Relations*, Columbia, University of South Carolina Press, 1989

[17] WENDT, Alexander, *Anarchy is what states make of it*, International Organization 46, 1992, pp. 391–425.

De um ponto de vista estrictamente epistemológico, o construtivismo original não se afasta, substancialmente, do paradigma de uma disciplina analítica e permanece distante de uma visão normativa. O seu propósito teórico é o de compreender e explicar o papel das ideias nas decisões de política internacional e não o de defender esta ou aquela ideia, estes ou aqueles valores. Ou seja, assume-se como axiologicamente neutro. Esta perspectiva, clara nas primeiras obras de Alexander Wendt, Barry Buzan[18] ou de Ole Waever[19] e da Escola de Copenhaga, evolui significativamente com o crescimento exponencial da literatura construtivista e, especificamente, com as suas múltiplas derivas teóricas, em particular as que radicalizam a dimensão ideacional e intersubjectiva e se aproximaram do pós-positivismo alterando a relação entre teoria e ética.

Tudo de uma só vez – o Estado Universal e a Paz Perpétua: a teoria crítica

Uma quarta teoria, hoje relevante no campo das relações internacionais, é a chamada teoria crítica. O seu propósito teórico fundamental é o de estender ao campo das relações internacionais os princípios do pensamento filosófico da Escola de Frankfurt.

Radicalmente oposta tanto ao realismo como ao liberalismo, a teoria crítica estabelece uma relação mais ambígua com o construtivismo, cuja deriva mais radical comporta, ela

---

[18] BUZAN, Barry, *People, States & Fear: An Agenda for International Security Studies in the Post-Cold War Era*, [s.l.], Harvester Wheatsheaf, 1991.

[19] WÆVER, Ole, BUZAN, Barry, KELSTRUP, Morten e LEMAITRE, Pierre *Identity, Migration and the New Security Agenda in Europe*, Nova Iorque, St. Martin's Press, 1993.

própria, elementos críticos. Reclamando a herança teórica de Max Horkheimer e Theodor W. Adorno, importa para as relações internacionais um conjunto de pressupostos: primeiro, a realidade não é objectiva, é uma construção subjetiva, ou melhor, intersubjectiva; segundo, o referente das relações internacionais não é o Estado, mas sim o indivíduo; terceiro, as verdadeiras ameaças não são os outros Estados, mas antes a exploração económica, a repressão política, a injustiça social, a escassez de recursos ou as pandemias; quarto, na boa tradição marxista das teses sobre Feuerbach, o verdadeiro objectivo não é compreender ou explicar a realidade, mas transformá-la.

Nesse sentido, no âmbito da teoria crítica, importa também para as relações internacionais a teoria dos três interesses de Jürgen Habermas[20], também ele herdeiro da Escola de Frankfurt, a saber: os interesses de conhecimento técnico; os interesses de conhecimento prático e os interesses de conhecimento emancipatório. Se os dois primeiros são de natureza instrumental, o terceiro encerra em si um ideal que estará no centro da teoria: a emancipação. O grande objectivo é a emancipação entendida como libertação de todos os condicionalismos: da fome, da pobreza, da doença, da opressão, da injustiça ou da guerra. Este ideal de emancipação expressa-se no campo internacional através de um universalismo cosmopolita profundamente crítico das desigualdades internacionais, do soberanismo estatocêntrico e da hegemonia ocidental.

Para um mundo pós-vestefaliano, Andrew Linklater[21] procura fundar esse universalismo cosmopolita num diálogo no espaço público internacional, isto é, uma comunidade internacional que não exclua as identidades minoritárias e os

---

[20] HABERMAS, Jürgen, *Théorie de l'agir communicationnel: Rationalité de l'agir et rationalisation de la société* (Tome 1), Paris, Fayard, 1981.

[21] LINKLATER, Andrew, *The Transformation of Political Community: Ethical Foundations of the Post-Westphalian Era*, Cambridge, Polity, 1988.

espaços políticos não ocidentais. Nunca define, porém, a sua configuração.

A escola crítica formula, também, uma outra teoria da segurança de que Ken Booth[22] é, quiçá, o teórico mais relevante. Numa perspectiva que ele próprio classifica como «realismo utópico», considera que a verdadeira segurança não se adquire pela maximização do poder, como querem os realistas, mas pela emancipação. E acrescenta que o Estado não só não consegue garantir a segurança, como é, ele próprio, fonte de insegurança, porque através do poder a segurança de uns é conseguida à custa da insegurança de outros, enquanto através da emancipação a segurança de uns é a segurança de todos. Em síntese, tratar-se-ia, para a teoria crítica, de construir uma comunidade política e moral além dos Estados que, no fundo, constituiria a fusão perfeita do Estado Universal hegeliano e da Paz Perpétua kantiana.

Sujeito, género e biopolítica no mundo global: o pós-estruturalismo

Finalmente, valerá a pena considerar um conjunto mais ou menos fragmentário de teorias que estabelecem relações quer com o construtivismo, quer com a teoria crítica e que, de um modo geral, são designadas pós-estruturalistas. Partem do pensamento filosófico de autores tão diferentes como Jacques Derrida[23] ou Michel Foucault, tendo em comum o facto de se moverem num campo pós-positivista.

---

22 BOOTH, Ken, *Security and emancipation, Review of International Studies* 17, 1991: pp. 313–326.

23 DERRIDA, Jacques, DUFOURMANTELLE, Anne, *De l'hospitalité*, Paris, Calmann-Lévy, 1997.

Um primeiro conjunto de trabalhos parte de Jacques Derrida e centra-se nas questões da identidade e do sujeito. As relações internacionais clássicas tiveram como referente central, se não único, o Estado. Os pós-estruturalistas procuram retirar o sujeito da marginalidade e conferir-lhe centralidade na reflexão sobre as relações internacionais. Além das fronteiras do Estado, a partir de uma ética cosmopolita, procuram o papel das identidades e da hospitalidade num mundo global. Assumindo explicitamente essa ética cosmopolita, o trabalho pioneiro que abre esta linha de reflexão deve-se a David Campbell e Michael Shapiro[24].

Um segundo conjunto de trabalhos relativamente significativo parte do pensamento de Michel Foucault[25] e em particular do conceito de biopolítica. Este conceito central no pensamento de Foucault é transportado para o campo das relações internacionais para pensar questões em que o corpo pode ser visto como objecto de controlo. Temas como a segurança, o território, a fronteira ou as migrações são os exemplos mais evidentes. A obra organizada por Nicholas Kiersey e Doug Stokes[26] é, ainda, nesta perspectiva, o melhor estado da arte.

Finalmente, um terceiro conjunto de trabalhos que cai dentro do pós-estruturalismo é o da perspectiva feminista das relações internacionais. Estes estudos partem da crítica às teorias «falocêntricas» dominantes e procuram introduzir no pensamento sobre o internacional uma outra lógica que releva

---

[24] CAMPBELL, David e SHAPIRO, Michael, *Moral Spaces: Rethinking Ethics and World Politics*, Minneapolis, Minnesota University Press, 1999.

[25] FOUCAULT, Michel, *La Naissance de la biopolitique. Cours au Collège de France (1978-1979)*, Paris, Gallimard/Seuil, 2004.

[26] KIERSEY, Nicholas e STOKES, Doug (org.), *Foucault and International Relations: New Critical Engagements*, Londres e Nova Iorque, Routledge, 2014.

essencialmente dos trabalhos de Carol Gilligan[27]: uma lógica especificamente feminina que funda uma «ética do cuidado» baseada na experiência da maternidade. Esta lógica feminina, essa «ética do cuidado» tem, segundo esta corrente, uma tradução na teoria e na prática das relações internacionais, em particular na acção humanitária, na responsabilidade de proteger e até na prática das operações de paz. Neste campo os trabalhos mais representativos serão, porventura, os de Joan Tronto[28].

Embora fragmentárias e diversas, todas estas teorias têm em comum uma forte dimensão ética e o objectivo expresso de se constituírem como uma alternativa ao que consideram o pensamento dominante sobre o internacional.

3. Os desafios do futuro

No fim deste breve percurso sobre a relação entre Ética e Teoria das Relações Internacionais, duas constatações simples parecem evidentes.

Em primeiro lugar, o facto de o «regime de exclusão» de outrora estar hoje ultrapassado e de, no actual «regime de aproximação», os dois campos do saber desenvolveram entre si um espaço crescente de interdisciplinaridade. A questão central é agora a de saber quais os domínios, quais as condições e quais os limites dessa relação. Ou, dito de outra forma, qual o modelo de interdisciplinaridade?

---

27 GILLIGAN, Carol, In *A Different Voice: Psychological Theory and Women's Development*, Harvard, Harvard University Press, 1982.

28 TRONTO, Joan, *Is peacekeeping care work? A feminist reflection on the responsibility to protect, in* WHISNANT, Rebecca e DESAUTELS, Peggy (org.), Global Feminist Ethics, Lanham, Rowman & Littlefield, 2008, pp. 179–200.

Em segundo lugar, a confirmação da relevância dessa relação e, neste contexto, a formulação de um conjunto de desafios futuros que se desenham, pelo menos, em três dimensões. Primeiro, no plano epistemológico, ou se se quiser metaético, a necessidade de repensar a distinção estabelecida, na Filosofia como nas Ciências Sociais, entre factos e valores. Segundo, no plano teórico metodológico, a necessidade de repensar a relação entre a análise e o julgamento ou, dito de outro modo, a articulação entre o registo analítico – compreensivo ou explicativo – das Ciências Sociais e o registo normativo da Ética. E isto é tanto mais importante quanto mais se dilatar o espaço da interdisciplinaridade entre os dois saberes e se desenvolver a chamada Ética das Relações Internacionais. Finalmente, no plano político, prático ou de uma ética aplicada, porque os actores de política externa – sejam eles Estados, organizações internacionais, não governamentais, ou os próprios cidadãos – se verão, no futuro, cada vez mais confrontados com desafios internacionais cujas decisões comportam uma dimensão ética.

Da resposta ao terrorismo à atitude perante a mudança climática; da resposta às desigualdades à justiça distributiva internacional; da atitude perante as migrações à luta contra as pandemias; da ética dos negócios à regulação das finanças internacionais; da intervenção humanitária à justificação para desencadear uma guerra, não há decisão internacional que possa ser tomada sem uma análise rigorosa, mas, simultaneamente, sem um julgamento ponderado. Para cumprir, bem entendido, os princípios éticos: praticar o Bem e evitar o Mal.

Referências e leituras recomendadas

ARON, Raymond, *Paix et guerre entre les nations*, Paris, Calmann-Lévy, 1962.

ARON, Raymond, Qu'est-ce qu'une théorie des relations internationales?, *Revue Française de Science Politique 17*, 1967: pp. 837–861.

BEITZ, Charles, *Political Theory of International Relations*, Princeton, Princeton University Press, 1979.

BEITZ, Charles (org.), *International Ethics: A Philosophy & Public Affairs Reader*, Princeton, Princeton University Press, 1985.

BOOTH, Ken, Security and emancipation, *Review of International Studies 17*, 1991: pp. 313–326.

BOOTH, Ken, *Theory of World Security*, Cambridge: Cambridge University Press, 2007.

BUZAN, Barry, *People, States & Fear: An Agenda for International Security Studies in the Post-Cold War Era*, [s.l.], Harvester Wheatsheaf, 1991.

CAMPBELL, David e SHAPIRO, Michael, *Moral Spaces: Rethinking Ethics and World Politics*, Minneapolis, Minnesota University Press, 1999.

CARR, Edward Hallett, *The moral foundations for world order, in Foundations for World Order*, Denver, Denver University Press, 1949, pp. 53–76.

CARR, Edward Hallett, *The Twenty Years Crisis*, 1919–1939, Nova Iorque, Perennial, 2001.

COLONOMOS, Ariel, *La morale dans les relations internationales*, Paris, Odile Jacob, 2005.

DERRIDA, Jacques, DUFOURMANTELLE, *Anne, De l'hospitalité*, Paris, Calmann-Lévy, 1997.

DEUTSCH, Karl W., *Political Community and the North Atlantic Area: International Organization in the Light of Historical Experience*, The American Historical Review 63, 1958: pp. 375–376.

DOYLE, Michael W., *Kant, liberal legacies and foreign affairs*, Philosophy & Public Affairs 12, 1983: pp. 205–235 e 323–353.

DOYLE, Michael W., *Ways of War and Peace: Realism, Liberalism and Socialism*, Nova Iorque, Norton, 1997.

DOYLE, Michael W., *Liberal Peace: Selected Essays*, Nova Iorque, Routledge, 2012.

FOUCAULT, Michel, *La Naissance de la biopolitique. Cours au Collège de France (1978-1979)*, Paris, Gallimard/Seuil, 2004.

GILLIGAN, Carol, *In A Different Voice: Psychological Theory and Women's Development*, Harvard, Harvard University Press, 1982.

HABERMAS, Jürgen, *Théorie de l'agir communicationnel: Rationalité de l'agir et rationalisation de la société* (Tome 1), Paris, Fayard, 1981.

HOFFMANN, Stanley, *Une morale pour les monstres froids: Pour une éthique des relations internationales*, Paris, Éditions du Seuil, 1982.

HOFFMANN, Stanley, *The Political Ethics of International Relations*, Seventh Morgenthau Memorial Lecture on Ethics & Foreign Policy, Nova Iorque, Carnegie Council for Ethics in International Affairs, 1988.

KEOHANE, Robert O. e NYE, Joseph S., *Power and Interdependence: World Politics in Transition*, Boston: Massachusetts, Little, Brown, 1977.

KIERSEY, Nicholas e Stokes, Doug (org.), *Foucault and International Relations: New Critical Engagements*, Londres e Nova Iorque, Routledge, 2014.

KRASNER, Stephen D. (org.), *International Regimes*, Ithaca e Londres, Cornell University Press, 1983.

LINKLATER, Andrew, *The Transformation of Political Community: Ethical Foundations of the Post-Westphalian Era*, Cambridge, Polity, 1988.

MORGENTHAU, Hans, *Politics Among Nations: The Struggle for Power and Peace*, Nova Iorque, Alfred Knopf, 1948.

MORGENTHAU, Hans, *The twilight of international morality*, Ethics 58, 1948: pp. 79–99.

NOZICK, Robert, *Anarchy, State, and Utopia*, Oxford, Blackwell, 1974.

ONUF, Nicholas, *World of Our Making: Rules and Rule in Social Theory and International Relations*, Colúmbia, University of South Carolina Press, 1989.

RAWLS, John, *A Theory of Justice*, Cambridge, Belknap Press of Harvard University Press, 1971.

SECKINELGIN, Hakan e SHINODA, Hideaki (org.), *Ethics and International Relations*, Nova Iorque, Palgrave Macmillan, 2001.

SMOUTS, Marie-Claude, BATTISTELLA, Dario e VENNESSON, Pascal, *Dictionnaire des relations internationals: approches, concepts, doctrines*, Paris, Dalloz, pp. 206-209

STEELE, Brent J. e HEINZE, Eric A. (org.), *Routledge Handbook of Ethics and International Relations*, Londres e Nova Iorque: Routledge, 2018.

TRONTO, Joan, Is peacekeeping care work? A feminist reflection on the responsibility to protect, *in* WHISNANT, Rebecca e DESAUTELS, Peggy (org.), *Global Feminist Ethics*, Lanham, Rowman & Littlefield, 2008, pp. 179–200.

VILMER, Jean-Baptiste e CHUNG, Ryoa, *Éthique des relations internationales*, Paris, Presses Universitaires de France (PUF), 2013.

WÆVER, Ole, BUZAN, Barry, KELSTRUP, Morten e LEMAITRE, Pierre *Identity, Migration and the New Security Agenda in Europe*, Nova Iorque, St. Martin's Press, 1993.

WALZER, Michael, *Just and Unjust Wars: A Moral Argument with Historical Illustrations*, Filadélfia, Basic Books, 1977.

WENDT, Alexander, *Anarchy is what states make of it*, International Organization 46, 1992, pp. 391–425.

I

TEMAS FUNDAMENTAIS

A ética do realismo

Carlos Gaspar

Instituto Português de Relações Internacionais da Universidade Nova de Lisboa (IPRI-NOVA)

A tradição realista, representada por Nicolau Maquiavel, Thomas Hobbes, Bento de Espinosa e Jean-Jacques Rousseau, está na origem da ciência política. Maquiavel é o primeiro a separar a política da moral, indispensável para garantir a autonomia do Príncipe na fundação do Estado, e Hobbes completa a ruptura com a tradição clássica quando define a neutralidade moral do poder, que substitui a procura do melhor regime como o tema central no estudo das «leis da vida civil». Espinosa e Rousseau consolidam a viragem pós-aristotélica com a construção das teorias modernas da democracia e do Estado, finalizadas por Hegel e Max Weber.

A escola realista das relações internacionais, representada por E. H. Carr, Hans Morgenthau, Raymond Aron e Kenneth Waltz, reclama a tradição dos fundadores. Contra a utopia idealista dos ideólogos liberais que querem transcender a ordem dos Estados para impor os princípios da moral kantiana numa nova ordem pós-vestefaliana, Carr regressa à teoria do poder e ao primado da política para negar a subordinação dos

Estados aos valores da moral universal na criação da nova ciência das relações internacionais, enquanto Morgenthau demonstra como a política do poder e o interesse nacional dos Estados se podem conjugar para garantir a balança internacional. Aron e Waltz completam a teoria das relações internacionais em que a ordem da anarquia determina a natureza e a estrutura do sistema dos Estados.

Maquiavel define a política como o domínio da luta permanente pelo poder e Waltz confirma a inevitabilidade da guerra entre os Estados como a consequência lógica da anarquia internacional. Na versão original, tal como nos enunciados contemporâneos, as teorias realistas revelam uma afinidade electiva com os casos extremos em que estão em causa a formação dos Estados, a guerra e a sobrevivência das unidades constitutivas do sistema internacional[1]. Nessas circunstâncias, os responsáveis políticos têm a obrigação moral de fazer o necessário para preservar a liberdade do Estado, sob pena de não cumprirem o seu dever fundamental perante a comunidade dos cidadãos. Nesse sentido, o realismo político é uma teoria do estado de excepção que torna imperativa uma ética da responsabilidade.

1. O estado de necessidade

Maquiavel e Hobbes enunciam a primeira teoria do Estado – respectivamente, o *Príncipe* e o *Leviatã* – e a escola realista

---

[1] Hassner, Pierre, Y a-t-il une éthique des relations internationales?, *in* Hassner, Pierre, *La terreur et l'empire. La violence et la paix II*, Paris, Seuil, 2003, pp. 147–149; *idem*, Éthique internationale, *in* Canto-Sperber, Monique (dir.), *Dictionnaire d'éthique et de philosophie morale*, Paris, Presses Universitaires de France (PUF), 2004; Strauss, Leo, *Droit naturel et histoire*, Paris, Flammarion, 1983 [1954], pp. 147–148 e 175–176.

define os Estados como as unidades constitutivas do sistema internacional.

Os «monstros frios» de Nietzsche foram feitos pela guerra e para a guerra. Os Estados são indispensáveis para transcender o estado de natureza nas relações entre os homens e garantir a ordem social onde a sua vida possa deixar de ser «solitary, poor, nasty, brutish, and short»[2] (solitária, miserável, horrível, brutal e curta). Os Estados independentes não reconhecem nenhuma autoridade superior, nem nenhuma obrigação perante as outras unidades políticas que limite a sua soberania ou diminua os seus direitos e reproduzem o estado de natureza nas relações entre si[3]. Na política internacional, o estado de natureza é o estado de guerra e, nessas condições, o único valor que os Estados reconhecem é a segurança da «personalidade soberana», contra a qual «nenhuma consideração de justiça ou injustiça, de humanidade ou crueldade, de glória ou ignomínia pode prevalecer: a única questão deve ser como salvar a vida e a liberdade do Estado»[4]: «Salus publica suprema lex» (A salvação pública é a lei suprema).

Os realistas seculares reconhecem o estado de natureza nas relações entre os Estados para definir a política internacional como uma forma de luta constante pelo poder, em que o risco permanente de guerra condiciona as decisões dos responsáveis políticos. Esse estado de necessidade impõe a sobrevivência nacional como o primeiro dever dos Estados, que «não podem não obedecer à lógica da rivalidade e devem esquecer as

---

[2] HOBBES, Thomas, Leviathan I (cap. 13), *in* HOBBES, Thomas, *Leviathan*, Harmondsworth, Penguin Classics, 1985 [1651], p. 186.

[3] SPINOZA, Baruch, Traité de l'autorité politique III (cap. 11), *in* SPINOZA, Baruch, *Œuvres complètes*, Paris, Gallimard, 1954 [1670], pp. 940–941.

[4] MACHIAVEL, Nicolas, Discours sur la première décade de Tite-Live III (cap. 41), *in* MACHIAVEL, Nicolas, *Œuvres complètes*, Paris, Gallimard, 1952 [1520], p. 708.

virtudes cristãs na medida em que estas contrariem as exigências da competição»[5]. O moralismo é imoral quando prejudica os interesses do Estado: «Entre duas alternativas, uma ética, outra não, o estadista deve escolher essa última se for a melhor para alcançar os seus objectivos. O indivíduo é moral por natureza, a sociedade política é amoral por natureza»[6] e a sociedade internacional é associal, uma sociedade de tipo único com uma «moral equívoca» que «impõe normas aos seus membros e tolera o recurso à força armada»[7].

A guerra total, a sociedade industrial e a mudança cultural tornam o Estado moderno num «'Deus mortal': numa era que deixou de acreditar num Deus imortal, o Estado passou a ser o único Deus»[8]. O Estado é a entidade mais poderosa – no duplo sentido da *potestas* e da *potentia*, o «poder legal» e o «poder físico» –, sem rival na política moderna. Morgenthau regressa à fórmula extrema de Hobbes: «o Estado cria a moralidade e a lei; não existe moralidade, nem lei, fora do Estado»[9].

Morgenthau entende que o Estado não pode não estar sujeito aos princípios da moral universal, como a justiça e a igualdade, mas a capacidade destes para orientar a acção política só existe na medida em que se possam traduzir socialmente em políticas concretas. O Estado moderno assegura uma vida digna e com direitos numa sociedade livre, cujos membros são cada vez mais exigentes moralmente na avaliação dos

---

[5] Aron, Raymond, *Paix et guerre entre les nations*, Paris, Calmann-Lévy, 1962, p. 566.

[6] Morgenthau, Hans, *Scientific Man vs. Power Politics*, Chicago, Chicago University Press, 1946, p. 176.

[7] Aron, Raymond, *op. cit.*, p. 595; *idem*, *Les désillusions du progrès: Essai sur la dialectique de la modernité*, Paris, Gallimard, 1969, p. 197.

[8] Morgenthau, Hans, *op. cit.*, p. 197.

[9] Morgenthau classifica a fórmula de Hobbes como um «extreme dictum» Morgenthau, Hans, *In Defense of the National Interest: A Critical Examination of American Foreign Policy*, Nova Iorque, Alfred Knopf, 1951, p. 34.

comportamentos políticos: é na moral concreta das sociedades democráticas que se pode realizar, imperfeitamente, a moral universal e é «na política e pela política que se realizam as morais concretas»[10]. Porém, para a escola realista, transpor as virtudes democráticas da ordem interna dos Estados, em que prevalecem os valores éticos da moral, para a política internacional não é mais do que uma possibilidade remota.

2. A lógica da anarquia

O Estado é indispensável para garantir uma vida moral às comunidades políticas, mas não se pode libertar da anarquia internacional que resulta da natureza das entidades independentes, cuja soberania as impede de reconhecer uma autoridade superior.

A anarquia é a ordem do sistema de Estados em que a lógica da competição define as relações entre as unidades constitutivas do sistema internacional, as quais dependem exclusivamente de si próprias e não podem «entregar a outra nação a sua segurança quando sabem que essa nação reconhece como lei suprema a segurança do seu próprio corpo político»[11]. As relações entre os Estados são determinadas pelo «dilema da segurança e do poder»[12]: nenhuma das unidades soberanas pode deixar de interpretar a acumulação de poder por um rival no mínimo como um risco potencial para a sua

[10] ARON, Raymond, *op. cit.*, 1962, p. 764.

[11] SPINOZA, Baruch, Traité de l'autorité politique III (cap. 14), *in* SPINOZA, Baruch, *op. cit.*, p. 942.

[12] HERZ, John, Idealist Internationalism and the Security Dilemma, *World Politics 2*, 1950: pp. 157–180; *idem*, *Political Realism and Political Idealism*, Chicago, University of Chicago Press, 1951, p. 16.

cial para a sua posição relativa na balança internacional, no máximo como uma ameaça real à sua sobrevivência. Nenhum Estado pode ter certeza definitiva dos motivos ou intenções de outro soberano e, na ausência de uma autoridade supranacional com poderes coercivos – a ausência de um monopólio legítimo dos meios de violência define a especificidade do sistema internacional –, deve garantir em permanência o seu poder relativo, com a consciência de que os tratados e as relações de aliança são, por definição, precários e contingentes.

Nesse quadro de incerteza, a defesa prioritária do interesse nacional impede os Estados de se subordinarem a uma ética perfeccionista e obriga-os a fazerem todos os sacrifícios materiais e morais para garantir a sua segurança: «Os Estados na anarquia não se podem dar ao luxo de ser morais. As precondições da moralidade estão ausentes da política internacional e, por consequência, todos os Estados têm de estar preparados para fazer o necessário pelos seus interesses»[13]. Na ausência da moralidade internacional, a interdependência estratégica força as unidades soberanas a uma acumulação constante de poder, indispensável para sustentar a sua segurança e a sua posição relativa na sociedade dos Estados.

Essa condição extrema pode ser limitada se todos os Estados se submeterem à defesa moderada do interesse nacional, o que implica desistirem da imposição dos seus valores próprios como valores universais; se reconhecerem a legitimidade dos interesses dos outros Estados; e se estiverem preparados para defender o princípio do equilíbrio e para se oporem, se necessário pela guerra, às tentativas de unificação imperial que

---

[13] WALTZ, Kenneth e ART, Robert, Technology, Strategy and the Uses of Force, *in* WALTZ, Kenneth e ART, Robert (org.), *The Use of Force*, Lanham, University Press of America, 1983.

põem em causa a liberdade e a independência dos membros da sociedade internacional[14].

Nesse contexto, o interesse nacional pode assumir uma «dignidade moral»[15] como garante da ordem internacional. Não obstante, é difícil definir de forma estável o interesse nacional nas sociedades modernas em que o pluralismo político determina visões contrastadas, por vezes opostas, sobre as condições de independência do Estado[16], tal como é arriscado presumir que o imperativo racional da sobrevivência prevalece na política dos Estados. Pelo contrário, a história do século XX mostra como as grandes potências – o *III Reich*, a União das Repúblicas Socialistas Soviéticas (URSS) – estão dispostas a seguir estratégias imperialistas que põem em risco a sua continuidade. No mesmo sentido, a diplomacia da balança do poder não é possível se os responsáveis políticos não partilharem os princípios da *raison d'État* (razão de Estado) e uma ética cosmopolita, contrariada pela emergência dos nacionalismos e pela crescente heterogeneidade do sistema internacional. A oposição radical dos valores éticos e políticos, que separou as democracias ocidentais do bloco soviético na Guerra Fria, desfez a «unidade moral» do sistema internacional, cuja homogeneidade está posta à prova, no pós-Guerra Fria, pela necessidade de integrar pacificamente as civilizações e as culturas asiáticas numa ordem internacional de matriz ocidental.

---

[14] A teoria do interesse nacional está inscrita nos «seis princípios do realismo político», enunciados pela primeira vez na segunda edição do *magnum opus* de Morgenthau. Morgenthau, Hans, *Politics among Nations: The Struggle for Power and Peace*, Nova Iorque, Alfred Knopf, 1954, pp. 3–16.

[15] Morgenthau, Hans, *op. cit.*, 1951, p. 33.

[16] Wolfers, Arnold, «National Security» as an Ambiguous Symbol, *Political Science Quarterly 67*, 1952: pp. 481–502.

3. O império da força

O conceito central e o tema principal da teoria realista é o poder. A *Machtpolitik* alemã tornou-se na *power politics* americana, que só precisa de uma única palavra – *power* – para tratar do poder, da potência (*Macht*) e da força (*Kraft*).

Carr é um apologista do poder contra o moralismo dos utopistas: não há ordem política sem poder e a ordem internacional depende da concentração de poder numa potência hegemónica com a força – militar, política, económica – indispensável para impor a sua autoridade. Morgenthau, pelo contrário, teme o poder como uma constante nas relações de dominação: «a vontade de poder do homem não tem limites e só pode ser saciada quando o último homem se tornar objecto da sua dominação»[17]. Para conter a «ubiquidade de poder» e tornar possível a racionalidade política, é preciso definir o conceito de «interesse em termos de poder». Aron, que se limita a esperar a razoabilidade da irracionalidade política, regressa à concepção weberiana do poder como a capacidade de obrigar outra parte a fazer o que não quer e separa as relações de poder na ordem interna das relações entre as potências, em que o recurso à força, incluindo a guerra, é legal e legítimo.

A antinomia entre o poder e a moral é recorrente na escola realista. Carr considera que a moralidade não tem nada que ver com as relações entre os Estados, «exclusivamente governadas pelo poder»[18]. Os moralistas, que negam a realidade do poder, criam ilusões perigosas sobre a «harmonia dos interesses» entre os rivais do sistema vestefaliano. Porém, a política internacional é uma luta pelo poder em que os Estados se

---

[17] MORGENTHAU, Hans, *op. cit.*, 1946, p. 193.

[18] CARR, E. H., The *Twenty Years' Crisis (1919 -1939): An Introduction to the Study of International Relations*, Londres, Macmillan & Co., 1939, p. 194.

concentram na defesa da sua segurança: «O Estado sente-se fraco enquanto houver outros mais fortes. A sua segurança e a sua conservação exigem que seja mais poderoso do que os seus vizinhos»[19]. A competição entre as potências do *statu quo* e as novas potências emergentes domina a dinâmica do sistema internacional, cuja estabilidade depende da preponderância do poder das potências conservadoras, necessária para preservar os equilíbrios postos em causa pelas potências revisionistas: a alternativa à evolução pacífica do sistema internacional é a guerra geral que decide sobre a redistribuição do poder e as regras da legitimidade. Para a impedir, as potências responsáveis devem exercer moderadamente o seu poder e reconhecer os interesses legítimos das novas potências, sem ilusões sobre a natureza conflitual da competição entre os Estados que não se submetem nem à disciplina das instituições, nem às normas do direito internacional contra os seus próprios interesses.

A tragédia da Segunda Guerra Mundial resulta, em boa parte, da impotência da França e da Grã-Bretanha perante o *III Reich* e a União Soviética. A vontade de poder das potências totalitárias desfaz a ordem da Sociedade das Nações quando Berlim e Moscovo decidem intervir na Guerra de Espanha, enquanto Paris e Londres inventam um regime fictício de não intervenção que só impede a intervenção das potências democráticas, indispensável para evitar a vitória dos seus piores inimigos. Na Conferência de Munique, a política de *appeasement* (conciliação) serve para confirmar o recuo defensivo dos responsáveis pela ordem internacional, assim como as ilusões do primeiro-ministro britânico, Neville Chamberlain, e do presidente do Conselho francês, Édouard Daladier, sobre Hitler.

---

[19] ROUSSEAU, Jean-Jacques, Que l'état de guerre naît de l'état social. Fragments sur la guerre, *in* ROUSSEAU, Jean-Jacques, *Œuvres complètes III*, Paris, Gallimard, 1964, p. 605.

A exclusão de Estaline e da União Soviética da cimeira quadripartida que entrega os Sudetas à Alemanha e a democracia checoslovaca ao nazismo alemão cria as condições para a convergência improvável das duas potências revolucionárias e precipita uma nova guerra hegemónica. Impreparadas para o conflito, as democracias ocidentais oscilam entre as cedências estratégicas e a condenação moral e institucional das potências totalitárias – reconhecem o direito de autodeterminação da minoria alemã na Checoslováquia, expulsam a União Soviética da Sociedade das Nações depois da invasão da Finlândia – sem conseguir parar a escalada da guerra que vai destruir a Europa[20].

4. A ascensão aos extremos

As relações internacionais decorrem à sombra da guerra: «o estado de guerra é natural entre as potências»[21] que ou se estão a preparar para iniciar as hostilidades, ou em pleno conflito armado, ou a recuperar da violência do confronto.

A guerra é inevitável porque nada a pode impedir, a não ser a transformação do sistema internacional com a improvável

---

[20] Carr, que defende a estratégia de *appeasement* como uma política realista exemplar no seu manifesto contra o utopismo idealista, reconhece mais tarde ter avaliado mal Hitler. A segunda edição de *The Twenty Years' Crisis*, cuja versão original é publicada no momento da invasão da Polónia, omite um certo número de passagens mais reveladoras do empenho do fundador da escola realista na defesa da política oficial britânica. Haslam, Jonathan, *The Vices of Integrity: E. H. Carr 1892–1982*, Londres, Verso, 1999, pp. 57–80. Ver também Carr, E. H., An Autobiography, *in* Cox, Michael (org.), E. H. Carr: *A Critical Appraisal*, Londres, Palgrave-Macmillan, 2000, pp. xiii–xxii; Cox, Michael, Introduction, *in* Cox, Michael (org.) e Carr, *The Twenty Years' Crisis (1919–1939)*, Londres, Palgrave Macmillan, 2001, pp. ix–lxiii.

[21] Rousseau, Jean-Jacques, *op. cit.*, p. 607.

formação de um governo mundial[22]. Nos últimos 100 anos, as guerras hiperbólicas da era industrial revelaram sucessivamente a capacidade destrutiva sem precedente das armas modernas e a fúria niilista dos totalitarismos na aniquilação dos seus inimigos. A combinação entre a bomba atómica e a revolução totalitária cria um dilema existencial para a humanidade, ameaçada simultaneamente de extinção física e espiritual[23].

Em Hiroxima e em Nagasaki, a bomba atómica vem pôr à prova os paradigmas convencionais da guerra entre as potências: a finalidade principal da instituição militar deixa de ser ganhar guerras e passa a ser evitar uma guerra geral[24]. As estratégias de dissuasão consolidam-se com o reconhecimento da capacidade recíproca de destruição das duas superpotências, formalizado nos acordos de limitação das armas estratégicas entre os Estados Unidos e a União Soviética.

O equilíbrio bipolar da Guerra Fria demonstra a pertinência da fórmula original de Aron – «guerra improvável, paz impossível»: a irracionalidade da ascensão aos extremos é tanto maior quando o recurso às armas nucleares pode destruir fisicamente o adversário e moralmente a potência responsável pela decisão de as empregar[25]; a guerra nuclear é a

---

[22] Waltz evoca Rousseau: «O que pode explicar a guerra entre os Estados? A resposta de Rousseau é que, realmente, a guerra ocorre porque não há nada que o possa impedir.» Waltz, Kenneth, *Man, the State and War*, Nova Iorque, Columbia University Press, 1959, pp. 188 e 238.

[23] Jaspers, Karl, *The Atom Bomb and the Future of Man*, Chicago, University of Chicago Press, 1961 [1958], p. 14.

[24] Brodie, Bernard, The Weapon: Implications for Military Policy, *in* Brodie, Bernard [et al.], *The Absolute Weapon: Atomic Power and World Order*, Nova Iorque, Harcourt, Brace & Co., 1946, p. 76.

[25] Aron, Raymond, Stupide résignation, *Le Figaro*, 21–22 de Setembro de 1947, *in* Aron, Raymond, *Les articles du Figaro I: La guerre froide*, Paris, Editions de Fallois, 1990, p. 49; *idem*, *Le grand schisme*, Paris, Gallimard, 1948.

expressão definitiva da «impotência da vitória»[26]. No mesmo sentido, Waltz reconhece na coexistência dos «irmãos inimigos» o modelo estrutural da estabilidade internacional[27]. Essa condição persiste no concerto unipolar do pós-Guerra Fria, pelo menos enquanto for possível preservar o primado do poder dos Estados Unidos para conter a ressurgência paralela da China e da Rússia e para impedir, ou limitar, a proliferação das armas de destruição maciça e a multiplicação do número de potências nucleares[28].

Nesse quadro, as armas nucleares, que transformam a ascensão aos extremos numa catástrofe cujas consequências ninguém pode calcular, são necessárias para reduzir a probabilidade de uma guerra hegemónica. Essa realidade é a expressão moderna das antinomias morais da política internacional: nenhum Estado nuclear está preparado para desistir do estatuto que define a sua posição na hierarquia das potências e garante a sua integridade na competição internacional, nenhum responsável político pode aceitar substituir o «equilíbrio do terror» nuclear por um regime geral de desarmamento na ausência de um governo mundial[29]. O moralista e o realista convergem numa vontade comum de reduzir o risco da

---

[26] Hegel fala da «impotência da vitória» a propósito de Napoleão. Hassner, Pierre, Hegel (Friedrich), *in* Durieux, Benoît; Vilmer, Jean-Baptiste Jeangène e Ramel, Frédéric (org.), *Dictionnaire de la guerre et de la paix*, Paris, Presses Universitaires de France (PUF), 2017, p. 637.

[27] Waltz, Kenneth, The Stability of a Bipolar World, *Daedalus* 93, 1964: pp. 881–909. Ver também *idem, Theory of International Politics*, Reading, Addison-Wesley, 1979.

[28] Wohlforth, William, The Stability of a Unipolar World, *International Security* 24, 1999: pp. 5–41.

[29] Hassner, Pierre, Les enjeux éthiques de la dissuasion nucléaire, *in* Hassner, Pierre, *La violence et la paix: De la bombe atomique au nettoyage ethnique*, Paris, Esprit, 1995, pp. 159–217. Ver também o número especial da revista *Ethics* 95: Symposium on Ethics and Nuclear Deterrence; Thomas, Ward, *The*

guerra nuclear e impedir a ascensão aos extremos: «a ameaça nuclear é moralmente justificada na condição de ser a ameaça suprema», quando todos se empenham na criação das condições para que nunca tenha de ser posta em execução[30].

Porém, a eficácia aparente da dissuasão estratégica pode ser posta em causa pelo acesso às armas nucleares de «Estados renegados», marginalizados e isolados. Os dilemas da escolha entre uma guerra preventiva contra a Coreia do Norte e o reconhecimento de um novo Estado nuclear sublinham a permanência das antinomias morais: uma ameaça existencial contra o regime comunista norte-coreano aumenta os riscos de uma resposta nuclear da Coreia do Norte contra os Estados vizinhos ou contra instalações militares norte-americanas, mas a passividade pode desencadear uma cadeia de proliferação que transforma a balança do poder na Ásia Oriental e aumenta o risco de uma confrontação entre os Estados Unidos e a China.

5. A moralidade da imoralidade

Os fundadores da escola realista das relações internacionais reconhecem a importância da moralidade internacional e têm visões marcadamente divergentes sobre essa questão crucial[31].

Ethics of Destruction: Norms and Force in International Relations, Ithaca, Cornell University Press, 2001.

[30] Aron, Raymond, *op. cit.*, 1962, p. 610.

[31] Carr, E. H., Morality in International Relations, *in* Carr, E. H., *op. cit.*, 1939, pp. 186–218; *Idem*, *The Moral Foundations of World Order*, [s.l.], Social Science Foundation, University of Denver, 1948; Morgenthau, Hans, The Moral Blindness of Scientific Man, *in* Morgenthau, Hans, *op. cit.*, 1946; *Idem*, International Morality, *in* Morgenthau, Hans, *Politics among Nations*, Nova Iorque, Alfred Knopf, 1948, pp. 174–196; Aron, Raymond, En quête d'une

Carr considera a questão da moralidade o problema «mais difícil e mais obscuro» dos estudos internacionais. Desde logo, condena o moralismo dos utopistas como uma forma perigosa de condicionar as decisões políticas, mas nem por isso deixa de criticar como irrealista a ideia de criar uma ordem internacional que não assente em princípios morais e defende que uma ordem moral internacional reclama uma hegemonia de poder. Por outro lado, presume que o poder precede a moral e que a «moralidade é um produto do poder»: «as teorias da moralidade internacional são o produto das nações dominantes», o que invalida a pretensão de universalidade dos princípios morais na política internacional[32]. Por último, defende uma dualidade moral, que reclama uma moralidade internacional separada para os estadistas, com critérios distintos da moral privada do «homem comum»: «actos que seriam imorais num indivíduo tornam-se virtuosos quando praticados em benefício do Estado: o bem do Estado pode ser considerado um fim moral em si mesmo». O Estado tem um direito de autopreservação que prevalece sobre as obrigações morais[33].

Morgenthau recusa o relativismo moral de Carr que denuncia como um «utopista do poder» e um «Maquiavel sem *virtù*»[34]. O poder é um instrumento de dominação e, no sentido

---

morale I: Idéalisme et réalisme, *in* Aron, Raymond, *op. cit.*, 1962, pp. 567–596; *Idem*, En quête d'une morale II: Conviction et responsabilité, *in idem, ibidem*, pp. 597–623.

[32] Carr, E. H., *op. cit.*, 1939, pp. 186 e 191.

[33] Cox, Michael (org.) e Carr, E. H., *op. cit.*, pp. 145–146 e 160. Ver também Rich, Paul, E. H. Carr and the Quest for Moral Revolution in International Relations, *in* Nardin, Terry e Mapel, David (org.), *Traditions of International Ethics*, Cambridge, Cambridge University Press, 1992, pp. 198–206; Molloy, Seán, *Spinoza, Carr, and the Ethics of The Twenty Years' Crisis, Review of International Studies* 39, 2013: pp. 251–271.

[34] Morgenthau, Hans, The Political Science of E. H. Carr, *World Politics* 1, 1948: pp. 127–134; *idem*, The surrender to the immanence of power: E. H.

em que a essência da política é exercer o poder sobre os homens, «a política é o mal»: para tratar o fenómeno político é preciso partir de uma posição ética transcendente, necessária tanto para fortalecer o actor da cena política, como para proteger o analista político que tem de tratar da «ética do mal»[35]. No mesmo sentido, não há dualidade moral, pois o mal que corrompe a acção política é o mesmo que corrompe todas as acções: «A distinção entre a acção privada e a acção política não é uma distinção entre a inocência e a culpa, entre a moralidade e a imoralidade, entre o bem e o mal, resulta apenas do grau em que os dois tipos de acção se desviam da norma ética»[36]. A dualidade moral não pode ser aceite por nenhuma civilização e só pode servir para degradar o estatuto da política internacional, isenta dos princípios universais da moralidade. Não obstante, Morgenthau parte da antinomia entre a moral e a política para denunciar os moralistas que se querem «abster do mal, uma forma subtil do egoísmo da boa consciência que não afecta a existência do mal no mundo, mas destrói a faculdade de distinguir entre diferentes males». Nesse sentido, o moralista é uma «fonte do mal maior» ao passo que a ética realista assenta na coragem de reconhecer a inevitabilidade do mal na política, nomeadamente nas relações entre os Estados, e na capacidade moral de escolher o mal menor[37].

Carr, *in* MORGENTHAU, Hans, *Politics in the Twentieth Century III: The Restoration of American Politics*, Chicago, University of Chicago Press, 1962, pp. 36–43.

[35] *Idem, op. cit.*, 1946, pp. 145 e 146. Ver também RUSSELL, Greg, Morgenthau's Political Realism and the Ethics of Evil, in Clinton, W. David (org.), *The Realist Tradition and Contemporary International Relations*, Baton Rouge, Louisiana State University Press, 2007, pp. 212–233.

[36] MORGENTHAU, Hans, *op. cit.*, 1946, p. 195.

[37] *Idem, ibidem*, pp. 202–203; MOLLOY, Seán, Hans J. Morgenthau Versus E. H. Carr: Conflicting Conceptions of Ethics in Realism, *in* BELL, Duncan (org.), *Political Thought and International Relations: Variations on a Realist Theme*, Oxford, Oxford University Press, 2009, pp. 83–104. Ver também MOLLOY,

Aron, que critica Morgenthau como um «cruzado do realismo» e considera a sua teoria uma ideologia simétrica à dos idealistas, recusa a antinomia entre a moral e a política «a moral também nasce na história e desenvolve-se no tempo» e os seus princípios são progressivamente concretizados pela política, incluindo a política internacional, transformada pela evolução das concepções morais[38]. A violência da colonização tornou-se insuportável, a «limpeza étnica» legitima a deposição do tirano que viola os deveres da entidade soberana, os direitos humanos são reconhecidos como um valor universal: as democracias empenham-se na tradução dos princípios da igualdade e da justiça nas políticas concretas que definem a sociedade internacional.

A tese banal da contradição entre a moral e a acção diplomática projecta na política internacional tanto o culto do poder e a glorificação do Estado típicos das ideologias nacionalistas, como um puritanismo que rejeita o poder e a política internacional como o domínio do mal. Carr rende-se ao poder quando define a moral como a política do mais forte, enquanto Morgenthau procura contornar o moralismo isolacionista que prevalece na cultura norte-americana para legitimar a sua teoria do realismo clássico. Pela sua parte, Aron está mais perto da tese original de Maquiavel, que reconhece a necessidade de separar a política da moral para garantir a autonomia do Estado, condição primeira da realização das virtudes republicanas, cuja defesa pode impor legitimamente o recurso

---

Seán, Aristotle, Epicurus, Morgenthau and the Political Ethics of the Lesser Evil, *Journal of International Political Theory* 5, 2011: pp. 94–112.

[38] Aron, Raymond, *op. cit.*, 1962, pp. 764–766; Cozette, Murielle, «Raymond Aron and the morality of realism», Camberra, Australian National University Working Paper 5, 2008. Sobre Aron e Morgenthau, ver Gaspar, Carlos, Waltz, Morgenthau e Aron, *Relações Internacionais* 39, 2013: pp. 5–13.

a acções imorais em situações extremas: «a excepção não é menos justa do que a regra»[39].

6. A ética da responsabilidade

O realismo político reclama uma ética da responsabilidade para tentar reconciliar a defesa da autonomia política dos Estados na anarquia internacional com o respeito pelos princípios da moral[40].

Morgenthau e Aron convergem com Maquiavel e Espinosa no reconhecimento da prudência como a primeira virtude do estadista confrontado com as escolhas dramáticas da política internacional, quando estão em causa a guerra e a paz, ou os valores da liberdade, da honra e da segurança do Estado[41]. Para Morgenthau, «não pode haver moralidade política sem prudência»: «a prudência – sopesar as consequências de acções

---

[39] Strauss, Leo, *op. cit.*, p. 148.

[40] A literatura sobre a ética das relações internacionais é vasta, mas os estudos sobre a ética do realismo são escassos e, em geral, pobres. O melhor é Smith, Michael Joseph, *Realist Thought from Weber to Kissinger*, Baton Rouge, Louisiana State University Press, 1986. Michael Williams tem um capítulo interessante sobre a ética da responsabilidade: Williams, Michael, *The Realist Tradition and the Limits of International Relations*, Cambridge, Cambridge University Press, 2005. A crítica de Richard Ashley ao desinteresse dos realistas sobre a moral é pertinente: Ashley, Richard, The Poverty of Neorealism, *International Organization* 38, 1984: pp. 225–286. Ver também Donnelly, Jack, Twentieth Century Realism, *in* Nardin, Terry e Mapel, David (org.), Traditions of International Ethics, Cambridge, Cambridge University Press, 1992, pp. 85–111; *idem*, The Ethics of Realism, *in* Reus-Smit, Christian e Snidal, Duncan (org.), *The Oxford Handbook of International Relations*, Oxford, Oxford University Press, 2008, pp. 150–162. Ver ainda Lieven, Anatol e Hulsman, John, *Ethical Realism: A Vision for America's Role in the World*, Nova Iorque, Pantheon, 2006.

[41] Machiavel, Nicolas, Le Prince XXV, *in* Machiavel, Nicolas, *op. cit.*, pp. 365-367. A prudência – *caute* – é a divisa de Espinosa.

políticas alternativas – é a virtude suprema da política». Para Aron, «a prudência é a virtude suprema do homem de Estado»: «ser prudente é agir em função da conjuntura singular e dos dados concretos, não por espírito de sistema ou em obediência passiva a uma norma, é preferir a limitação da violência ao castigo do culpado ou à justiça dita absoluta, é definir objectivos concretos, acessíveis e conformes à lei secular das relações internacionais e não objectivos ilimitados como um mundo em que a democracia possa estar em segurança»[42].

Para Morgenthau, «a ética em abstracto julga as acções pela sua conformidade com a lei moral; a ética política julga a acção pelas suas consequências políticas»: o bombardeameno atómico de Hiroxima e Nagasaki viola as leis humanitárias, mas garante a rendição do império japonês e o fim da Segunda Guerra Mundial. Para Aron, «o julgamento ético sobre as condutas diplomático-estratégicas não é separável do julgamento histórico sobre as finalidades dos actores e as consequências do seu sucesso ou do seu falhanço». Chamberlain volta da Conferência de Munique para proclamar que a paz estava assegurada, mas as suas boas intenções não o impediram de abrir as portas à dinâmica expansionista de Hitler[43].

Para os realistas seculares, o responsável político tem de ter a coragem moral de reconhecer a ubiquidade do mal na política dos Estados e a sabedoria indispensável para avaliar cada caso concreto em todas as suas dimensões, de modo a poder escolher o mal menor, sem estar refém de uma visão ideológica, das paixões políticas ou de princípios abstractos:

---

[42] MORGENTHAU, Hans, *Politics among Nations*, Nova Iorque, Alfred Knopf, 1978, pp. 10–11. ARON, Raymond, *op. cit.*, 1962, pp. 572–573. A referência de Aron à palavra- de ordem do presidente Woodrow Wilson – «To make the world safe for democracy» – visa directamente a escola idealista.

[43] MORGENTHAU, Hans, *op. cit.*, 1948, p. 11; ARON, Raymond, *op. cit.*, 1962, p. 592.

a divisão entre o realismo e o utopismo «não é uma divisão entre moralidade e imoralidade, mas entre um tipo de moralidade que toma como critério princípios morais universais e outro que pondera esses princípios em função das exigências morais da acção política concreta, incluindo uma avaliação das consequências políticas»[44].

Morgenthau e Aron são ambos tão realistas como moralistas[45]: não cedem ao desespero, nem excluem a esperança no futuro da política internacional. A experiência trágica do totalitarismo obriga a geração que enfrenta o nazismo e o comunismo a rejeitar o niilismo. Morgenthau considera que o sistema dos Estados tem princípio, meio e fim e não nega a possibilidade de um governo mundial. Aron antecipa o início de uma nova era na história universal que pode transcender os dilemas da anarquia. O realismo liberal recusa a inevitabilidade da decadência ocidental e rejeita o fim da história.

Weber faz a distinção original entre a «ética das convicções» (*Gesinnungsethik*) e a «ética da responsabilidade» (*Verantwortungsethik*), resumida em duas máximas: a primeira diz que o cristão faz o seu dever e os resultados dos seus actos

---

[44] Morgenthau, Hans, The Problem of the National Interest, *in* Morgenthau, Hans, Politics *in the 20th Century I: The Decline of Democratic Politics*, Chicago, University of Chicago Press, 1962, p. 111.

[45] Russell, Greg, *Hans J. Morgenthau and the Ethics of American Statecraft*, Baton Rouge, Louisiana State University Press, 1990; Frei, Christoph, Hans *J. Morgenthau: An Intellectual Biography*, Baton Rouge, Louisiana State University Press, 2001; Scheuerman, William, *Hans Morgenthau: Realism and Beyond*, Londres, Polity Press, 2009; Baverez, Nicolas, *Raymond Aron: Un moraliste au temps des idéologies*, Paris, Flammarion, 1993; Hoffmann, Stanley, Raymond Aron et la théorie des relations internationales, *Politique Étrangère* 4, 1983: pp. 723–734; Hassner, Pierre, Raymond Aron and Immanuel Kant: Politics between Morality and History, *in* Dutartre-Michaut, Elisabeth e Colen, José (org.), *The Companion to Raymond Aron*, Londres, Palgrave Macmillan, 2015, pp. 197–204.

são o que Deus quiser, a segunda diz que devemos assumir as consequências previsíveis dos nossos actos[46]. O domínio da política, cujo meio decisivo é a violência, reclama a ética da responsabilidade, incompatível quer com o romantismo revolucionário e com o idealismo pacifista, quer com o absurdo da política do poder pelo poder.

Os realistas recebem a ética da responsabilidade weberiana quando recusam pôr as regras morais acima da relatividade histórica, quando reconhecem a virtude da prudência política e a visão cosmopolita da diplomacia e quando responsabilizam individualmente os estadistas, obrigados a prestar contas pelas consequências das suas acções políticas. A ética da responsabilidade não define qual é o melhor momento para tomar uma decisão, nem escolhe os meios necessários para assegurar o seu sucesso, que podem ir «contra a caridade, contra a humanidade e contra a religião»[47], nem garante os seus resultados, frequentemente opostos às previsões dos responsáveis. Nesse contexto, Morgenthau e Aron procuram na sabedoria a última virtude[48]: a «moral da sageza» deve superar a antinomia entre a «moral de combate» e a «moral da lei» para encontrar em cada momento o compromisso mais aceitável que não ponha em causa a honra, a liberdade e a segurança do Estado[49]. Os heróis morais dos realistas seculares são os cidadãos que «preferiram a grandeza da sua cidade à salvação das suas almas»[50].

---

[46] WEBER, Max, Le métier et la vocation d'homme politique, *in* WEBER, Max, *Le savant et le politique*, Paris, Plon, 1963 [1919], p. 206; Aron, Raymond, Préface, *in* WEBER, Max, *op. cit.*, pp. 30–39.

[47] MACHIAVEL, Nicolas, Le Prince XVIII, *in* MACHIAVEL, Nicolas, *op. cit.*, p. 342.

[48] MORGENTHAU, Hans, *op. cit.*, 1946, p. 203; ARON, Raymond, *op. cit.*, 1962, p. 596.

[49] ARON, Raymond, *op. cit.*, 1962, pp. 595–596.

[50] WEBER cita a *História de Florença* de Maquiavel: WEBER, Max, *op. cit.*, p. 217.

Referências e leituras recomendadas

ARON, Raymond, *Paix et guerre entre les nations*, Paris, Calmann-Lévy, 1962.

CANTO-SPERBER, Monique (dir.), *Dictionnaire d'éthique et de philosophie morale*, Paris, Presses Universitaires de France (PUF), 2004.

CARR, E. H., *The Twenty Years' Crisis (1919–1939): An Introduction to the Study of International Relations*, Londres, Macmillan & Co., 1939.

DONNELLY, Jack, The Ethics of Realism, *in* REUS-SMIT, Christian e Snidal, Duncan (org.), *The Oxford Handbook of International Relations*, Oxford, Oxford University Press, 2008, pp. 150–162.

HASSNER, Pierre, *La terreur et l'empire. La violence et la paix* II, Paris, Éditions du Seuil, 2003.

HERZ, John, *Political Realism and Political Idealism*, Chicago, University of Chicago Press, 1951.

LIEVEN, Anatol e HULSMAN, John, *Ethical Realism: A Vision for America's Role in the World*, Nova Iorque, Pantheon, 2006.

MORGENTHAU, Hans, *Scientific Man vs. Power Politics*, Chicago, Chicago University Press, 1946.

MORGENTHAU, Hans, *Politics among Nations: The Struggle for Power and Peace*, Nova Iorque, Alfred Knopf, 1948.

NARDIN, Terry e MAPEL, David (org.), *Traditions of International Ethics*, Cambridge, Cambridge University Press, 1992.

RUSSELL, Greg, *Hans J. Morgenthau and the Ethics of American Statecraft*, Baton Rouge, Louisiana State University Press, 1990.

SMITH, Michael Joseph, *Realist Thought from Weber to Kissinger*, Baton Rouge, Louisiana State University Press, 1986.

STRAUSS, Leo, *Droit naturel et histoire*, Paris, Flammarion, 1983 [1954].

THOMAS, Ward, *The Ethics of Destruction: Norms and Force in International Relations*, Ithaca, Cornell University Press, 2001.

WALTZ, Kenneth, *Man, the State and War*, Nova Iorque, Columbia University Press, 1959.

WEBER, Max, *Le savant et le politique*, Paris, Plon, 1963.

WILLIAMS, Michael, *The Realist Tradition and the Limits of International Relations*, Cambridge, Cambridge University Press, 2005.

WOLFERS, Arnold, *Discord and Collaboration*, Baltimore, Johns Hopkins University Press, 1962.

A ética do liberalismo

Luís Lobo-Fernandes
Universidade do Minho

No contexto deste capítulo sobre a ética do liberalismo nas relações internacionais, escolhemos suscitar uma abordagem inicial na base da ideia de que o liberalismo, no seguimento dos tratados de Vestefália de 1648, facilitou a consolidação dos Estados territoriais e do nacionalismo moderno e, concomitantemente, do próprio sistema internacional[1]. É neste argumento racional que situamos o ponto de partida do presente contributo, que, na nossa óptica, permite estruturar um eixo de análise porventura mais produtivo e que, ao mesmo tempo, tenta estabelecer a ligação entre a questão mais intrincada de

---

[1] A assinatura dos Tratados de Múnster e Osnabruque na Vestefália, em 1648, marcou o fim da Guerra dos Trinta Anos – o conflito mais violento que a humanidade tinha testemunhado até então. Os tratados consagram a ascendência dos Estados territoriais e, concomitantemente, o declínio do Papado, dando início ao moderno sistema internacional definido pela centralidade e predomínio das *soberanias estatais*, também designado sistema vestefaliano. Sobre este período, ver o brilhante livro de Wedgwood, Cicely Veronica, *The Thirty Years War*, Nova Iorque, New York Review Books, 2005 [1938].

natureza político-filosófica – a ética liberal – e o domínio científico mais específico das relações internacionais.

Neste eixo condutor que privilegiamos, assume-se o pluralismo metodológico como orientação fundamental no esforço de intelecção das relações internacionais enquanto expressão das várias perspectivas epistemológicas. Com efeito, o estudo dos complexos eventos e dinâmicas internacionais não permite que apartemos, *a fortiori*, qualquer das configurações intelectivas e de investigação. O mesmo raciocínio se pode fazer em relação às várias conexões e inúmeras ramificações que a questão da «ética liberal» necessariamente acarreta e implica nos estudos internacionais. Neste sentido, tentamos estabelecer algumas das proposições de maior realce, segundo dois critérios principais, embora interligados: o político-filosófico e o das teorias das relações internacionais. Considera-se, pois, útil tentar estabilizar, na primeira parte deste capítulo, quer a noção de liberalismo, quer o problema específico da ética na política internacional, bem como as suas principais projecções conceptuais. Assim, este roteiro, com diferentes ritmos e extensões, faz referência à corrente utilitarista, ao cosmopolitismo, ao enunciado normativo e ao contratualismo. Por sua vez, na segunda parte abordamos as expressões comummente consideradas mais conseguidas no plano das próprias teorias das relações internacionais: interdependência complexa, regimes internacionais e o institucionalismo neoliberal. Por último, apresentamos um apontamento final à guisa de conclusão.

1. O critério político-filosófico

1.1. Liberalismo político

Em termos de concepção filosófica e assunções metafísicas, o liberalismo político tem sido descrito como racionalista, abstracto e universalista. Do mesmo modo, o enunciado liberal modela-se em inúmeras instâncias numa visão radicalmente individualista da natureza humana, o que poderia ofuscar tanto a centralidade da ideia de *comunidade*, como a da própria emergência do nacionalismo moderno. No entanto, o individualismo liberal e a ideia de comunidade não são necessariamente contraditórios[2]. Com efeito, em contraste com as variantes nacionalistas chauvinista e racista, o nacionalismo liberal propugna que o direito colectivo à autodeterminação se estriba na liberdade individual. Assim, o individualismo, em vez de constituir uma barreira a uma concepção teórica mais inclusiva da comunidade nacional, emerge como uma das vantagens éticas do nacionalismo liberal[3]. Ao advogar a soberania popular e ao reconceptualizar o significado e a justificação dos direitos políticos modernos, John Locke (1632–1704) estabilizou argumentos que socavaram as estruturas absolutistas tradicionais, marcadas pela tirania[4]. Neste sentido, o liberalismo também não é tão abstracto que ignore as injustiças históricas; antes, reconhece o direito dos povos conquistados à independência nacional fundado na memória colectiva das respectivas comunidades. Tanto Locke como Woodrow Wilson (1856–1924)[5] – proponentes do direito

---

[2] Cf. Resnick, David, John Locke and Liberal Nationalism, *History of European Ideas* 15, 1992: pp. 511–517. (Cumpre referir que o autor deste capítulo foi aluno e assistente (*Graduate Teaching Assistant*) do professor David Resnick na Universidade de Cincinnati entre 1990 e 1995.)

[3] *Idem, ibidem*, p. 511.

[4] *Idem, ibidem, loc. cit.*

[5] Thomas Woodrow Wilson (1856–1924), proponente de uma visão liberal mais «idealista» das relações internacionais, foi presidente dos Estados Unidos da América (EUA) entre 1913 e 1921. Curiosamente, foi em grande medida o prestígio consolidado enquanto professor de Relações Internacionais na Universidade de Princeton, onde desempenhou funções de reitor, após ter defendido uma tese de doutoramento neste domínio do

liberal à autodeterminação dos povos – sublinham que a privação da liberdade política é a justificação fundamental para as rebeliões legítimas. O lema «se há uma nação, essa nação tem direito à autodeterminação» expressa de alguma forma a reivindicação histórica aqui enunciada.

Assim, na teoria política liberal os direitos não são exclusivamente direitos privados, mas são fundamentalmente resultado do «acordo colectivo» dos membros da sociedade civil. Neste plano do pensamento liberal, o axioma fundamental dos direitos políticos seria a liberdade de cada um e de todos. Não há um direito natural ou divino a governar. Este é, aliás, um elemento central de uma ética liberal do Estado moderno e, por conseguinte, do correspondente tecido internacional emergente dos referidos acordos de Vestefália. Nesta medida, a insistência de Locke na ideia de «governo por consentimento» significa que as colectividades nacionais – sociedades civis ou Estados – têm o direito de determinar quem os deve governar. Autoridades sem prerrogativas legítimas violam este direito. Como tal, os povos têm o direito de resistir e de se revoltar contra governos que lhes foram impostos por conquista. Neste sentido, o argumento de fundo seria o de que as lógicas de conquista e de ocupação territorial prolongada não podem fornecer os pressupostos morais ou éticos de um governo legítimo. É oportuno fazer alusão ao caso histórico do povo curdo – a quem tem sido sistematicamente negado o direito à autodeterminação – que poderíamos caracterizar, em rigor, de negação do estatuto de Estado-nação moderno[6].

---

conhecimento em 1885 na Johns Hopkins University, que o catapultaria para a presidência dos EUA.

[6] Com efeito, segundo Keating (2018, p. 151), o caso do Curdistão configura a situação mais gritante no plano internacional entre a existência efectiva de uma população com história e cultura próprias, de um território, de um governo, e até de Forças Armadas, e a ausência de um Estado. Este

O problema curdo é especialmente pungente para a discussão actual da ética do liberalismo nas relações internacionais, pois a justificação de um direito à independência política reconduz-nos ao ideal liberal *wilsoniano* de apoio consequente à autodeterminação dos povos e seria, em contraposição, deslegitimadora do nexo multiétnico presente no carácter imperial histórico do Estado otomano. É interessante notar que o filósofo John Stuart Mill (1806–1873) refere que instituições livres praticamente não existem num país composto de diferentes nacionalidades sem um sentido substancial de identidade comum; para este autor liberal a fórmula «uma nação, um Estado» seria a situação preferível, porque asseguradora de maior autonomia e liberdade[7].

1.2. A corrente utilitarista

O problema da ética ou da moral é central a toda a história da filosofia política na exacta medida em que diz respeito às questões da *virtude* e do *vício*, e à consequente prática do *bem* e do *mal* (ética teleológica), e do que é correcto e incorrecto (ética deontológica). A sua definição, que não parece ter sido ainda inteiramente resolvida, teria, não obstante, um primeiro elemento moral de natureza normativa e um segundo, mais

---

autor sublinha mesmo que «não existe contradição maior no plano internacional entre o ideal wilsoniano de autodeterminação e o impulso realista de preservar o *statu quo*» naquela região. Cf. o estudo recente de Keating, Joshua, *Invisible Countries: Journeys to the Edge of Nationhood*, New Haven, Yale University Press, 2018 (ver, em especial, «The Dream of Independence», pp. 150–189).

[7] Cf. Resnick, David, *op. cit.*, p. 514.

abstracto, que respeita à ética, enquanto racionalidade da acção[8].

No quadro do moderno sistema de Estados, a questão assume particular relevância, já que apontaria para uma redefinição da acção humana materializada no que são consuetudinariamente consideradas «boas práticas internacionais». Neste plano, a linha de intelecção proposta pelos utilitaristas – em que as acções são medidas, racionalmente, pelas suas consequências «úteis» – pode ser especialmente importante na discussão do problema geral da ética no plano das relações internacionais e da questão específica das boas práticas[9]. Como explicita Lúcio Craveiro da Silva (1914–2007), a «utilidade» é uma norma de moralidade em que se incluem, entre outras, dimensões como a moderação, a prudência e a observância das normas estabelecidas; daqui pode resultar o «bem útil» não só para o indivíduo e a sociedade, mas também para a sociedade internacional no seu conjunto[10].

---

[8] Na questão específica da moral, adoptamos a definição genérica proposta por Lúcio Craveiro da Silva quando refere que «a ciência moral é a arte que rege a vida humana e uma prática específica da ciência, dotada de métodos próprios», ou, como tinha postulado de forma especialmente profícua Viktor Cathrein (1845–1931), a ciência da «recta ordem dos actos humanos», enquanto humanos, a partir dos últimos princípios da razão. Cf. Craveiro da Silva, Lúcio, *Curso de Filosofia Moral*, Braga, Aletheia, 2015 [1954], p. 21. (Cumpre, igualmente, referir que o autor deste capítulo teve o privilégio de fazer parte do último grupo de alunos do professor Lúcio Craveiro da Silva na Universidade do Minho no ano lectivo de 1980–81.)

[9] Importa referir que os kantianos – que colocam o «dever» como determinante da acção humana – se situam nos antípodas do pensamento utilitarista. Na linha de intelecção aqui evidenciada, o quadro utilitarista talvez se aproxime mais do carácter predominante nas dinâmicas interestatais.

[10] Craveiro da Silva faz notar que para Jeremy Bentham a utilidade particular não exclui a utilidade geral, isto é, a ideia de maximização dos prazeres para o maior número, também designada de «aritmética moral». Não

Na exposição do seu sistema, o utilitarista Stuart Mill refere que «utilidade» é um termo abstracto que expressa precisamente uma tendência de «afastamento do mal» e de procura do bem e do maior prazer. Consideramos que o sentido desta moral liberal utilitarista enunciada por Stuart Mill é especialmente pertinente no contexto das relações interestatais e, por maioria de razão, na discussão de uma ética do liberalismo, visto que pressupõe que os homens e as suas instituições agem fundamentalmente – de acordo com esses mesmos utilitaristas – por motivos de «utilidade» na linha da denominada «regra do interesse», noção igualmente central da construção liberal. O utilitarismo corresponderia, deste modo, à expressão de uma teoria filosófica moral que mede o valor das acções humanas em função do «bem» que provocam. É, pode dizer-se, uma estratégia de «maximização do bem», que Jeremy Bentham (1748–1832) tinha definido inicialmente no «princípio da grande felicidade» e nas suas diversas componentes: intelectual, social, moral, física e altruística. Neste ensejo torna-se, aliás, pertinente referir que Bentham foi quem pela primeira vez enunciou o termo *internacional* em 1780[11].

1.3. O cosmopolitismo

Outra expressão significativa da ética liberal pode ser encontrada no cosmopolitismo, que tem as suas raízes não só no universalismo medieval, mas também na época renascentista continuadora da tradição racionalista e humanista do direito natural clássico; contém, assim, elementos eclécticos, espirituais e teológicos, humanitários e solidaristas, mas radica

---

obstante, o princípio da utilidade geral talvez seja mais acentuado no «utilitarismo social» de Stuart Mill. Cf. Craveiro da Silva, Lúcio, *op. cit.*, p. 71.

[11] Cf. Suganami, Hidemi, A Note on the Origin of the Word «International», *British Journal of International Studies* 4, 1978: pp. 226–232.

fundamentalmente em princípios liberais, individualistas e utilitários, abarcando uma recusa geral da pura lógica do poder e da violência estatal[12].

O discurso cosmopolita hodierno assenta numa ética liberal, apontando para a emergência de uma comunidade imaginada definida em termos da rede societal de cidadãos à escala mundial, facilitadora, ela mesma, de políticas de pendor mais liberal. A sua novidade reside talvez no ângulo de visão, isto é, numa ideia de *cultura internacional* e em maneiras de estar e de viver mais «abertas» e «pacíficas», enfim, numa capacidade significativa de adaptação aos mais diversos entornos. Este elemento nuclear da tese da sociedade internacional cosmopolita é, pois, o de que ela representaria muito mais do que o mero crescimento das interacções horizontais entre os Estados, uma vez que tem o potencial de transformar positivamente os padrões comportamentais clássicos desses Estados nas relações internacionais[13].

Na presente era de velocidade global, o cosmopolitismo constitui um traço vital no cenário mundial, contendo importantes virtualidades impulsionadoras da sociedade civil transnacional, contrariando nacionalismos exacerbados, práticas proteccionistas e tentações etnocêntricas. Hugo Grócio (1583–1645), ínsito numa linha de olhares reconstitutivos das

---

[12] Neste ponto sobre a questão do cosmopolitismo, usámos em grande medida o nosso próprio eixo de intelecção sobre o tema. Cf. LOBO-FERNANDES, Luís, Cosmopolitismo, *in* CANAS MENDES, Nuno e PEREIRA COUTINHO, Francisco (org.), *Enciclopédia das Relações Internacionais*, Lisboa, Publicações Dom Quixote, 2014, pp. 117–119.

[13] Thomas Paine perfila-se igualmente na linha dos pensadores cosmopolitas das relações internacionais privilegiando de forma precursora um maior cometimento à «cidadania global», em detrimento do enunciado do realismo. Ver, por exemplo, WALKER, Thomas C., The Forgotten Prophet: Tom Paine's Cosmopolitanism and International Relations, *International Studies Quarterly* 44, 2000: pp. 51–72.

relações internacionais de pendor contratualista, tem uma posição cimeira na discussão do cosmopolitismo. É considerado um «solidarista» liberal que propugnou de forma precursora a constituição de uma sociedade internacional cosmopolita que apontava já para um maior grau de sociabilidade e para um amplo consenso, não deixando de sublinhar a existência de regras que os Estados deveriam observar mesmo na condução da guerra. Grócio funda as bases da «lei internacional» nos direitos naturais, que considera universais e imutáveis, e que obrigam tanto os indivíduos quanto os Estados. O advento do direito internacional configurará um importante instrumento técnico ao serviço deste apaziguamento internacional.

Hodiernamente, os efeitos globais da modernização, normalmente correlacionados com o crescimento das interdependências e dos processos transnacionais, contribuíram para gerar uma *descontinuidade* fundamental no sistema vestefaliano de Estados[14], pelo que, no plano metodológico, estamos perante um importante desafio conceptual e empírico que suscita necessariamente agendas de pesquisa mais alargadas. Na nossa óptica, esta concepção liberal – mais aberta – das relações internacionais que vem precisamente desde Grócio[15], e que contempla no seu desenho tanto as soberanias como os actores transnacionais, abre caminho para uma visão elaborada da luta de interesses e da política internacional. Grócio

---

[14] Cf. MORSE, Edward L., *Modernization and the Transformation of International Relations*, Nova Iorque, Free Press, 1976, p. 14. Esta obra constitui um dos primeiros trabalhos sobre o impacto dos processos de modernização, cujos efeitos globais produzem uma descontinuidade importante no sistema das relações internacionais.

[15] Hugo Grócio foi considerado um prodígio intelectual, tendo entrado na Universidade de Leida em 1594 e defendido provas doutorais em Dezembro de 1597, com apenas 14 anos de idade. VAN SOMEREN, Liesje, *Umpire to the Nations: Hugo Grotius*, Londres: Reino Unido, Dennis Dobson, 1965, pp. 42, 52 e 60.

olhava para os grandes problemas das relações internacionais do seu tempo de um ponto de vista amplo e muito prático, que incluía igualmente as transacções comerciais externas. Foi, pois, o precursor de uma formulação liberal, mais complexa, do sistema internacional[16].

Por seu turno, consideramos que a influência de Immanuel Kant (1724–1804) na construção ideal de um cosmopolitismo virtuoso, estribado em princípios normativos que enfatizam categorias imperativas universais e obrigatórias, é especialmente pertinente no delineamento de uma ética da responsabilidade. As suas proposições ligam-se à obrigação de tratar os seres humanos como fins em si, e não como meios, o que constitui um dos pilares fundacionais do discurso cosmopolita. No quadro desta racionalidade de pendor claramente liberal das relações internacionais, a preferência kantiana ia, assim, no sentido de uma sociedade cosmopolita global, com tradução numa federação mundial baseada em valores universais na qual a paz perpétua seria assegurada. Esta proposição kantiana viria a ter um importante aprofundamento teórico nos finais do século XX com a chamada tese da *paz democrática*, segundo a qual as democracias são mais «pacíficas» nas suas relações externas e, tipicamente, não se guerreiam entre si[17]. Pode considerar-se que a proposição de Kant implicaria um considerável salto qualitativo: a transformação da sociedade

---

[16] Cf. Viotti, Paul R. e Kauppi, Mark V., *International Relations Theory*, Nova Iorque, Longman, 2010, p. 244.

[17] Ver, por exemplo, Brown, Michael E.; Lynn-Jones, Sean M. e Miller, Steven E. (org.), *Debating the Democratic Peace: An International Security Reader*, Cambridge: Massachusetts, MIT Press, 1996. Cumpre, não obstante, referir que a questão específica de as democracias serem mais «pacíficas» nas relações internacionais havia já sido colocada com alguma ênfase no período subsequente à Primeira Guerra Mundial, nomeadamente por Raymond Leslie Buell (1896–1946). Cf. Buell, Raymond Leslie, *International Relations*, Nova Iorque, Henry Holt and Company, 1929, pp. 727–730.

internacional numa verdadeira *comunidade política* mundial de cidadãos participativos, com estádios superiores de integração. Cumpre, contudo, referir que, em contraposição total com os preceitos que os utilitaristas viriam mais tarde a defender, Kant postulara que a *moralidade* se constitui no cumprimento da lei da razão prática, uma lei moral universal para todos os homens, pelo que deve ser cumprida «em si mesma» e «por si mesma»; esta formulação kantiana constitui o chamado «imperativo categórico» da razão prática, sendo que a acção humana, para ser moralmente boa, deve ser determinada única e exclusivamente pela razão prática, o que corresponde à autonomia da vontade, isto é, uma vontade que segue absolutamente a razão[18]. Assim, a ideia de «obrigação moral» é sinónimo da acção sem atender às consequências ou ao prémio, por isso se considera imperativo formal, que é obrigatório seguir[19]. Como assinalou Craveiro da Silva, na visão da lei universal kantiana a «solução não deve ser procurada a partir do *objecto* (da matéria), mas a partir da *forma* da lei moral ou a partir do motivo pelo qual a vontade se move para agir»[20].

No plano da ciência internacional, outra vertente da aspiração de cariz mais cosmopolita pode ser apontada ao desenho macrofuncionalista articulado por David Mitrany (1888–1975), na sua obra *A Working Peace System* (1943), em que criticou a divisão do mundo em unidades políticas marcadamente hostis, propondo a sua substituição por uma rede de agências *transnacionais* independentes com autoridade sobre áreas específicas. Mitrany preocupa-se em especial com a prevenção da guerra, propondo uma alternativa funcional,

[18] Craveiro da Silva, Lúcio, *op. cit.*, p. 83.

[19] *Idem, ibidem*, pp. 81–83.

[20] *Idem, ibidem, loc. cit.*

susceptível de evoluir para um modelo mais aberto, de recorte marcadamente liberal[21].

Apesar dos méritos inscritos nesta ambição de amplificar a natureza colectiva dos grandes desafios comuns da humanidade, esta sociedade global liberal e cosmopolita, que já foi designada «república das letras», seria ainda algo experimental, não parecendo considerar as realidades mais violentas do sistema internacional contemporâneo. Não obstante, pode afirmar-se que o cosmopolitismo encerra em si um vector liberal *pacifista* de transformação das mentalidades e de encorajamento à procura de soluções não violentas para a conflitualidade internacional.

1.4. *Contratualismo e voluntarismo*

Afigura-se-nos pertinente uma referência mais específica ao chamado enunciado liberal normativista das relações internacionais, em que é útil distinguir três tradições: a já enunciada tese utilitarista, e as correntes contratualista e voluntarista. O contratualismo referir-se-ia à acção social e política dentro de uma estratégia de *legitimidade*, o que implicaria, consequentemente, que a inobservância do contrato fosse ilegítima. Francisco Suárez (1548–1617), tal como Grócio e Locke, está especialmente associado ao desenvolvimento desta perspectiva *contratualista* das relações internacionais. O direito internacional público seria, hoje, a expressão mais avançada da construção de um edifício ético-legal do relacionamento interestatal (embora com limitações significativas no que diz

---

[21] LOBO-FERNANDES, Luís, Em torno do papel das organizações multilaterais: a propósito do contributo de Paul Reuter, *Janus* 17, 2015–2016: pp. 106–107.

respeito à eficácia da sua implementação). Por seu turno, o voluntarismo reporta-se à existência e ao reconhecimento do papel positivo de vários grupos sociais e de indivíduos que agem na convicção de que é possível provocar processos evolutivos na base de acções *voluntárias*. Neste sentido, a «vontade» pode modificar o curso dos acontecimentos, ou seja, alterar o rumo da história. As organizações internacionais não governamentais são hoje a ilustração mais significativa do crescimento da importância desta tipologia de actores no sistema das relações internacionais, aos quais cumpriria acrescentar igualmente o papel de alguns líderes religiosos e outros humanistas de relevo.

2. O critério da teoria liberal das relações internacionais

2.1. A (re)construção teórica: o legado liberal de Grócio e a regra do interesse

A racionalidade liberal nas relações internacionais remonta pelo menos aos séculos XVI e XVII e é credora, em grande medida, da visão do holandês Hugo Grócio. Como quase sempre acontece com os grandes clássicos, também o trabalho de Grócio, autor da célebre obra *Mare Liberum*, publicada em 1609, exerceu uma influência especial[22]. É certo que Grócio teve vários precursores de estatuto semelhante, entre os quais se destacam necessariamente os eruditos Francisco de Vitória (1483–1546), Jean Bodin (1530–1596) e Alberico Gentili (1552–1608).

[22] Na interessante alusão de Italo Calvino, as obras dos grandes clássicos suscitam normalmente a descoberta de novas «relações» ou «vínculos», e provocam incessantemente uma vaga de discursos críticos sobre si, mas que, segundo o autor, «continuamente se livram deles». Cf. CALVINO, Italo, *Porquê Ler os Clássicos?*, Lisboa, Editorial Teorema, 2009, p. 10.

Mas Grócio teve o raro mérito de produzir uma síntese eloquente das circunstâncias internacionais do seu tempo, com particular incidência no campo da *regulação* das interacções interestatais. Grócio constrói um argumento sobre as relações internacionais partindo de duas premissas centrais: a primeira, que cada Estado é fundado num contrato social que foi estabelecido, de uma forma ou de outra, entre os seus membros; a segunda assunção aponta para um «contrato» comparável – ainda que mais difuso e descentralizado, mas igualmente definido por interesses próprios – criado por Estados soberanos. Grócio consagra, assim, uma concepção das relações internacionais definida pela interacção dos interesses próprios, interesses estes que, no entanto, não operam unicamente no quadro de um sistema interestatal estritamente anárquico, mas numa arena mais aberta e complexa, redefinida agora como *sociedade de Estados*. Grócio ancorou as suas ideias na razão humana e nas práticas costumeiras, abrindo assim caminho para uma visão mais elaborada da luta de interesses e da política internacional em termos daquilo que temos designado de liberalismo complexo[23].

Como notou Jacqueline de Romilly (1913–2010), é fundamentalmente a regra do interesse que determina a hierarquia dos factores internacionais[24]. Assim, a perspectiva liberal-pluralista grociana não se enquadra conceptualmente no enunciado

---

[23] Lobo-Fernandes, Luís, Grócio e a *regra do interesse*: Liberalismo complexo e a reconstrução da teoria das relações internacionais – um apontamento, *Relações Internacionais* 36, 2012: pp. 061–072.

[24] Romilly refere-se ao contributo fundamental de Tucídides para uma ciência do fenómeno político, na qual nomeadamente a «regra do interesse» permite definir uma hierarquia útil dos factores no sistema internacional. Cf. Romilly, Jacqueline de, *La construction de la vérité chez Thucydide*, Paris, Julliard, 1990, p. 41. Ver, igualmente, Lobo-Fernandes, Luís, Estudo Introdutório, *in* Tucídides, *História da Guerra do Peloponeso*, Lisboa, Edições Sílabo, 2008, p. 17.

«idealista» das relações internacionais, que foi especialmente visível no período entre as duas Grandes Guerras do século XX. Em vez disso, na nossa óptica, corresponderia a uma interpretação mais sofisticada da arena internacional e do jogo de poder, apontando para lógicas *distributivas* pelas quais perpassam dinâmicas *inter* e *transnacionais* em que existem múltiplos constrangimentos e também algumas normas comuns. O pensamento de Grócio é, pois, especialmente pragmático quando assinala que os Estados, enquanto actores racionais, ajuizarão que é do seu próprio interesse manter as suas promessas ou, então, que só as deverão formular quando tiverem intenção de as cumprir segundo o princípio *pacta sunt servanda* (os contratos devem ser respeitados). Esta formulação não elimina a probabilidade de conflitos, mas remete para situações de conflitualidade distributiva, já que a sobreposição ou justaposição de interesses afasta a possibilidade de resultantes de soma nula.

O argumento constitui mesmo um importante contributo da ética liberal das relações internacionais em contraste com o carácter monístico da tese realista, que não permite explorar adequadamente até que grau os processos de modernização, as políticas de *welfare* (políticas de *bem-estar* associadas ao chamado Estado social), os direitos humanos, a governação global ou a protecção do ambiente – para lá do critério realista redutor da segurança militar – são significativos no panorama mundial contemporâneo[25]. Ora, a ética liberal coloca precisamente muitas destas questões no centro da agenda de investigação das

[25] Uma das ilustrações contemporâneas porventura mais interessantes é o caso do relacionamento entre a Rússia pós-soviética e a União Europeia, no qual o grau considerável de sobreposição de interesses mútuos torna eventuais cenários de soma nula entre os dois actores muito improváveis. Cf. Lobo-Fernandes, Luís, «A Rússia pós-soviética e a União Europeia: nexo distributivo e ambiguidade imperial», Lisboa, Universidade Nova de Lisboa e Fundação Mário Soares, 2012.

relações internacionais, caracterizando-se por um elevado pluralismo metodológico definido pelo crescimento e variedade significativa dos actores relevantes envolvidos (mudança quantitativa) e por uma manifesta diversidade dos tipos de relação (mudança qualitativa). Este enunciado centra-se, assim, não só nas dinâmicas estatais, mas também nos actores subnacionais e não estatais, ou seja, contempla a acção estatal em conjugação com a acção transnacional.

Por outro lado, a tese liberal, que sublinha o potencial das pressões domésticas na construção das *escolhas* em política externa, considera que a distinção metodológica dos dois níveis de análise – doméstico e externo – é cada vez mais difícil de justificar empiricamente dado o crescimento exponencial das dinâmicas transnacionais[26]. A proposição liberal-pluralista remete, assim, para uma concepção mais aberta do Estado, na linha da sugestiva imagem teórica de «soberanias perfuradas» de Ivo D. Duchacek (1913–1988), em contraposição a uma imagem metodológica «coesa» e «fechada»[27]. Nesta linha, o paradigma liberal-pluralista remete para a probabilidade de um mais vasto espectro de realidades e problemas – tais como comércio, migrações, moeda, transportes, energia, ambiente ou questões sanitárias – definirem os termos da própria mudança internacional. O enunciado liberal-

---

[26] Holsti, Ole *apud* Kegley, Jr., Charles W., The Foundations of International Relations Theory and the Resurrection of the Realist-Liberal Debate, *in* Kegley, Jr., Charles W. (org.), *Controversies in International Relations Theory: Realism and the Neoliberal Challenge*, Nova Iorque, St. Martin's Press, 1995, p. 27.

[27] Cf. Duchacek, Ivo D., Perforated Sovereignties: Toward a Typology of New Actors in International Relations, *in* Michelmann, Hans J. e Soldatos, Panayotis (org.), *Federalism and International Relations: The Role of Subnational Units*, Oxford: Reino Unido, Clarendon Press, 1990.

-pluralista constitui-se, pois, como perspectiva teórica alternativa à escola realista das relações internacionais, privilegiando a noção de *sociedade internacional*[28], conceito algo mais denso do que o estrito sistema interestatal, no qual coexistem interesses variados entre diferentes tipos de actor, um certo sentido de comunidade internacional e algumas regras compartilhadas, mesmo em situações de conflito aberto[29]. A redescoberta de Grócio que aqui se evidencia propicia, na nossa perspectiva, oportunidades novas de (re)construção teórica neste domínio do conhecimento, precisamente a partir do nexo liberal – de uma «ética liberal», portanto – definido pelos valores associados à ideia de uma sociedade internacional mais aberta. Entendemos, assim, que aquilo que enunciámos como um importante elemento de cunho liberal parece ter ganho uma nova pertinência no contexto mais recente e dilemático da aceleração das dinâmicas da globalização, como assinalou, em especial, Theodore J. Lowi (1931–2017)[30]. Debruçamo-nos, a seguir, sobre aquelas que consideramos duas das principais modelações teóricas justamente dentro do paradigma liberal em relações internacionais: a *interdependência complexa* e os *regimes internacionais*[31].

---

[28] Como também assinala Aziz Hasbi, citando Raymond Aron, a fórmula «sociedade internacional» (mais lata) inclui o «sistema interestatal». Cf. Hasbi, Aziz, *Théories des Relations Internationales*, Paris, L'Harmattan, 2004, p. 20.

[29] Viotti, Paul R. e Kauppi, Mark V., *op. cit.*, p. 244.

[30] Lowi, Theodore J., Globalization, War, and the Withering Away of the State, *The Brown Journal of World Affairs* 17, 2011: pp. 243–256.

[31] Parece consensual que o termo «complex interdependence» foi primeiramente proposto por Raymond Leslie Buell. Cf. Buell, Raymond Leslie, *International Relations*, Nova Iorque, Henry Holt and Company, 1925.

2.2. *O segundo momento da (re)construção teórica: interdependências complexas e efeitos recíprocos*

À medida que o estudo das relações internacionais se vai tornando mais rigoroso nos seus métodos de investigação, é possível examinar mais detalhadamente as implicações de outro tipo de actividades e transacções externas, na linha despertada por Grócio.

Esta linha teórica critica, pois, o «reducionismo» conceptual do realismo. Aliás, tal reducionismo esbarraria na multiplicação qualitativa de novas formas de interacção internacional, pelo que o Estado não deve constituir-se num «obstáculo» – o que seria paradoxal – para o desenvolvimento da própria teoria internacional. A expansão conceptual traduz-se num esforço de teorização de maior amplitude, a que se pode atribuir dois objectivos de topo: primeiro, melhorar a racionalização da *mudança* nas relações internacionais; e, segundo, alargar o campo de hipóteses de explicação de alguns fenómenos contemporâneos como a modernização, a globalização, ou ainda os processos de integração regional, que operam num quadro de maior transnacionalidade[32].

Robert O. Keohane e Joseph S. Nye, Jr., em particular, reagiram contra versões «monísticas» das relações internacionais que derivam de uma teoria internacional exclusivamente a partir das dinâmicas verticais entre Estados. O esforço de reconstrução teórico-liberal empreendido por aqueles autores rejeitava, desse modo, a excessiva «ossificação metodológica»

---

[32] Keohane, Robert O. e Nye, Jr., Joseph S. (org.), *Transnational Relations and World Politics*, Cambridge: Massachusetts, Harvard University Press, 1981 [1971]. Referindo-se a este importante estudo, Robert Gilpin afirmaria que tal obra «transformou a disciplina das relações internacionais». Cf. Gilpin, Robert, *The Political Economy of International Relations*, Princeton: Nova Jérsia, Princeton University Press, 1987.

do sistema internacional em torno do Estado territorial, isto é, uma visão conceptualmente redutora desse mesmo plano internacional[33]. Como referiu Helen Wallace, as dinâmicas horizontais vão tornar-se doravante crescentemente significativas, apesar das prováveis tentativas dos Estados de erigirem mecanismos de controlo[34].

Keohane e Nye desenvolveriam ulteriormente, no livro *Power and Interdependence: World Politics in Transition* (1977)[35], uma modelação liberal-pluralista mais apurada – comummente referida como *teoria da interdependência complexa* – que configurará uma importante tentativa de conceptualização «positiva» da sociedade internacional, em alternativa à perspectiva realista, que partia de uma premissa «negativa»: a sociedade internacional define-se pela ausência de uma instância superior que detenha o monopólio da violência legítima. A interdependência complexa nas relações internacionais ocorre nas situações em que se verificam efeitos ou custos recíprocos – embora distribuídos assimetricamente por via da disparidade entre os actores internacionais –, em linha com os argumentos avançados por Grócio[36].

---

[33] Cf. FERGUSON, Yale H. e MANSBACH, Richard W., *The Elusive Quest: Theory and International Politics*, Colúmbia: Carolina do Sul, University of South Carolina Press, 1988, p. 111.

[34] Cf. WALLACE, Helen, Negotiation, conflict and compromise: the elusive pursuit of common policies, *in* WALLACE, Helen; WALLACE, W. e WEBB, C. (org.), *Policy-Making in the European Community*, Chichester: Reino Unido, John Wiley & Sons, 1983, 2.ª ed., p. 37. Keohane e Nye definiriam as relações transnacionais como «os contactos, coligações e interacções que ultrapassam as fronteiras nacionais e não são controlados pelos órgãos responsáveis pela política externa dos Estados». Cf. KEOHANE, Robert O. e NYE, Jr., Joseph S., *op. cit.*, p. XI.

[35] KEOHANE, Robert O. e NYE, Jr., Joseph S., *Power and Interdependence: World Politics in Transition*, Boston: Massachusetts, Little, Brown, 1977.

[36] *Idem, ibidem*, pp. 9–10.

Segundo Stanley J. Michalak, Jr., aquela obra foi o primeiro trabalho de fôlego que apresentou «hipóteses robustas» sobre o crescimento das interdependências, assentando em três planos principais[37]. A primeira proposição sublinha as ligações múltiplas entre Estados e sociedades, o que inclui o conjunto das relações verticais (ou interestatais) e horizontais (ou transnacionais)[38]. A segunda proposição refere que a agenda das relações internacionais não consiste numa hierarquia predeterminada, o que significa que as questões de segurança internacional não dominam aprioristicamente essa agenda. Por último, a força militar não é usada contra outros Estados quando prevalecem situações de interdependência complexa, tornando-se, na prática, obsoleta. Poderíamos dizer que a discussão dos limites éticos ao uso da força e ao próprio recurso à guerra – um tema particularmente caro ao liberalismo político – recebe aqui uma contribuição teórica inovadora, que tem implicações práticas de alcance considerável[39]. Aqueles autores concluem que quando as três proposições se verificam são de esperar descontinuidades significativas no plano tradicional do relacionamento interestatal. Por outro lado, a existência de actores não governamentais com relevância directa no plano internacional afecta o padrão clássico das dinâmicas interestatais e pode determinar uma ainda maior variação nas resultantes esperadas. Em suma, a intelecção das

---

[37] Cf. MICHALAK, Jr., Stanley J., Theoretical Perspectives for Understanding International Interdependence, *World Politics* 32, 1979: pp. 136–150.

[38] Esta tipologia inclui especificamente três categorias: relações intergovernamentais, transnacionais e transgovernamentais.

[39] A questão da «obsolescência» da guerra no enunciado liberal de Keohane e Nye é especialmente interessante na discussão mais geral do recurso à força nas relações internacionais. Sobre o debate a respeito das bases morais da guerra, ver, por exemplo, WALZER, Michael, *Just and Unjust Wars: A Moral Argument with Historical Illustrations,* Nova Iorque, Basic Books, 2006 [1977].

descontinuidades no sistema internacional contidas no modelo da interdependência complexa é herdeira da concepção liberal que contempla uma mais ampla pluralidade de interesses e, consequentemente, diferentes categorias de interacção.

2.3. O terceiro momento da (re)construção teórica: regimes internacionais e institucionalismo neoliberal

Na reconhecida fórmula de Stephen D. Krasner, os regimes internacionais podem ser definidos como «conjuntos de princípios implícitos ou explícitos, normas, regras e processos de decisão em torno dos quais as expectativas dos actores convergem dentro de uma dada área das relações internacionais»[40]. Os regimes devem, pois, ser entendidos como algo mais do que arranjos temporais que mudam com cada alteração na distribuição do poder ou na política externa dos Estados.

Na linha da ética liberal, os regimes internacionais serão geradores de expectativas convergentes, acarretando um potencial de reforço de «comportamentos convencionados». Os regimes internacionais contêm, pois, um sentido de *obrigação geral* contribuindo para *regularizar* o comportamento estatal. No âmbito do mesmo estudo, Donald Puchala e Raymond Hopkins consideram que os regimes existem em todas as áreas das relações internacionais, mesmo naquelas marcadas pelas grandes rivalidades de poder, enquanto Ernst B. Haas (1924–2003) fazia notar que os regimes são acordados para gerir a complexidade internacional, sendo que a

---

[40] KRASNER, Stephen D., Structural causes and regime consequences: regimes as intervening variables, *International Organization* 36, Ithaca: Nova Iorque, Cornell University Press, 1982, p. 1.

complexidade aumenta com o grau e densidade das interconexões inter e transestatais[41].

Por último, o chamado institucionalismo neoliberal articulado em especial por Robert O. Keohane, no trabalho *International Institutions and State Power: Essays in International Relations Theory* (1989)[42], assenta na ideia de que as instituições internacionais têm um papel crescentemente significativo no panorama contemporâneo e, em rigor, na própria materialização e prossecução de uma ética liberal das relações internacionais.

O advento e crescimento exponencial das organizações internacionais, quer intergovernamentais, quer não governamentais (com destaque para o moderno sistema das Nações Unidas e a sua vasta rede de agências técnicas especializadas e das inúmeras instituições associadas), seriam a evidência empírica mais nítida desta proposição que correlaciona o processo de institucionalização, isto é, uma maior densidade institucional no plano internacional, com o aumento dos «interesses recíprocos» entre os Estados, considerando que a multiplicação das interacções entre estes (relações verticais) e também entre actores não estatais (relações horizontais) favorece a expansão dessas mesmas instituições internacionais. O institucionalismo neoliberal funda-se, pois, num argumento em que, de novo, os efeitos recíprocos são determinantes na explicação das resultantes internacionais.

---

[41] *Idem, ibidem*, pp. 8 e 12.

[42] Cf. Keohane, Robert O., *International Institutions and State Power: Essays in International Relations Theory*, Boulder: Colorado, Westview Press, 1989.

3. Ética do liberalismo e expansão metodológica

A expansão metodológica radicada na ética do liberalismo, sugerindo e abrindo outros espaços epistemológicos para a compreensão da natureza essencial das relações internacionais contemporâneas, pode representar um potencial de progresso assinalável para esta área do conhecimento. O sistema internacional não constitui uma totalidade homogénea, sendo, ao invés, muito fragmentado, e é essa multiplicidade de dinâmicas que aparenta ser mais bem apreendida no quadro da ética liberal.

A abertura conceptual suscitada pelo enunciado liberal-pluralista permitiria abarcar e estabilizar hipóteses mais profícuas sobre o desenvolvimento exponencial da economia global e dos fluxos comerciais, os efeitos da comunicação cibernética universal, e a rede e extensão das múltiplas ligações transnacionais. Esta concepção liberal das relações internacionais pressupõe a possibilidade de «progresso cumulativo», sublinhando, ao mesmo tempo, que não está em causa «eliminar» a realidade do Estado da teoria internacional[43]. Antes sugere que os novos dados emergentes nas relações internacionais resultantes do processo multidimensional de abertura à escala global compelem o investigador a ir além de uma concepção teórica baseada exclusivamente no sistema de Estados territoriais. Daqui decorre, como tinha assinalado com particular acuidade Peter B. Evans, que o mais interessante é estudar a «contaminação» do sistema interestatal provocada pelas dinâmicas transnacionais e pelo seu efeito mais significativo: a própria realidade dos efeitos recíprocos[44].

---

[43] KEOHANE, Robert O. *apud* KEGLEY, Jr., Charles W., *op. cit.*, p. 26.

[44] Observação feita por Peter B. Evans *apud* KEOHANE, Robert O. e NYE, Jr., Joseph S., *op. cit.*, 1981, p. XXIV.

Aqui reside, na nossa óptica, uma das principais virtualidades da ética do liberalismo premonitoriamente avançada por Grócio, ao evidenciar lógicas distributivas resultantes de um maior cruzamento de interesses num sistema internacional tendencialmente aberto[45]. Contudo, dado que todos os processos em política são reversíveis, talvez possamos dizer que o debate teórico entre a ética do *liberalismo* e a ética do realismo continuará, por maioria de razão, em aberto.

Referências e leituras recomendadas

Brown, Michael E.; Lynn-Jones, Sean M. e Miller, Steven E. (org.), *Debating the Democratic Peace: An International Security Reader*, Cambridge, Massachusetts, MIT Press, 1996.

Craveiro da Silva, Lúcio, *Curso de Filosofia Moral*, Braga, Aletheia, 2015 [1954].

Duchacek, Ivo D., Perforated Sovereignties: Toward a Typology of New Actors in International Relations, *in* Michelmann, Hans J. e Soldatos, Panayotis (org.), *Federalism and International Relations: The Role of Subnational Units*, Oxford: Reino Unido, Clarendon Press, 1990.

[45] A tese de Grócio na defesa de um sistema internacional mais aberto prevaleceria sobre as alegações dos seus contemporâneos mais ilustres, nomeadamente o grande erudito português Serafim de Freitas (1570–1633) e o jurista inglês John Selden (1584–1654), no que constitui uma das mais célebres polémicas na história do pensamento internacional. Ver, em especial, Vieira, Mónica Brito, Mare Liberum vs. Mare Clausum: Grotius, Freitas, and Selden's Debate on Dominion over the Seas, *Journal of the History of Ideas* 64, 2003: pp. 361–377. (O autor deste capítulo foi professor de Mónica Brito Vieira na Universidade do Minho, onde foi uma das suas mais brilhantes e distintas alunas.)

KEGLEY, Jr., Charles W., The Foundations of International Relations Theory and the Resurrection of the Realist-Liberal Debate, *in* KEGLEY, Jr., Charles W. (org.), *Controversies in International Relations Theory: Realism and the Neoliberal Challenge*, Nova Iorque, St. Martin's Press, 1995.

KEOHANE, Robert O., *International Institutions and State Power: Essays in International Relations Theory*, Boulder: Colorado, Westview Press, 1989.

KRASNER, Stephen D., Structural causes and regime consequences: regimes as intervening variables, *International Organization* 36, Ithaca: Nova Iorque, Cornell University Press, 1982.

LOBO-FERNANDES, Luís, Grócio e a *regra do interesse*: Liberalismo complexo e a reconstrução da teoria das relações internacionais – um apontamento, *Relações Internacionais* 36, 2012: pp. 061–072.

RESNICK, David, John Locke and Liberal Nationalism, *History of European Ideas* 15, 1992: pp. 511–517.

THOMPSON, Kenneth W., *Fathers of International Thought: The Legacy of Political Theory*, Baton Rouge: Luisiana, Louisiana State University Press, 1994.

A ética do construtivismo

Maria Raquel Freire

Faculdade de Economia da Universidade de Coimbra

Este capítulo aborda a ética do construtivismo enquanto parte da teorização em Relações Internacionais, quer no que diz respeito ao interesse que as questões éticas assumem nesta perspectiva teórica, quer na orientação ética da própria agenda construtivista. Estas duas dimensões conferem ao nosso olhar sobre os temas das Relações Internacionais um diferencial em relação a outras teorias que resulta essencialmente dos pressupostos ontológicos e epistemológicos traduzidos em temáticas, actores e contextos.

O construtivismo é uma teoria que emerge no quadro das Ciências Sociais, em particular face aos desenvolvimentos associados ao surgimento da Teoria Crítica e ao renovado interesse na análise de questões culturais na agenda de investigação a partir da década de 1970. Esta base de reflexão, que sustenta o desenho do construtivismo, vai trazer-lhe especificidades próprias. Em primeiro lugar, o desenvolvimento da Teoria Crítica, na década de 1970, pelas mãos de autores como Jürgen Habermas e a Escola de Francoforte, Michel Foucault ou Pierre Bourdieu, enfatiza a análise de relações de poder assente em lógicas de produção e reprodução de estruturas de dominação com base material e ideacional. Esta última componente é uma novidade nas análises, uma vez que as dimensões não materiais não são centrais às teorias mais tradicionais.

Os autores desta linha de pensamento crítica afirmam que as relações de poder se tornam estruturalmente dominantes e são reforçadas quer por uma base material que as sustenta, como o poder militar, quer pela dimensão ideacional associada a práticas políticas e sociais, como o discurso em que estas são comunicadas. Estes autores chamam a atenção para a necessidade de analisar criticamente estruturas e relações de poder, com base em dimensões materiais e não materiais, de modo a perceber as dinâmicas que enformam desigualdade, submissão, opressão, e de que modo podemos avançar com uma agenda normativa que promova a mudança. A ideia de emancipação destas estruturas opressoras, seja a nível individual, comunitário ou estatal, torna-se assim central à teorização crítica.

A par desta evolução na teorização política, o regresso à agenda dos factores culturais, enquanto elementos estruturantes no estudo dos fenómenos sociais e políticos, permite a consolidação de dimensões não materiais na política internacional[1]. Este contexto de reflexão crítica permite desafiar as teorias tradicionais dominantes que analisam a realidade internacional «como ela é», naturalizando-a e entendendo-a como objectiva. Para os autores críticos, este alinhamento não permite mudança nem contributos que tragam formas alternativas de leitura da política internacional. Com o fim da Guerra Fria e a incapacidade de as teorias tradicionais anteciparem ou explicarem a forma rápida e pacífica com que a ordem bipolar se desmoronou, fica aberto o caminho para uma discussão

---

[1] Phillips, Andrew, Constructivism, *in* Griffiths, Martin (org.), *Encyclopedia of International Relations and Global Politics*, Londres, Routledge, 2005, p. 116.

mais ampla e participada dos assuntos internacionais, numa linha crítica. Os autores construtivistas surgem neste contexto como desafiadores de uma ordem objectiva, sublinhando a necessidade de incluirmos não só elementos materiais como não materiais nas análises, bem como o facto de a realidade não ser objectiva. O argumento central às análises construtivistas é o de que a realidade é socialmente construída e, por isso mesmo, não pode ser entendida como predeterminada. Resulta da interacção social e da forma como esta evolui, ora constrangendo, ora promovendo acções e reacções. Apesar das diferentes linhas de pensamento neste quadro que levam a que falemos de construtivismos, como analisado mais à frente no texto, foi Nicholas Onuf quem cunhou o termo «construtivismo» nas Relações Internacionais, na sua obra *World of Our Making*, de 1989[2].

O capítulo começa por traçar as linhas teóricas fundamentais do construtivismo, mapeia algumas das áreas de actuação preferenciais, nomeadamente questões identitárias, normativas e discursivas, e problematiza a questão ética nas duas perspectivas mencionadas, com especial foco nas questões normativas e identitárias.

1. Construtivismo(s) na Teoria das Relações Internacionais

A visão do mundo que o construtivismo permite é abrangente na importância que dá aos processos históricos, aos desenvolvimentos culturais e às dinâmicas sociais na construção da realidade, além de questões mais tradicionais e materiais

---

[2] ONUF, Nicholas, *World of Our Making: Rules and Rule in Social Theory and International Relations*, Colúmbia, University of South Carolina Press, 1989.

de análise. O contexto, e não apenas o objecto, é central aos olhares construtivistas. Referimo-nos frequentemente a esta abordagem no plural, dado que diferentes autores têm privilegiado linhas de análise distintas que, apesar de assentarem em pressupostos partilhados, reflectem opções diferenciadas, seja numa óptica mais linguística e discursiva, seja, por exemplo, numa perspectiva mais identitária. Têm surgido diferentes propostas de tipologia para os construtivismos, sendo que a divisão entre construtivismo modernista e construtivismo pós-modernista é aquela que possivelmente melhor reflecte a essência do diferencial. Enquanto para os construtivistas modernistas, como Emanuel Adler[3] e Alexander Wendt[4], o alinhamento ontológico e epistemológico procura oferecer uma «via média» entre a teorização racionalista e a teorização reflexivista, entre materialismo e idealismo, para os construtivistas pós-modernistas, como Nicholas Onuf e Friedrich Kratochwil, a ênfase das análises assume uma linha mais radical, afastando-se da ontologia e epistemologia mais tradicionais de linha objectivista. Esta abordagem permite o desenvolvimento de novas linhas de análise, como aquelas centradas nos sistemas de significado e na linguística na análise do mundo que nos rodeia[5].

---

[3] Adler, Emanuel, Seizing the Middle Ground: Constructivism in World Politics, *European Journal of International Relations* 3, 1997: pp. 319–363.

[4] Wendt, Alexander, *Social Theory of International Politics*, Cambridge, Cambridge University Press, 2010.

[5] Para uma análise mais detalhada dos diferentes construtivismos, incluindo tipologias diversas, ver Finnemore, Martha e Sikkink, Kathryn, TAKING STOCK: The Constructivist Research Program in International Relations and Comparative Politics, *Annual Review of Political Science* 4, 2001: pp. 391–416; Peltonen, Hannes, A Tale of Two Cognitions: The Evolution of Social Constructivism in International Relations, *Revista Brasileira de Política Internacional* 60, 2017: pp. 1–18.

Nicholas Onuf[6] ficou conhecido por ter cunhado o termo «construtivismo» no seu trabalho *World of Our Making*, cujo título aponta desde logo para um «mundo que resulta daquilo que nós fazemos». Isto significa que as leituras que fazemos do que nos rodeia dependem de quem somos, de onde nos encontramos, do espaço temporal a que nos reportamos, das dinâmicas sociais que nos levam a adquirir e partilhar conhecimento. Este ponto de partida leva-nos a um primeiro contributo desta abordagem teórica que se prende com o facto de não podermos assumir a objectividade do real, uma vez que este é resultado de acção e interacção.

As relações internacionais são socialmente construídas com base na prática social, e isto implica que nas relações sociais sejamos produto e produtores de significados que vão moldar a interpretação do mundo que nos rodeia. De forma muito simples, imaginemos um pedaço de madeira. Este pode ser transformado em diferentes objectos com significados também eles diferentes dependendo dos contextos. Por exemplo, podemos transformá-lo num instrumento musical que para uns será um instrumento de trabalho, para outros um brinquedo e para outros ainda uma peça de arte. É no processo de interacção com o objecto que vamos criar estes entendimentos. E é ainda neste acto de construção social e atribuição de significados que a ideia de mudança assenta. De facto, o construtivismo rejeita quer a ideia de determinismos, quer a ideia de imutabilidade. A mudança resulta de processos sociais continuados e da interacção social, quer num sentido de evolução quer de recuo.

Alexander Wendt, num dos seus textos mais referenciados, «Anarchy Is What States Make of It»[7], avança com a

---

[6] Onuf, Nicholas, *op. cit.*

[7] Anarquia internacional significa a ausência de uma autoridade superior aos Estados no sistema internacional. Wendt, Alexander, Anarchy Is What States Make of It, *International Organization* 46, 1992: pp. 391–425.

proposição de que o sistema internacional não é predeterminado. As relações evoluem no tempo enquanto produto de processos e interacções com localização histórica e temporal, o que invalida a sua pré-qualificação como relações amigáveis ou hostis. Veja-se, por exemplo, a evolução das relações entre a União Europeia e a Federação Russa, e o modo como, num contexto pós-Guerra Fria, estes actores construíram relações próximas, perante um ambiente alterado que permitiu a identificação de elementos de cooperação e a desconstrução da imagem do «outro» como o inimigo. Veja-se o estado desta relação nos nossos dias e a forma como a animosidade e a competição voltaram a marcar as interacções entre estes actores, num contexto também ele diferenciado e mais propenso a rivalidade. Wendt pretende sublinhar o facto de o sistema internacional evoluir com base em processos constantes de interacção social, não sendo estes, no entanto, completamente livres de constrangimentos. Isto é, há limites nas escolhas e opções que fazemos por estarmos a interagir com terceiros, o que exige a procura de equilíbrios nestes processos de mudança. Um desafio nem sempre fácil, como as relações União Europeia-Rússia bem ilustram.

Wendt formula claramente esta ideia na hipótese da chegada de um grupo de extraterrestres ao planeta Terra. Basicamente, antes de se iniciar qualquer tipo de interacção com estes, não estamos aptos a definir as suas intenções como amigáveis ou hostis (um alinhamento diferenciado e crítico do das correntes teóricas tradicionais das Relações Internacionais, como o realismo ou o liberalismo[8], que teriam um modo de proceder

[8] De forma muito breve, o realismo assume que as relações internacionais são marcadas por uma luta constante por poder, influência e sobrevivência. Uma teoria marcadamente estatocêntrica, o realismo entende a natureza humana como conflituosa e, por isso, a sua posição é pessimista. O liberalismo ou institucionalismo assume uma visão oposta, de que a natureza humana

assumidamente pré-informado). De facto, estas correntes teóricas das Relações Internacionais assumem a realidade como objectiva e predeterminada por factores essencialmente materiais. Apesar de as versões mais actuais destas teorias incluírem aspectos ideacionais, mantêm ainda uma linha estruturalmente positivista nas suas análises. Diferentemente da linha realista, que assumiria que estes visitantes extraterrestres seriam certamente belicosos, em linha com uma leitura de conflitualidade e competição por sobrevivência no sistema internacional, ou do liberalismo (institucionalismo), que possivelmente leria esta visita como uma oportunidade para diálogo e cooperação, o construtivismo diz-nos que, apenas a partir do momento em que há contacto e interacção, podemos perceber a intencionalidade e ir construindo as bases para este relacionamento, sempre numa lógica de adaptação contínua e moldagem às necessidades, interesses e contextos. Por isso, Alexander Wendt afirma que o desenho do sistema internacional é o que os Estados fazem dele. Ou seja, em resposta ao processo de interacção social poderemos desenvolver relações de cooperação ou conflituosas, mas nunca devemos ter como ponto de partida um pressuposto predeterminístico, constrangedor da forma como vamos interpretar e dar significado a estes mesmos processos de contacto e interacção social. Esta abordagem tem manifestas implicações éticas na forma como nos relacionamos

não é necessariamente conflituosa e de que, perante a ausência de uma autoridade global, a capacidade para cooperar é motivada pelos ganhos de que todos podem usufruir. Nas suas versões mais actuais – neo-realismo e realismo neoclássico, e institucionalismo neoliberal –, as teorias tornaram-se mais inclusivas, mas a problematização central assenta ainda em pressupostos de competição e de cooperação em lógicas de poder. Ver Messari, Nizar e Nogueira, João Pontes, *Teoria das Relações Internacionais: Correntes e Debates*, Rio de Janeiro, Editora Campus, 2005; Burchill, Scott [*et al.*], *Theories of International Relations*, Basingstoke, Palgrave Macmillan, 2005, 3.ª ed.

com o(s) outro(s), no sentido em que não há pressupostos rígidos de pessimismo ou optimismo a condicionar a interacção.

Torna-se, pois, evidente que, sem uma dimensão social clara, o construtivismo não disponibilizaria as ferramentas necessárias para avançar as proposições de mudança e evolução do sistema. O elemento de sociabilidade, na linguagem construtivista, é assim fundamental aos estudos que adoptam esta abordagem. Além do mais, o construtivismo parte de um pressuposto normativo muito claro, quer na forma como trabalha a questão das normas, quer na visão alternativa que pretende das e para as Relações Internacionais. Esta última assenta em três linhas teóricas fundamentais. Uma primeira aponta para a necessidade de olhar a realidade internacional como socialmente construída e, por isso, não assente em princípios predeterminados, por exemplo de cooperação ou conflitualidade, mas antes na forma como a interacção social molda os comportamentos, permitindo então atitudes mais cooperativas ou mais conflituosas, como se refere acima. Uma segunda remete para o entendimento de que as dimensões interna e externa na política internacional se inter-relacionam e não podem ser analisadas de forma desarticulada. Ou seja, uma decisão de política externa, por exemplo, tem implicações nas políticas e práticas do Estado que a toma, bem como além-fronteiras, diluindo a distinção entre o doméstico e o internacional. As relações da Rússia com a União Europeia são pautadas por princípios e capacidades internos e de projecção de poder e influência no sistema internacional. Esta dimensão externa de projecção de influência e poder acaba por retornar à dimensão doméstica sob a forma de apoio para determinada política e prática. Uma terceira linha teórica torna clara a relevância de elementos ideacionais na análise internacional, além dos factores materiais mais tradicionais. Isto significa que factores materiais, como índices de produção económica (produto nacional bruto, barris de petróleo produzidos, capacidade industrial, etc.) ou de capacidade militar (poder nuclear, número de equipamentos, recursos humanos, etc.), devem ser combinados com aspectos não quantificáveis materialmente, mas fundamentais na análise das relações internacionais, como motivações ou identidades. Estes três pontos de partida fazem parte da ontologia construtivista e conferem-lhe um diferencial evidente na análise que permitem das relações internacionais.

2. Normas, identidade e discurso

No processo de construção social, os conceitos de normas e identidade e o discurso utilizados são fundamentais. De acordo com esta abordagem, os contextos referenciais – temporais, espaciais ou sociais – ganham especificidade quando adicionamos a lente identitária. A definição do «eu» e do «outro» em termos identitários surge em diferentes circunstâncias e assume uma relevância fundamental na forma como os actores se vão posicionar, interpretar e agir no contexto internacional. Simultaneamente, o construtivismo sublinha as dinâmicas de socialização que resultam dos processos de interacção e que têm que ver com a forma como nos relacionamos com o «outro» e como os contextos também influenciam esta interacção. A identidade social dos indivíduos ou dos Estados é, deste modo, fundamental na definição dos seus interesses, cuja formação resulta também de interacção e de um processo de construção social e, consequentemente, da sua própria acção. O reconhecimento de que a capacidade de actuação internacional se encontra nos Estados, mas pode também estar nos indivíduos ou nas comunidades, implica uma preocupação ética de reconhecimento da agência destes actores nas relações internacionais e do impacto que estes podem ter no desenho de relações sociais e políticas.

A dimensão discursiva traz um diferencial notório às abordagens construtivistas, no sentido em que o uso de determinada linguagem em determinados contextos tem um impacto fundamental nas interpretações da realidade, permeando o nexo discurso-acção[9]. No contexto da denominada «guerra contra o terrorismo», por exemplo, identificarmos actores como «terroristas» permite um conjunto de respostas específicas na forma como lidamos com a ameaça identificada. A cunhagem de movimentos secessionistas como movimentos terroristas permite, no âmbito de identificação de ameaça, um tratamento diferenciado destes grupos, que pode implicar inclusivamente violações de liberdades fundamentais dado o contexto de excepcionalidade em que se inserem. Deste modo, e através de análise discursiva, esta abordagem teórica chama a atenção para dinâmicas por vezes invisíveis de inclusão/ /exclusão que tornam os contributos resultantes destas análises eticamente relevantes. A legitimação de políticas e práticas com uma orientação específica pode ser resultado destes processos, e daí a implicação fundamental que a interpretação de determinada acção pode ter no quotidiano das populações, dos Estados ou das organizações internacionais.

Para o teorizador, isto significa responsabilização pelo estudo de questões discursivas e linguísticas, em diferentes dimensões da actividade social, cujas implicações éticas são evidentes. O construtivismo chama a atenção para a importância da linguagem na construção de significados e na própria

---

[9] Ver, por exemplo, KRATOCHWIL, Friedrich, Constructivism as an Approach to Interdisciplinary Study, *in* FIERKE, Karin e JØRGENSEN, Knud Erik (org.), *Constructing International Relations: The Next Generation*, Londres, M. E. Sharpe, 2001, pp. 13–35; *idem*, Globalization: What It Is and What It Is Not. Some Critical Reflections on the Discursive Formations Dealing with Transformative Change, *in* FUCHS, Doris A. e KRATOCHWIL, Friedrich (org.), *Transformative Change and Global Order*, [*s.l.*], LIT Verlag, 2002, pp. 25–44.

procura de legitimação discursiva para determinadas acções/ /reacções sociais ou políticas. Em ligação clara a estas dinâmicas, a componente normativa[10] é sublinhada, uma vez que as normas são fundamentais na formação do discurso e este é mais do que um meio para a acção política, tornando-se ele próprio acção política pelo poder que a linguagem enquanto instrumento lhe confere. A forma como o nexo discurso-acção se desenvolve demonstra não só o poder que as palavras têm na acção, como também o impacto da acção nas palavras. Nesta interacção, a forma como a linguagem discursiva é aplicada e implicada no quotidiano tem efeito e é afectada na construção social dessa mesma realidade.

A dimensão normativa é central ao construtivismo, assumindo que as normas são objecto de evolução bem como de interpretação, gerando dinâmicas de aceitação e resistência. De facto, a bibliografia teórica converge no entendimento de que o papel das normas, da cultura e da identidade na mudança política não pode ser descurado[11]. A combinação

---

[10] Ver, por exemplo, KRATOCHWIL, Friedrich, Constructing a New Orthodoxy, *in* GUZZINI, Stefano e LEANDER, Anna (org.), *Constructivism and International Relations*, Londres, Routledge, 2006, pp. 21–47; KRATOCHWIL, Friedrich e LAPID, Yosef (org.), *The Return of Culture and Identity in IR Theory*, Boulder: Colorado, Lynne Rienner Publishers, 1996; KRATOCHWIL, Friedrich, Norms and Values: Rethinking the Domestic Analogy, *Ethics and International Affairs* 1, 1987: pp. 135–159. JEPPERSON, Ronald; KATZENSTEIN, Peter e WENDT, Alexander, Norms, Identity, and Culture in National Security, *in* KATZENSTEIN, Peter (org.), *The Culture of National Security: Norms and Identity in World Politics*, Nova Iorque, Columbia University Press, 1996.

[11] FINNEMORE, Martha e SIKKINK, Kathryn, International Norm Dynamics and Political Change, *International Organization* 52, 1998: pp. 887–917; KATZENSTEIN, Peter, Introduction: Alternative Perspectives on National Security, *in* KATZENSTEIN, Peter (org.), *The Culture of National Security: Norms and Identity in World Politics*, Nova Iorque, Columbia University Press, 1996. JEPPERSON, Ronald; KATZENSTEIN, Peter e WENDT, Alexander, Norms, Identity, and Culture in National Security, *in* KATZENSTEIN, Peter (org.), *op. cit.*

de factores materiais e ideacionais na formulação e decisão políticas tem avançado em relação a leituras mais tradicionais e concepções estáticas de poder que se revelam limitadas no quadro de motivações, identidades e considerações normativas. Como Kowert[12] afirma, em linha com o construtivismo, esta abordagem foca a constituição social dos agentes, ou seja, a identidade e a regulação do seu comportamento, isto é, as normas. Estas estão presentes em todos os processos de decisão e tornaram-se numa dimensão primordial da governação global, fornecendo quadros de referência para políticas e acções no plano internacional.

As normas podem ser definidas como «expectativas colectivas sobre o comportamento de actores com determinada identidade»[13], o que permite um contexto de maior previsibilidade e estabilidade face a um conjunto de comportamentos expectáveis. A orientação ética está subjacente a esta dimensão normativa, à qual se adiciona a questão da violação de princípios e regras que acontece apesar do pressuposto de cooperação na base da constituição normativa. A dimensão associada às sanções políticas, morais ou económicas que podem daí resultar é relevante.

Interessante ainda é olhar para a natureza dinâmica das normas que enforma processos de socialização e resistência. Os «fazedores-de-normas» e os «implementadores-de-normas» não têm de se encontrar numa situação de subserviência, sendo

---

[12] Kowert, Paul, Foreign Policy and the Social Construction of State Identity, *in* Denemark, Robert (org.), *The International Studies Encyclopedia*, Hoboken, Wiley-Blackwell, 2010.

[13] Jepperson, Ronald; Katzenstein, Peter e Wendt, Alexander, Norms, Identity, and Culture in National Security, *in* Katzenstein, Peter (org.), *op. cit.*; Koschut, Simon, Transatlantic conflict management inside-out: the impact of domestic norms on regional security practices», *Cambridge Review of International Affairs* 27, 2014: pp. 339–361.

que os últimos também procuram «internacionalizar as suas crenças, valores e princípios»[14]. A difusão de normas é um processo através do qual as normas «viajam», mas que não assegura necessariamente a adopção e implementação no «destino», permitindo que respostas diferenciadas tenham lugar – aceitação/ /resistência, adaptação/contestação. Estas matrizes dinâmicas e de opção, ao invés de impositivas, implicam uma escolha, tendo necessariamente subjacentes também princípios éticos.

Na intersecção entre normas e poder discursivo, encontramos muitas vezes interpretações diferenciadas de significados como, por exemplo, os conceitos de «democracia» ou «intervenção», com a atribuição de significados na Federação Russa ou no Ocidente a nem sempre ser coincidente. Se a interpretação de «democracia» no Ocidente é lata, na Rússia assume uma versão minimalista. Associar o conceito à realização de actos eleitorais ou lê-lo de forma mais ampla num entendimento de participação, representação, respeito por direitos e liberdades fundamentais tem implicações práticas distintas. Koschut[15] avança um exemplo interessante a este respeito, quando explica que «o entendimento colectivo de comportamento minimamente pacífico pode resultar em práticas pacíficas como a desmilitarização de fronteiras comuns ou a remoção de tanques de guerra por actores políticos, de modo a gerar confiança mútua», significando que as normas são objecto de selecção política e podem tornar-se parte do guia normativo para a acção. O autor refere ainda que, por vezes, as normas são entendidas como obstáculo à decisão ou acção política e, nesses casos, podem eventualmente ser deslegitimadas pelo discurso e práticas políticas. Neste âmbito, a relevância de

---

[14] Bettiza, Gregorio e Dionigi, Filippo, How do religious norms diffuse? Institutional translation and international change in a post-secular world society, *European Journal of International Relations* 21, 2015: p. 622.

[15] Koschut, Simon, *op. cit.*, p. 344.

considerações éticas é evidente. A reinterpretação e deslocalização de normas tem claramente impacto no desenho das relações sociais e políticas[16].

A dimensão normativa apresenta ainda uma componente que merece relevo e que se prende com a tentativa de oferecer visões alternativas e olhar possibilidades de mudança, deste modo não se prendendo aos modos tradicionais de organização social ou política, mas acreditando sempre numa capacidade de evolução e mudança das estruturas e dos agentes. Quando pensamos na própria evolução das relações internacionais, o fim da Guerra Fria é muitas vezes identificado como um momento-chave em termos de alteração do sistema. Este deixa de ser bipolar – em torno dos dois pólos dominantes, os Estados Unidos da América (EUA) e a União Soviética – e assume novas configurações que se têm alterado com o tempo: de um sistema unipolar liderado pelos EUA após a Guerra Fria, até a teses relativas a um sistema multipolar nos nossos dias em que vários pólos se apresentam com capacidade de influência no sistema, incluindo, por exemplo, actores como os EUA, a Rússia, a China ou a União Europeia. Mais relevante ainda do que a caracterização do sistema como unipolar ou multipolar são os novos desafios que surgem neste contexto de maior abertura e que, na realidade, não sendo muitos deles novos, são tratados com uma atenção diferente neste ambiente alterado. Evocamos desafios relacionados com a violência étnica, política ou cultural; com formas de intervencionismo político, humanitário, ou com uma agenda de desenvolvimento; com as dinâmicas de globalização e os diferenciais que estas permitem. Todos eles constituem exemplos de uma maior diversidade de

---

[16] Esta questão é debatida e aprofundada no capítulo da autora de Ukraine and the Restructuring of East-West Relations, *in* Kanet, Roger E. (org.), *The Russian Challenge to the European Security Environment*, Londres, Palgrave Macmillan, 2017.

questões e das respostas também diversas e inclusivas que são necessárias para os enfrentar[17].

3. Olhares possíveis para a realidade internacional

A problematização inicial relativa à abordagem dupla do interesse que as questões éticas assumem no construtivismo e da orientação ética da própria agenda construtivista fica evidenciada na análise feita. A dimensão da prática política reflecte considerações éticas e assenta em pressupostos normativos e discursivos, como analisado; e o debate sobre a conduta ética está subjacente aos princípios e regras e às acções, na forma como estes estão inter-relacionados e resultam concretamente numa decisão e acção política. O construtivismo contribui para a análise e interpretação das relações internacionais de uma forma que se distancia das perspectivas teóricas tradicionais e ainda dominantes nesta área de estudo. Procura adicionar às dimensões materiais de análise uma componente ideacional e intersubjectiva, em que questões como identidade, normas e discurso assumem relevância. Nesta perspectiva, é esta dimensão intersubjectiva que ajuda a compreender os significados e a forma como a construção social da realidade se vai fazendo, permitindo mudança e sociabilidade. Pela sua dimensão normativa em duplo sentido, ou seja, pela pertinência dada às normas na regulação da vida internacional, e pela sugestão de alternativas numa realidade socialmente construída e mutável, a componente ética encontra no construtivismo um interesse claro, além de ser parte constituinte da própria agenda que

[17] HURRELL, Andrew, Norms and Ethics in International Relations, *in* CARLSNAES, Walter; RISSE, Thomas e SIMMONS, Beth (org.), *Handbook of International Relations*, Londres, Sage, 2005, 1.ª ed., pp. 138–139.

enforma esta abordagem teórica – não tanto numa lógica prescritiva, mas antes numa lógica de desconstrução de políticas e acções que permite uma análise mais abrangente e eticamente orientada das dinâmicas das relações internacionais.

Referências e leituras recomendadas

CHECKEL, Jeffrey, Norms, Institutions, and National Identity in Contemporary Europe, *International Studies Quarterly* 43, 1999: pp. 83–114.

FINNEMORE, Martha e SIKKINK, Kathryn, International Norm Dynamics and Political Change, *International Organization* 52, 1998: pp. 887–917.

HURRELL, Andrew, Norms and Ethics in International Relations, *in* CARLSNAES, Walter; RISSE, Thomas e SIMMONS, Beth (org.), *Handbook of International Relations*, Londres, Sage, 2005, 1.ª ed., pp. 138–139.

KRATOCHWIL, Friedrich, Norms and Values: Rethinking the Domestic Analogy, *Ethics and International Affairs* 1, 1987: pp. 135–159.

NOGUEIRA, João Pontes e MESSARI, Nizar, *Teoria das Relações Internacionais: Correntes e Debates*, Rio de Janeiro, Editora Campus, 2005.

ONUF, Nicholas, *World of Our Making: Rules and Rule in Social Theory and International Relations*, Colúmbia, University of South Carolina Press, 1989.

WENDT, Alexander, Anarchy Is What States Make of It, *International Organization* 46, 1992: pp. 391–425.

II

DESAFIOS ACTUAIS

Direitos Humanos e Relações Internacionais

Patrícia Galvão Teles
Comissão de Direito Internacional das Nações Unidas
Universidade Autónoma de Lisboa

1. Os Direitos Humanos e a alteração do terreno moral das Relações Internacionais

O momento da comemoração do 70.º aniversário da Declaração Universal dos Direitos Humanos, assinalado no dia 10 de Dezembro de 2018, afigura-se como uma boa oportunidade para uma breve reflexão sobre o impacto dos Direitos Humanos nas Relações Internacionais. É, de facto, apenas a partir da Declaração Universal dos Direitos Humanos de 1948, e com base nela, que estas duas realidades – direitos humanos e relações internacionais – formam um binómio, antes de 1945 praticamente inexistente, nem sempre pacífico, mas hoje indissociável.

Os Direitos Humanos, inicialmente através da Declaração Universal dos Direitos Humanos, causaram um impacto importante na vertente ética das Relações Internacionais. As relações entre os Estados passaram a dotar-se de um código moral, baseado no respeito pela dignidade humana, e não apenas nos valores típicos dos Estados, como a soberania ou o respeito pela integridade territorial e pelas fronteiras.

Um dos grandes feitos da Declaração Universal dos Direitos Humanos e de toda a construção, desenvolvida a partir da sua base, do sistema de protecção universal das Nações Unidas e dos diversos sistemas regionais foi ter alterado o terreno moral das Relações Internacionais, que se passou a orientar e a medir pelo valor do respeito pelos Direitos Humanos.

Como foi bem observado por Mary Ann Glendon, numa excelente análise sobre a negociação da Declaração Universal dos Direitos Humanos e o contributo de Eleanor Roosevelt:

> Quando a Marinha ateniense estava pronta para invadir a pequena Melos em 416 a. C., os habitantes da ilha, aterrorizados, enviaram emissários para tentarem argumentar com os senhores do mar. A recusa desdenhosa dos atenienses ecoou ao longo dos séculos: «Vocês sabem tão bem quanto nós que, como o mundo se encontra, só está em questão o poder entre iguais. Enquanto os fortes fazem o que podem, os fracos sofrem o que precisam.»
>
> A história deu muito apoio a esse ditado brutal [...]. No entanto, séculos depois, na sequência de atrocidades além da imaginação grega, as nações mais poderosas do mundo curvaram-se às demandas dos países menores pelo reconhecimento de um padrão comum pelo qual os bons e maus comportamentos de todas as nações pudessem ser medidos. O terreno moral das relações internacionais foi alterado para sempre numa madrugada em Paris, em 10 de Dezembro de 1948, quando a Assembleia-Geral das Nações Unidas adoptou a Declaração Universal dos Direitos Humanos, sem um único voto contra.[1]

A afirmação do lugar central da protecção dos direitos humanos no ordenamento jurídico internacional e a correspondente erosão do tradicional domínio reservado dos

---

[1] Glendon, Mary Ann, *A World Made New: Eleanor Roosevelt and the Universal Declaration of Human Rights,* [*s.l.*], Random House, 2001, p. xv.

Estados e da sua soberania poderá talvez ser considerada uma das maiores alterações da ordem internacional no período pós-1945.

O «mundo das soberanias» caminhou assim para um «mundo das pessoas», esbatendo-se as tradicionais fronteiras políticas e consolidando-se, ao longo das décadas seguintes, novos conceitos como o da «responsabilidade de proteger» as pessoas das violações mais graves de direitos humanos, uma responsabilidade que recai sobre todos os Estados e sobre a comunidade internacional.

A segunda metade do século XX e o início do século XXI ficaram marcados pela consolidação deste novo princípio da promoção e protecção dos direitos humanos. Este foi o grande motor da autodeterminação e do consequente movimento de descolonização, que alterou de forma definitiva a geografia mundial, bem como da decorrente emergência de uma responsabilidade colectiva de proteger esses direitos, e ainda da criação, através do Tribunal Penal Internacional, de um sistema permanente de justiça penal internacional que permite responsabilizar criminalmente indivíduos nos casos mais graves em que a dignidade humana é atingida (crimes de guerra, crimes contra a humanidade e genocídio).

A protecção dos direitos humanos tem-se desenvolvido, assim, no sentido de ser hoje um dos princípios fundamentais das relações internacionais e do direito internacional contemporâneo, a par da proibição do uso da força, da igualdade soberana e da não interferência nos assuntos internos, gerando potencialmente situações de conflito de princípios, todos eles com um estatuto de normas imperativas de direito internacional geral (*jus cogens*).

A partir de uma rápida viagem sobre a consolidação dos direitos humanos no plano universal, através das Nações Unidas, e no plano regional, através dos diferentes sistemas regionais de protecção, partiremos para uma breve análise de dois dos principais desafios éticos que se colocam hoje ao binómio Direitos Humanos e Relações Internacionais: a questão do universalismo *versus* relativismo cultural e a das alterações climáticas e os direitos humanos.

2. O contributo das Nações Unidas para um sistema universal de protecção dos direitos humanos

A Carta das Nações Unidas é o documento fundador da organização que nasceu como um sistema de segurança colectiva, sendo a questão dos direitos humanos no início meramente periférica. Tal é bem patente no próprio texto da Carta que apenas se refere aos direitos humanos em poucas passagens, algo sintéticas e vagas. Assim:

– o preâmbulo menciona a fé dos povos das Nações Unidas «nos direitos humanos fundamentais, na dignidade e no valor da pessoa humana, na igualdade de direitos dos homens e das mulheres, assim como das nações, grandes e pequenas»;
– o artigo 1.º, n.º 3, refere, como um dos objectivos das Nações Unidas, a realização da «cooperação internacional, resolvendo os problemas internacionais de carácter económico, social, cultural ou humanitário, promovendo e estimulando o respeito pelos direitos humanos e pelas liberdades fundamentais para todos, sem distinção de raça, sexo, língua ou religião»;
– os artigos 55.º e 56.º acrescentam, respectivamente: «Com o fim de criar condições de estabilidade e bem-estar, necessárias às relações pacíficas e amistosas entre as Nações, baseadas no respeito do princípio da igualdade de direitos e da autodeterminação dos povos, as Nações Unidas promoverão: a) A elevação dos níveis de vida, o pleno

emprego e condições de progresso e desenvolvimento económico e social; b) A solução dos problemas internacionais económicos, sociais, de saúde e conexos, bem como a cooperação internacional, de carácter cultural e educacional; c) O respeito universal e efectivo dos direitos humanos e das liberdades fundamentais para todos, sem distinção de raça, sexo, língua ou religião»; «Para a realização dos objectivos enumerados no artigo 55.º, todos os membros da Organização se comprometem a agir em cooperação com esta, em conjunto ou separadamente»;

– por fim, em termos institucionais, a Carta colocou a temática dos direitos humanos sob a alçada da Assembleia-Geral das Nações Unidas (AGNU, artigo 13.º, n.º 1, alínea b) e do Conselho Económico e Social das Nações Unidas (ECOSOC, artigos 62.º e 68.º), organismo que criou, ao abrigo deste último artigo, a primeira Comissão de Direitos Humanos das Nações Unidas, logo em 1946.

Ancorada nos artigos mencionados da Carta, mas dando-lhes a substância e conteúdo que faltavam, a Declaração Universal dos Direitos Humanos (DUDH) de 1948 assumiu-se como o projecto de uma *international bill of rights* (carta internacional dos direitos humanos), tendo sido uma concessão aos países mais pequenos e também uma resposta à retórica da Segunda Guerra Mundial relativamente ao «never again» («nunca mais») quanto às atrocidades e gravíssimos atentados à mais básica dignidade humana cometidos durante o conflito.

A elaboração da DUDH foi também a primeira missão da Comissão de Direitos Humanos, presidida por Eleanor Roosevelt, e uma das primeiras Resoluções da Assembleia-Geral das Nações Unidas. Cumpriu já 70 anos em 2018, não obstante ter sido negociada num curto espaço de tempo e numa importante janela de oportunidade entre o fim da Segunda Guerra Mundial e o início da Guerra Fria.

Esta Declaração mantém-se no centro do sistema de direitos humanos das Nações Unidas. Apesar de ser uma resolução com carácter não vinculativo, é considerada o equivalente a anexo da Carta, uma sua interpretação autêntica ou a representação do direito costumeiro.

A DUDH insere-se na linha de outras cartas históricas de direitos humanos a nível nacional, como a Magna Carta de 1215, a Carta de Direitos Britânica de 1689, a Declaração de Independência Americana de 1776 e a Declaração Francesa dos Direitos do Homem e do Cidadão de 1789. Influenciou várias constituições nacionais, incluindo a Constituição da República Portuguesa de 1976, que tem um amplíssimo capítulo dedicado aos Direitos Fundamentais e considera a DUDH parte integrante da Constituição.

Inspirou todos os tratados de direitos humanos negociados posteriormente no âmbito das Nações Unidas e de outras organizações internacionais, como o Conselho da Europa, a União Africana ou a Organização dos Estados Americanos, tendo logrado, nos seus 30 artigos, combinar a tradição anglo-britânica e liberal dos direitos civis e políticos com os direitos económicos, sociais e culturais de matriz inicialmente continental, socialista e democrata-cristã.

A DUDH é hoje o documento traduzido em mais idiomas do mundo: 501 línguas e dialectos, incluindo braile e língua gestual.

Desde a adopção da DUDH em 1948, foram elaborados nove importantes instrumentos jurídicos convencionais que desenvolvem os direitos humanos mencionados naquela Declaração. É relevante notar que uma boa parte destes instrumentos jurídicos, tanto sobre os direitos civis e políticos, como sobre os direitos económicos, sociais e culturais, os direitos das mulheres, a discriminação racial ou a proibição da tortura foi negociada e adoptada em plena Guerra Fria. Diferentemente da DUDH, trata-se de verdadeiras convenções internacionais, a que os Estados podem aderir ou não. Algumas delas foram completadas por importantes protocolos adicionais ou facultativos, acrescentando obrigações normativas ou mecanismos de queixas individuais.

Todos estes instrumentos internacionais de direitos humanos criaram organismos ou comités (os *treaty-monitoring bodies*, ou mecanismos de supervisão de tratados), compostos por peritos independentes eleitos pelos Estados parte desses tratados, responsáveis por monitorar a sua implementação. Assim:

- Convenção para a Eliminação da Discriminação Racial (1965) → Comité para a Eliminação de Todas as Formas de Discriminação Racial (CERD);
- Pacto dos Direitos Civis e Políticos (1966) → Comité de Direitos Humanos (CCPR);
- Pacto dos Direitos Económicos, Sociais e Culturais (1966) → Comité dos Direitos Económicos, Sociais e Culturais (CESCR);
- Convenção para a Eliminação de Todas as Formas de Discriminação contra as Mulheres (1979) → Comité para a Eliminação da Discriminação contra as Mulheres (CEDAW);
- Convenção para a Proibição da Tortura (1984) → Comité contra a Tortura (CAT);
- Convenção sobre os Direitos da Criança (1989) → Comité dos Direitos da Criança (CRC);
- Convenção sobre a Protecção dos Direitos dos Trabalhadores Migrantes e Membros das Suas Famílias (1990) → Comité para a Protecção dos Direitos de Todos os Trabalhadores Migrantes e Membros das Suas Famílias (CMW);
- Convenção sobre os Direitos das Pessoas com Deficiência (2006) → Comité sobre os Direitos das Pessoas com Deficiência (CRPD);

- Convenção sobre os Desaparecimentos Forçados (2006) → Comité para a Protecção de Todas as Pessoas contra os Desaparecimentos Forçados (CED).

Os comités são responsáveis por analisar relatórios periódicos que os Estados lhes submetem descrevendo as medidas tomadas para a aplicação das disposições do tratado. Com base nessas informações, o comité dirige recomendações aos Estados nas áreas que carecem de alterações. Os comités dos tratados podem adoptar comentários ao instrumento de que se ocupam, contendo guias gerais de interpretação, e alguns deles podem receber e ouvir queixas individuais.

Este quadro normativo internacional dos direitos humanos goza, por parte dos Estados, de uma adesão variada, mas genericamente numerosa. Os 193 Estados-membros das Nações Unidas ratificaram vários destes instrumentos, sendo o mais ratificado a Convenção sobre os Direitos da Criança. Há vários instrumentos que contam com um número de ratificações entre 160 e 180, sendo os instrumentos com menor adesão a Convenção sobre a Protecção dos Direitos dos Trabalhadores Migrantes e sobre os Desaparecimentos Forçados.

O sistema de protecção de direitos humanos das Nações Unidas é, desta forma, um sistema complexo e composto por várias peças (instrumentos jurídicos e instituições), como a própria Carta das Nações Unidas, a Declaração Universal dos Direitos Humanos, os vários tratados de direitos humanos, os organismos como a Comissão/o Conselho de Direitos Humanos, os Procedimentos Especiais do Conselho de Direitos Humanos, os comités ou órgãos de supervisão dos tratados (*treaty-monitoring bodies*), os procedimentos de queixas e denúncias individuais, a Terceira Comissão da Assembleia-Geral das Nações Unidas e o Alto Comissariado das Nações Unidas para os Direitos Humanos.

Em particular, o Conselho de Direitos Humanos, que substituiu em 2006 a Comissão de Direitos Humanos, é responsável por promover o respeito universal pela protecção de todos os direitos humanos e liberdades fundamentais para todos, sem nenhum tipo de distinção e de maneira justa e equitativa. Ocupa-se de situações de violação de direitos humanos, incluindo violações graves e sistemáticas, e faz recomendações sobre as mesmas. Deve, também, promover a coordenação eficaz e integração da perspectiva de direitos humanos em todo o sistema das Nações Unidas. O Conselho é composto por 47 Estados-membros, funcionando em Genebra – na sede europeia das Nações Unidas – e sendo um órgão subsidiário da AGNU, que elege directamente os membros por uma maioria absoluta (com um mínimo de 96 votos).

Como uma das maiores novidades do Conselho de Direitos Humanos, todos os Estados-membros passaram a estar sujeitos a um mecanismo universal periódico de controlo do respeito pelos direitos humanos a nível nacional, o chamado mecanismo da *Universal Periodic Review* (UPR).

Muitas são as críticas ao funcionamento do sistema de protecção universal dos direitos humanos das Nações Unidas, da falta de capacidade de implementação coerciva à existência de *double standards* ou de dois pesos e duas medidas. Mas, sem dúvida, a evolução do sistema universal das Nações Unidas de protecção de direitos humanos – quer em termos de criação de normas quer de instituições – é uma alteração fundamental e um dado novo nas relações internacionais dos últimos 70 anos.

3. Os sistemas regionais de protecção dos direitos humanos

Nas últimas sete décadas, o sistema universal de protecção de direitos humanos das Nações Unidas tem sido complementado por diversos sistemas regionais que operam em conexão com as principais organizações regionais, como o Conselho da Europa, a União Europeia, a Organização dos Estados Americanos, a União Africana e a Associação de Nações do Sudeste Asiático (ASEAN).

Estes sistemas, complementares aos sistemas nacionais de protecção de direitos humanos, foram inspirados também pela Declaração Universal dos Direitos Humanos e consagram, na sua base, o mesmo tipo de direitos. Em alguns casos, estes sistemas regionais são bastante completos e ambiciosos, dispondo inclusive de um tribunal regional de direitos humanos, o que não sucede no plano internacional, como é o caso dos Tribunais Europeu, Americano e Africano dos Direitos Humanos. Estes mecanismos judiciais emitem decisões juridicamente vinculativas, condenando o comportamento dos Estados em violação dos direitos humanos e ordenando reparações onde tal se justifique.

No sistema europeu, coexistem a Convenção Europeia dos Direitos Humanos do Conselho da Europa e a Carta dos Direitos Fundamentais da União Europeia. Cada um destes instrumentos pode ser aplicado, respectivamente, pelo Tribunal Europeu dos Direitos Humanos e pelo Tribunal de Justiça da União Europeia. Os tratados da União Europeia, na revisão de 2007 do Tratado de Lisboa, estipulam a adesão da própria União Europeia à Convenção Europeia dos Direitos Humanos. A Organização para a Segurança e Cooperação na Europa (OSCE) tem também desenvolvido um trabalho importante em matéria de direitos humanos.

Existe igualmente uma Convenção Americana e um Tribunal Interamericano de Direitos Humanos, que tem desenvolvido uma jurisprudência assinalável em matéria de direitos humanos, sobretudo em países onde se viveram situações de ditadura e de guerra civil.

O sistema de protecção de direitos humanos africano também se tem vindo a aperfeiçoar. Baseia-se na Carta Africana dos Direitos Humanos e dos Povos e é o mais recente dos sistemas de protecção judiciais regionais, tendo sido criado sob os auspícios da União Africana. Conta hoje com a Comissão e com o Tribunal Africano dos Direitos Humanos e dos Povos, que irá em breve juntar-se ao Tribunal Africano de Justiça.

A região que dispõe de meios de protecção regionais menos desenvolvidos é a Ásia, uma vez que não existe um mecanismo judicial ou um instrumento jurídico de protecção dos direitos humanos como se verifica nas outras regiões, mas apenas uma Comissão Intergovernamental de Direitos Humanos.

4. Universalidade *versus* relativismo cultural e os direitos humanos

A Declaração Universal dos Direitos Humanos concebeu-os como universais e indivisíveis, baseados na noção de dignidade humana, como uma noção comum a toda a humanidade.

Essa noção de dignidade humana deve ser respeitada sem discriminação de origem, género, cor, estatuto ou credo e protegida por um conjunto de direitos civis e políticos, mas também económicos, sociais e culturais, que são indivisíveis e inter-relacionados na sua implementação a título individual e global. Tal significa que um conjunto de direitos não pode ser gozado plenamente sem o outro. Por exemplo, a liberdade de expressão ou de religião não faz sentido sem o direito à educação; também o direito à vida sem um nível de vida adequado não é compatível com uma verdadeira dignidade humana. Os direitos económicos e sociais são vitais para um exercício pleno dos direitos civis e políticos e vice-versa. A Declaração e Programa de Acção de Viena, de 1993, afirmou-o com clareza, no seu ponto 5: «Todos os direitos humanos são universais, indivisíveis, interdependentes e inter-relacionados. A comunidade internacional deve considerar os direitos humanos globalmente, de forma justa e equitativa, no mesmo pé e com igual ênfase. Embora se deva ter sempre presente o significado das especificidades nacionais e regionais e os diversos antecedentes históricos, culturais e religiosos, compete aos Estados, independentemente dos seus sistemas políticos, económicos e culturais, promover e proteger todos os direitos humanos e liberdades fundamentais.»

O respeito dos direitos humanos é hoje também indissociável das ideias de paz e de desenvolvimento, formando o conjunto os três pilares fundamentais da actuação das Nações Unidas.

Contudo, a universalidade dos direitos humanos é muitas vezes questionada pelos Estados, que assim procuram uma forma de justificar o não cumprimento do conjunto de obrigações que derivam dos direitos humanos ou certas práticas nacionais que implementam, mais do que por uma objecção conceptual à noção de universalidade da dignidade humana e da aspiração humana de viver «livre do medo e livre da necessidade» (*freedom from fear, freedom from want*, duas das quatro liberdades propostas por Franklin D. Roosevelt de que qualquer indivíduo em qualquer parte do mundo deve poder gozar).

Apesar da inspiração ocidental e liberal da Declaração Universal dos Direitos Humanos, ela baseia-se na noção fundamental de dignidade humana, comum a toda a humanidade, e é congruente com os valores e costumes de todas as culturas e tradições.

Por outro lado, todos os Estados possuem interesse no respeito dos direitos humanos pelos outros Estados. Um interesse enquanto aspiração global, mas também por razões mais «egoístas», uma vez que uma situação instável de direitos humanos nos países ou regiões vizinhas pode vir a afectar também a situação interna de outros Estados, como hoje se assiste com a vaga de refugiados e migrantes do Médio Oriente e Norte de África para a Europa.

O conceito de universalismo considera que cada ser humano possui certos direitos inalienáveis pelo facto de ser humano, independentemente da sua origem, etnia, género e crenças políticas ou religiosas. Os direitos à protecção da pessoa humana, segurança física, liberdade de expressão, religião ou associação devem ser os mesmos em qualquer parte do mundo. A base deste conceito deriva do direito natural, mas também das teorias racionalistas e juspositivistas, que afirmam o universalismo dos direitos humanos e que os mesmos não dependem de um reconhecimento cultural ou específico.

O relativismo cultural, por outro lado, faz depender o reconhecimento de alguns direitos ou, pelo menos, a sua interpretação e implementação das diferentes perspectivas e tradições culturais existentes no mundo. De acordo com a doutrina do relativismo cultural, as tradições locais e culturais – incluindo as realidades e práticas religiosas, políticas e jurídicas – determinam a forma como os direitos humanos devem ser postos em prática e gozados pelos indivíduos numa determinada sociedade.

Assim, por exemplo, tem sido defendido existirem valores e tradições asiáticos, aliado ao facto de o sistema regional de protecção de direitos humanos ser mais incipiente como foi referido *supra*, que justificariam uma implementação e interpretação diferentes de certos direitos humanos, privilegiando os direitos colectivos em relação aos individuais. Esta visão permite maiores limitações a liberdades individuais, como a liberdade de expressão ou de associação.

De forma semelhante, em vários países africanos ou comunidades africanas espalhadas pelo mundo, a teoria do relativismo cultural é utilizada para justificar práticas que podem ser consideradas atentados à integridade física, como seja a mutilação genital feminina. O mesmo se pode dizer quanto à prática existente, em vários países asiáticos e africanos, dos casamentos forçados de crianças, isto é, menores de 18 anos, sobretudo do sexo feminino.

Estes exemplos suscitam questões éticas essenciais, surgindo por vezes tensões importantes nas relações internacionais aquando da implementação prática e transversal dos direitos humanos.

De acordo com o actual estado da arte, vários países invocam regularmente o relativismo cultural para justificar certas legislações, comportamentos e práticas. Mesmo no âmbito do mecanismo da UPR do Conselho de Direitos Humanos das Nações Unidas, em que nos últimos dez anos praticamente todos os Estados do mundo se tiveram de submeter a um mecanismo de revisão pelos pares (*peer review mechanism*) quanto à sua situação interna de direitos humanos, países como, por exemplo, China, Vietname, Mianmar, Irão, Paquistão, Iémen, Síria, Malásia e Cuba continuam a fazer apelo ao relativismo cultural.

As discussões sobre a universalidade dos direitos humanos no seio do Conselho de Direitos Humanos das Nações Unidas espelham o debate entre os Estados em geral. Os principais desafios à universalidade dos direitos humanos provêm de abordagens mais comunitaristas quanto à protecção dos direitos humanos dos indivíduos. Em tempos mais recentes, derivam também de algumas situações de invocação de um excepcionalismo securitário causado pelas ameaças e ataques terroristas, sobretudo no pós-11 de Setembro, por parte dos Estados Unidos da América (EUA) e alguns países europeus. A questão do relativismo cultural mantém-se presente sobretudo nas discussões sobre a liberdade de religião, direitos das mulheres, valores tradicionais, protecção da família e direitos das pessoas LGBT (lésbicas, *gays*, bissexuais e transgénero).

O princípio da universalidade dos direitos humanos não requer, no entanto, que todos os direitos sejam aplicados exactamente da mesma maneira em todos os contextos. Conceitos como os da «igualdade substantiva» (e não apenas formal) para os direitos civis e políticos, da «realização progressiva» dos direitos económicos, sociais e culturais e das «responsabilidades comuns, mas diferenciadas» na área ambiental são um reconhecimento de que as garantias universais dos direitos humanos devem ser contextualizadas regional e nacionalmente, antes de implementadas, para serem eficazes. Porém, elas são e devem ser universais no seu âmbito e conceito.

5. Um desafio para o século XXI: as alterações climáticas e os direitos humanos

Os direitos humanos são, nas relações internacionais, ameaçados e postos em causa por diversos fenómenos. Tradicionalmente, esses fenómenos relacionam-se com o comportamento directo dos Estados, através de ditaduras e sistemas internos repressivos dos direitos humanos, ou de conflitos armados internacionais ou internos que, naturalmente, prejudicam o gozo pleno desses direitos.

Contudo, os direitos humanos são hoje confrontados com novos desafios, que vão além das ameaças mais ou menos tradicionais como a guerra, o terrorismo ou as ditaduras.

O fenómeno global das alterações climáticas está – com o potencial de se vir a agravar – a pôr em causa os direitos humanos. Esta ameaça tem uma dimensão moral e ética de certa forma inovadora, uma vez que possui contornos indirectos em que a ligação entre o comportamento do Estado e a violação dos direitos humanos é menos nítida e em que as pessoas mais vulneráveis às alterações climáticas se encontram normalmente em países que menos contribuíram para essas mesmas alterações.

O secretário-geral das Nações Unidas, António Guterres, tem afirmado repetidamente que «as alterações climáticas são a ameaça definidora do nosso tempo».

Numa carta de Novembro de 2017 intitulada «World Scientists' Warning to Humanity: A Second Notice», mais de 15 000 cientistas de 184 países reiteraram uma chamada de atenção alarmante para a rápida evolução das ameaças ambientais, incluindo as alterações climáticas. As consequências surgem em todos os planos: político, segurança, jurídico, económico, ambiente, migrações, direitos humanos, saúde, tecnologia, etc. As soluções estão a ser procuradas numa corrida contra o tempo, com o Acordo de Paris de 2015 no epicentro: diminuição das emissões, adaptação às alterações climáticas, programas de financiamento e parcerias, e uma busca contínua de liderança (*leadership*) nesta temática. Estas soluções têm de ser necessariamente globais, mas perspectivam-se igualmente a nível regional e nacional.

As alterações climáticas são um tópico de grande actualidade nas relações internacionais e de impacto global, em relação ao qual nem sempre se contempla a sua dimensão de impacto no gozo dos direitos humanos. No entanto, esse impacto é real, sobretudo no que toca a vários direitos humanos universalmente reconhecidos, como o direito à vida, alimentação, água, saúde ou habitação condigna. As consequências das condições climáticas extremas causadas pelas alterações do clima, como a seca e desertificação, as cheias, os furacões ou o aumento do nível do mar, são já visíveis de forma regular e em diversas partes do mundo.

Uma abordagem de direitos humanos deverá levar a que se examinem também os efeitos das alterações climáticas sobre os direitos humanos das populações mais afectadas e que se integrem os direitos humanos nas políticas ambientais de combate e adaptação às alterações climáticas.

O Acordo de Paris de 2015 é o primeiro internacional em matéria de alterações climáticas a conter uma menção aos direitos humanos, reconhecendo que as alterações climáticas são uma preocupação comum a toda a humanidade e referindo no seu preâmbulo que as partes devem, «na ação de resposta às alterações climáticas, respeitar, promover e ter em conta as suas respetivas obrigações em matéria de direitos humanos, de direito à saúde, de direitos dos povos indígenas, de comunidades locais, de migrantes, de crianças, de pessoas com deficiência e de pessoas em situações vulneráveis e o direito ao desenvolvimento, bem como a igualdade de género, o empoderamento das mulheres e a equidade intergeracional».

A potencial degradação do ambiente causada pelas alterações climáticas pode resultar na privação em massa de muitos direitos humanos, como sejam o direito à saúde, o direito à vida, alimentação, água, vida familiar, propriedade, etc., e redundar no que podemos designar migrações ambientais, não existindo ainda hoje a categoria de «refugiados ambientais» protegidos por convenções internacionais de direitos humanos. Ao mesmo tempo, as políticas de luta contra as alterações climáticas também devem, como refere o Acordo de Paris, ter em conta os direitos humanos, a fim de minorar os seus impactos.

Durante muito tempo, o discurso sobre os direitos humanos foi omisso quanto à questão das alterações climáticas. Porém, tal começou a mudar quando, há cerca de dez anos, o Conselho de Direitos Humanos das Nações Unidas começou a reconhecer, nas suas resoluções, que as alterações climáticas comportam implicações no que diz respeito ao efectivo gozo dos direitos humanos: «as alterações climáticas constituem uma ameaça imediata aos povos e comunidades à volta do mundo, uma ameaça além do mais com enormes implicações para o pleno gozo dos direitos humanos».

O maior desafio é, contudo, o da responsabilização dos Estados pelas violações de direitos humanos causadas pelas alterações climáticas: Que Estados? Os direitos humanos de que cidadãos? Trata-se de um fenómeno novo nas relações internacionais e que não passa por uma relação vertical e directa entre o Estado e os seus nacionais, mas sim por uma relação indirecta e difusa entre a soberania e a comunidade internacional no seu todo, bem como as populações especialmente afectadas. O desafio da justiça ambiental é, assim, um dos maiores desafios éticos da actualidade no que toca aos direitos humanos e relações internacionais.

O princípio da responsabilidade comum mas diferenciada (*common but differentiated responsibilities*) é um princípio do Direito Internacional do Ambiente que estabelece que todos os Estados são responsáveis por lidar com a destruição ambiental global, mas não são todos igualmente responsáveis. Este princípio visa equilibrar, por um lado, a necessidade de todos os Estados se responsabilizarem pelos problemas ambientais globais e, por outro, a necessidade de reconhecer as grandes diferenças entre os níveis de desenvolvimento económico dos Estados que, por sua vez, estão relacionadas com a contribuição dos Estados para os problemas ambientais e também com a sua capacidade para os resolver.

O princípio da responsabilidade comum mas diferenciada foi reconhecido inicialmente na Declaração do Rio de 1992 sobre Ambiente e Desenvolvimento e tem sido reiterado em vários outros instrumentos internacionais, mais recentemente no Acordo de Paris de 2015 sobre as Alterações Climáticas. Trata se de um compromisso entre as posições dos países desenvolvidos e em vias de desenvolvimento no que toca à protecção ambiental e, do ponto de vista ético, consiste numa expressão do princípio da equidade nas relações internacionais, ao reconhecer que os países desenvolvidos contribuíram mais ao longo do tempo para a degradação do ambiente e, por isso, devem assumir uma maior quota-parte na responsabilidade.

No entanto, este princípio tem sido contestado por alguns países desenvolvidos, incluindo os EUA, o que tem dificultado a sua aplicação efectiva. Além disso, no que toca à relação entre as alterações climáticas e os direitos humanos, também não oferece uma ligação directa entre comportamento e violação, não contribuindo plenamente para a protecção desses direitos.

O sistema de protecção internacional, regional e nacional de direitos humanos continua essencialmente baseado no paradigma clássico da relação directa entre o Estado e os seus cidadãos, revelando dificuldades na ligação entre a protecção de interesses colectivos ou difusos, como é a protecção do ambiente global, e a violação de direitos humanos de indivíduos e grupos em concreto.

Referências e leituras recomendadas

ALSTON, Philip e GOODMAN, Ryan, *International Human Rights,* [*s.l.*], Oxford University Press, 2012.

ALSTON, Philip e MÉGRET, Frédéric (org.), *The United Nations and Human Rights: A Critical Appraisal,* [*s.l.*], Oxford, Oxford University Press, 2016.

ARNOLD, Rainer (org.), *The Universalism of Human Rights,* [*s.l.*], Springer, 2013.

CERNA, Christina M. (org.), *Regional Human Rights Systems,* [*s.l.*], London, Routledge, 2014.

ESCARAMEIA, P., *O Direito Internacional Público nos Princípios do Século XXI,* Coimbra, Almedina, 2003.

ESTANQUEIRO ROCHA, Acílio, Relativismo Cultural e Universalismo Ético, *in* PATRÃO NEVES, Maria do Céu (coord.), *Ética: dos Fundamentos às Práticas,* Lisboa, Edições 70, 2016, pp. 183–210.

FERREIRA, Francisco, Implicações éticas da justiça ambiental, *in* PATRÃO NEVES, Maria do Céu e SOROMENHO-MARQUES, Viriato (coord.), *Ética Aplicada: Ambiente*, Lisboa, Edições 70, 2017, pp. 305–327.

FORSYTHE, David P., *Human Rights in International Relations*, [*s.l.*], Cambridge, Cambridge University Press, 2017.

GLENDON, Mary Ann, *A World Made New: Eleanor Roosevelt and the Universal Declaration of Human Rights*, [*s.l.*], New York, Random House, 2001.

KNOX, John H., Human Rights Principles and Climate Change, *in* GRAY, Kevin R.; TARASOFSKY, Richard e CARLARNE, Cinnamon (org.), *The Oxford Handbook of International Climate Change Law*, [*s.l.*], Oxford, Oxford University Press, 2016, pp. 213–235.

SHELTON, Dinah L. (org.), *The United Nations System for Protecting Human Rights*, [*s.l.*], Farnham, Ashgate, 2014.

SHELTON, Dinah L. e CAROZZA, Paolo G., *Regional Protection of Human Rights*, [*s.l.*], Oxford, Oxford University Press, 2013.

VINCENT, R. J., *Human Rights and International Relations*, [*s.l.*], Cambridge University Press, 2009.

A característica ética da noção de justiça global

António Marques

Instituto de Filosofia (IFILNOVA) da Faculdade de Ciências Sociais e Humanas da Universidade Nova de Lisboa

Se o principal objectivo de uma Teoria das Relações Internacionais (TRI) consistir no esclarecimento dos princípios que devem regular a coexistência pacífica dos diferentes Estados, é a discussão sobre o conceito e possibilidade de uma *justiça global* que nas últimas décadas tem correspondido a esse propósito. Claro que uma TRI poderá ter, e tem, muitos outros domínios de discussão, em que se cruzam problemas típicos da geoestratégia, temas de política institucional (qual o tipo de instituições necessário para o equilíbrio e cooperação internacionais) ou aspectos relativos à arquitectura jurídica e política reguladora das relações em contextos particulares de crise ou de prevenção desta. Em todo o caso, o quadro em que se desenvolvem estas questões típicas da TRI não pode deixar, explícita ou implicitamente, de considerar o tema da justiça, com a característica particular de se tratar agora de uma ideia de justiça *global*.

Há pelo menos duas décadas que tem vindo a decorrer a discussão sobre esta noção de justiça, que não se circunscreve às fronteiras do Estado-nação, de acordo com a própria evolução do processo de globalização nos seus diferentes aspectos, socioeconómicos, políticos ou comunicacionais. A discussão não terminou, embora a percepção dominante, neste momento, seja que os problemas colocados por esse processo podem assumir contornos tão inesperados, que alguns princípios ou modelos, aparentemente adequados há poucos anos, revelam agora com mais nitidez os seus limites.

Aparentemente, a própria ideia de justiça complexificou-se acentuadamente nos últimos 20 ou 30 anos. Um dos aspectos dessa evolução relaciona-se com aquela ideia ter ganho uma importância como nunca tivera, não apenas na esfera da produção teórica, mas no plano do crescimento de uma *sensibilidade moral pública.* Efectivamente, verificou-se nas últimas décadas um aumento exponencial da literatura académica sobre questões de justiça, em áreas disciplinares diversas e produzida por especialistas de diferentes formações. No entanto, o fenómeno que aqui pretendo explorar é o aumento qualitativo, numa escala mais global, do interesse e percepção de questões de justiça por parte do público, num sentido alargado. Como se verá melhor, esta diferença qualitativa tem uma relação directa com o desenvolvimento de uma nova era da comunicação globalizada.

No que respeita à intensificação do que designámos sensibilidade moral pública a questões de justiça numa esfera transnacional, se este fenómeno de facto existir, é claramente determinado pela globalização da informação. As imagens que nos canais de televisão e na Internet circulam diariamente sobre limpezas étnicas, fome em sociedades dominadas por cleptocracias ou simplesmente processos eleitorais fraudulentos, dos quais a oposição é excluída, amplificam essa sensibilidade.

Apesar dos problemas de manipulação e limitação que esse fluxo de informação coloca, sobretudo em Estados não democráticos, mas também, ainda que com *nuances* diferentes, em Estados de direito, não será irrealista pôr a hipótese de que a sensibilidade às questões de justiça tem vindo a invadir crescentemente a esfera pública. O facto de esta hipótese ser plausível nada tem que ver com uma crença numa espécie de determinismo iluminista, mas apenas com a metamorfose estrutural que, a nível da percepção geral da justiça, tem sido produzida pelos poderosos *media* actuais, em particular a televisão e a Internet. As imagens acima referidas de populações à beira do extermínio pela fome em sociedades dominadas por poderes destrutivos são evidentemente pungentes e inaceitáveis. Porém, ainda que menos pungente, também se considera hoje inaceitável, por exemplo, a proibição do uso da Internet por parte de ditaduras. Tal comparação serve apenas para confirmar o nascimento de novas percepções no que respeita ao que chamamos de justiça global[1].

No que se segue, defenderei essencialmente dois pontos de vista. Em primeiro lugar, as democracias pluralistas com Estado de direito democrático[2] encontram-se em melhores

[1] O filósofo Jürgen Habermas foi dos primeiros a identificar a importância de factores comunicacionais nas questões de justiça global. Por exemplo, num ensaio de 1991, e referindo-se à emergência de novos fenómenos «político-mundiais», tais como a Guerra do Vietname, as mudanças revolucionárias no Leste Europeu ou a Guerra do Golfo, assinala que foi «através de *media* de massa electrónicos que estes acontecimentos foram trazidos instantaneamente a uma esfera pública ubíqua. No contexto da Revolução Francesa, Kant referiu as reacções de um público participativo. Naquela época, ele identificou o fenómeno de uma esfera pública mundial, a qual se tornou hoje numa realidade política, pela primeira vez numa matriz pública cosmopolita» (Habermas, Jürgen, *Staatsbürgerschaft und nationale Identität: Überlegungen zur europäischen Zukunft*, Erker-Galerie AG, Erker-Galerie Verlag Presse, 1991).

[2] Não se torna necessário para a defesa destes pontos de vista discorrer sobre a definição de *democracias pluralistas com Estado de direito*. Basta pensarmos em sociedades em que o poder político é legitimado pelo voto universal, cujas instituições protegem a diversidade de posições políticas, religiosas e diferentes opções de vida dos indivíduos e que organizam o Estado em poderes separados.

condições para responder a problemas de justiça global; em segundo lugar, e apesar dessa vantagem, tais Estados não podem resolver certas questões que são do foro da moral ou da ética. Defendo, pois, que problemas nessa esfera requerem não apenas iniciativas no plano político ou jurídico, mas sobretudo a sua inclusão como problemas na esfera do que chamei de esfera da *sensibilidade moral pública*. Acrescento que se existem problemas de justiça global, por assim dizer irresolúveis, já que pertencem essencialmente à esfera moral ou ética, são as democracias pluralistas com Estado de direito que podem promover as condições em que tais problemas são progressivamente elaborados na mencionada esfera da sensibilidade moral pública. Mais à frente exemplifico problemas deste tipo com os casos da migração maciça na Europa de refugiados e com aquilo que um filósofo como Thomas Nagel define como «desigualdade radical»[3].

1. Justiça nos limites do soberanismo: a via rawlsiana entre o soberanismo e o cosmopolitismo puros

De certa maneira, e simplificando as diferentes posições em confronto na discussão sobre justiça global na TRI, as concepções em maior destaque são, no essencial, representadas pelas opções soberanista e cosmopolita.

Diferenças no interior de cada uma das posições são de atender. Mas em relação às primeiras, todas partilham de um mesmo ponto de vista hobbesiano, segundo o qual é nos limites

---

[3] Nagel, Thomas, Poverty and Food: Why Charity Is Not Enough, *in* Pogge, Thomas e Moellendorf, Darrel (org.), *Global Justice: Seminal Essays*, Vol. 1, St. Paul, Paragon House, 2008, pp. 49–58. Este e o segundo volume com o mesmo título reúnem um dos conjuntos mais significativos de ensaios sobre a temática da justiça global.

das fronteiras de cada Estado que se exerce a justiça. Por outras palavras, aquilo a que chamamos justiça apenas pode realizar-se no quadro da relação entre indivíduos de cada Estado, titular de órgãos e poderes que o identificam precisamente como soberano. A referência à concepção hobbesiana justifica-se pela novidade introduzida por Hobbes na modernidade política, no que respeita à constituição do Estado soberano, a partir de um acordo original e fundador, afinal um pacto fundador da sociedade política entre indivíduos com interesses, medos e paixões iguais. A necessidade desse acordo inelutável é expressa em tons crus e altamente convincentes em vários trechos da sua obra maior, o *Leviatã* (1651), por exemplo, a propósito da tendência geral da espécie humana:

> Assinalo assim, em primeiro lugar, como tendência geral de todos os homens um perpétuo e irrequieto desejo de poder e mais poder, que cessa apenas com a morte. E a causa disto nem sempre é que se espere um prazer mais intenso do que aquele que já se alcançou, ou que cada um não possa contentar-se com um poder moderado, mas o facto de não se poder garantir o poder e os meios para viver bem que actualmente possuem, sem adquirir mais ainda.[4]

Para uma situação tão aparentemente sem esperança no que respeita a qualquer vislumbre de justiça ou estabilidade política, Hobbes apenas prevê como remédio a instituição de um poder soberano que resulte ou da submissão dos indivíduos a uma pessoa que os obrigue como um pai obriga os filhos, ou de uma submissão voluntária de todos a um só

---

[4] Hobbes, Thomas, *Leviatã*, cap. xi, tradução portuguesa de João Paulo Monteiro e Maria Beatriz Nizza da Silva, Lisboa, Imprensa Nacional-Casa da Moeda, 1995, p. 92.

homem «com a esperança de serem protegidos por ele contra todos os outros». Só a última opção é para ele válida, pois os objectivos da estabilidade e da justiça não são separáveis da submissão *voluntária* (ressalte-se aqui este termo) de todos a um único poder, sabendo cada um que todos os outros aceitam, inequivocamente, esse mesmo poder. Deve ainda salientar-se que aquilo que se encontra na base de tal pacto são os indivíduos, abstractamente considerados, e não quaisquer estruturas sociais supra-individuais, tais como classes, grupos ou corporações. Sobretudo no que concerne ao nosso tema, interessa reter que para a posição soberanista todos os problemas relativos à guerra e à paz, à justiça e à injustiça têm a sua solução, no único quadro de uma única sociedade política, por definição sob a tutela de um único poder soberano. É claro que não existem hoje em dia posições soberanistas puras, assim como não existem cosmopolitismos puros. Por outras palavras, numa era de globalização financeira, económica e comunicacional, não são credíveis posições de uma absoluta recusa de quaisquer elementos de soberania partilhada. Tal seria o caso de um soberanismo tão radical como impossível. Por outro lado, um cosmopolitismo puro também não parece viável, na medida em que as instituições e a vida política não podem deixar de se inserir em formas de vida culturais e éticas com especificidades que não é possível nem desejável eliminar.

De facto, no actual contexto histórico e político, o soberanismo *tout court* em questões de justiça não é praticamente defendido no domínio de uma TRI, embora se assista, neste preciso momento, à emergência de atitudes isolacionistas, das quais a que pode ter maior impacto é a defesa de uma «America first» («América em primeiro lugar»). No entanto, na prática, o soberanismo, neste sentido mais estrito, mesmo protagonizado pela maior potência mundial, não parece ser hoje plausível e o que se verifica é que impulsos isolacionistas, motivados geralmente por retóricas eleitorais, são seguidamente «corrigidos». Veja-se o que sucede com a retórica trumpista anti-China ou a linguagem dos promotores do *Brexit*: a China continua afinal a ser um parceiro comercial estratégico dos Estados Unidos da América (EUA) e a circulação de cidadãos da União Europeia (UE) de e para o Reino Unido não pode ser completamente bloqueada, sob pena de graves danos para a própria economia britânica.

Todavia, são variadas as posições soberanistas mais ou menos moderadas, por oposição aos igualmente variados cosmopolitismos. Um soberanismo moderado reconhece que existem problemas típicos de justiça global, mas associa esta à ideia de que cada Estado deve fazer o seu trabalho local, sem utopicamente pretender que tais problemas se resolvam à custa de perdas dramáticas de soberania nacional. A verdade é que aquilo que pode ser aqui designado como soberanismo moderado tende a confundir-se com versões do cosmopolitismo que teorizam o conceito de uma justiça global nas relações internacionais, sem abandonar o ponto de vista e a realidade de Estados soberanos. É o caso de John Rawls e da sua concepção de *lei dos povos* («law of peoples»), formulada no livro com o mesmo nome. A importância desse texto advém de ele representar, nos termos do próprio Rawls, a aplicação às relações internacionais dos princípios de justiça, tornados famosos no seu livro seminal *Uma Teoria da Justiça* (1971). Nesse sentido, trata-se de uma contribuição central para a discussão sobre justiça global e para a TRI, na sequência do papel fundador para uma nova teoria da justiça que tivera no seu livro de 1971. Vale a pena determo-nos um pouco no seu livro *A Lei dos Povos* (1999), não apenas pela sua importância intrínseca no domínio da nossa temática, mas porque representa em boa medida a posição referida acima como «soberanismo moderado» com objectivos cosmopolitas.

Na verdade, a teoria de Rawls nesse livro possui elementos tanto cosmopolitas como soberanistas, porque os princípios morais que ele propõe para o concerto das nações envolvem modificações na tradicional concepção soberanista, sem, no entanto, porem em causa a existência como tal de Estados soberanos. Por outro lado, não é menos certo que tais princípios estabelecem regras para os Estados no seu conjunto, ainda que não se assumam como regras de *um* Estado, coercivamente impostas aos outros. Trata-se de uma teoria ideal (Rawls refere-se-lhe como uma «utopia realista») que simula o contrato entre indivíduos das teorias clássicas do contratualismo moderno. É precisamente na aproximação entre os princípios de tipo contratualista próprios do pacto fundador, o qual está na base da *civitas* ou *Commonwealth* (comunidade política), e uma teoria que se pretende aplicar aos diferentes povos que reside a dificuldade inerente à concepção rawlsiana de *A Lei dos Povos.*

Diferentes críticos de tendências mais ou menos cosmopolitas debateram limitações da teoria, quer para acentuar a sua falta de dimensão cosmopolita, quer para criticar a centralidade que, na visão de Rawls, possui ainda o Estado contratualista[5]. Sobretudo, o que é evidenciado por esses autores é a falta, no modelo de Rawls, de justiça distributiva e a ausência de transferência efectiva de recursos e riqueza de sociedades ricas para sociedades pobres. Em particular, o que é invariavelmente criticado é o obstáculo soberanista que ainda é mantido pelo modelo desenhado na obra de Rawls.

É um facto que Rawls se mantém fiel ao projecto kantiano de uma associação de Estados soberanos que partilham um perfil político republicano comum. Essa liga (*Bund*) de Estados soberanos teria como objectivo o estabelecimento de

---

[5] É o caso de autores como Berry, Brian, «Ethics, Economics, and Law», *Nomos* XXIV, 1982, pp. 219–252 ou Pogge, Thomas, Cosmopolitanism and Sovereignty, *Ethics* 103, University of Chicago Press, 1992: pp. 48–75.

uma paz duradoura, assente numa constituição republicana (*republikanische Verfassung*)[6]. No célebre tratado de 1795, dedicado precisamente a esse desígnio, Kant escreve que «deve existir uma liga de um tipo especial que se deve chamar Liga para a Paz (*Friedensbund*) (*foedus pacificum*) e aquilo que a deve distinguir de um pacto de paz (*pactum pacis*) é o facto de este último procurar acabar com uma só guerra, enquanto a primeira pretende acabar com toda a guerra, qualquer que ela seja. Esta liga não procura adquirir qualquer poder próprio de um Estado, mas apenas preservar e assegurar a liberdade de um Estado em si mesmo e, do mesmo modo, de outros Estados pertencentes à mesma liga, porém sem que haja aí necessidade de se sujeitarem eles próprios a leis públicas e a uma coerção entre si mesmos (como deve acontecer ao povo no estado de natureza)»[7].

Este é um programa que Rawls declaradamente retoma[8], mas que sente necessidade, por assim dizer, de completar, dadas as exigências que o mundo actual coloca, nomeadamente no que respeita a questões de justiça que vão além da protecção constitucional das liberdades. O modelo de sociedade justa que já havia sido fixado anteriormente na sua obra maior,

---

[6] Na realidade, Rawls, consciente da dificuldade com que se defronta uma teoria global da justiça que mantenha a noção clássica de soberania do Estado, sugere uma distinção entre Estado e povo, manifestando preferência por este útimo termo. No entanto, percebe-se que o uso de «people» não elimina o carácter irredutível e de igual modo problemático do conceito para um programa com objectivos cosmopolitas, como é o seu. No início do livro, é afirmado que «estes povos possuem os seus governos internos, os quais podem ser liberais, democráticos e constitucionais ou não liberais, mas governos decentes» (Rawls, John, *The Law of Peoples*, Harvard, Harvard University Press, 2002, 4.ª ed., pp. 22–23).

[7] Kant, Immanuel, *Zum ewigen Frieden*, Ak. Ausg. 08: 356 (existe tradução portuguesa de Artur Morão: A Paz Perpétua, *in A Paz Perpétua e Outros Opúsculos*, Lisboa, Edições 70, 1988, pp. 119–171).

[8] Rawls, John, *op. cit.*, pp. 36–37.

Uma Teoria da Justiça, assenta na construção política e institucional (as estruturas básicas da sociedade) a partir de dois grandes princípios que não são abandonados posteriormente. São eles:

a) cada sujeito tem direito a um igual e tão extenso quanto possível conjunto de liberdades fundamentais, compatíveis entre si;
b) as diferenças económicas apenas se justificam quando contribuírem para a melhoria da situação dos mais desfavorecidos.

Sem entrar na discussão destes princípios, respectivamente o da «igualdade» e o da «diferença» (talvez o tópico mais discutido em toda a filosofia política contemporânea), limitar-me-ei a observar que, para manter a coerência da sua teoria da justiça entre nações ou povos, Rawls propõe a definição de um modelo à semelhança do que tinha identificado para a justiça numa só sociedade.

No entanto, tal dedução de um modelo de justiça global a partir dos princípios expostos acima apresenta problemas diversos, entre os quais destacaria dois. Desde logo, a transposição do primeiro princípio da justiça do interior de um Estado para o plano internacional tem como consequência que ficariam de fora dessa plataforma de justiça internacional todos os Estados não democráticos e não liberais. Esse seria, de facto, um resultado de acordo com o projecto de um direito dos povos no âmbito do programa kantiano, pensado unicamente para Estados designados republicanos. Contudo, o que é pretendido em *A Lei dos Povos* é que as relações internacionais assentem em princípios morais (supõe-se que determinando alguma normatividade institucionalizada) que permitam acolher sociedades hierarquizadas «decentes» (*decent hierarchical peoples*), as quais, ainda que não democráticas nem de direito constitucional liberal, respeitam uma «ideia comum de justiça», particularmente associada a direitos humanos inalienáveis, entre os quais «o direito à vida (aos meios de subsistência e segurança); à liberdade (relativamente a escravatura, servidão, ocupação forçada e a uma medida suficiente de liberdade de consciência que assegure a liberdade religiosa e de pensamento); à propriedade (propriedade pessoal); e à igualdade formal tal como é expressa nas regras de justiça natural (isto é, casos semelhantes devem ser tratados de forma semelhante). Direitos humanos assim entendidos não podem ser rejeitados na base de serem peculiarmente liberais ou específicos da tradição ocidental»[9].

Compreende-se que assim seja, pois só englobando este tipo de sociedades será possível uma nova espécie de cosmopolitismo baseada em princípios de justiça válidos e aceites por povos com estruturas sociais, políticas e culturais diferentes.

O pensamento de Rawls evoluiu após a sua primeira teoria da justiça, no sentido de acomodar o pluralismo das concepções e formas de vida das sociedades actuais aos princípios identificados na sua teoria da justiça. Isso só poderia ser bem-sucedido se lhe fosse retirada qualquer carga de teor metafísico ou religioso e no caso de os princípios subjacentes perderem a característica moral a que estavam associados na obra de 1971. É a razão pela qual Rawls qualifica posteriormente a teoria como política e não moral.

Porém, se esse é o tipo de reformulação que é proposto nos textos que dão corpo ao livro *O Liberalismo Político* (1993), trata-se ainda de um programa em que o conceito de justiça se aplica a uma só sociedade e não a um conjunto de sociedades do ponto de vista das relações internacionais. Talvez por isso mesmo, em *A Lei dos Povos,* Rawls se debate com a

---

[9] *Idem, ibidem,* p. 6.

dificuldade de manter o estatuto puramente político do programa de justiça internacional, pois esse estatuto pretendia resolver o problema do pluralismo de concepções no interior de uma sociedade: pessoas ou grupos de concepções de vida diferentes podem racionalmente aceitar um mesmo quadro institucional político. Num âmbito doméstico, essa racionalidade institucional resulta facilmente de um consenso puramente político, sem contaminação de ordem moral, religiosa ou metafísica. No entanto, os princípios que são gerados num quadro contratualista para um só povo não se transferem facilmente para um quadro só *aproximadamente contratualista*, com instituições transnacionais. O que se liga com uma segunda dificuldade.

Essa diz respeito à *justiça distributiva* num quadro de justiça global. A interpretação do programa rawlsiano aí aplicado consistiria em considerar válido e possível o segundo princípio da diferença mencionado no início. Porém, a objecção que imediatamente surge é a de que as nações mais ricas têm, nalguns casos pelo menos, argumentos legítimos para recusar determinado tipo de partilha de riqueza com as mais pobres. Tal objecção até pode ser contrariada de um ponto de vista utilitarista, ou seja, poderá ser invocado pelos defensores de uma justiça distributiva à escala global que a transferência de riqueza se justifica pois aumenta a média de rendimento disponível nessa escala. O argumento utilitarista pode mesmo ser completado com outro de tipo consequencialista: o efeito dessa distribuição também seria positivo, pois diminuiria o perigo de revoluções violentas indesejáveis, ou mesmo de fenómenos como o terrorismo, etc. No entanto, o argumento contrário, antidistributivista, não deixa de ser forte, ao sublinhar que a criação de riqueza daquela nação em particular se deve ao trabalho, iniciativa, sacrifício, etc., daquele povo em particular. Portanto, continua o argumento, qualquer tipo de distribuição só deve ocorrer se for permitido pela população mais rica[10].

Para muitos autores, este é um tipo de argumento típico da caridade e não da justiça, para outros, é o raciocínio que demonstra que a justiça global é um ideal que não consegue passar por cima da prioridade das soberanias no plano internacional. De qualquer modo, é plausível que o programa de Rawls de um direito dos povos de um ponto de vista cosmopolita possua sobretudo a característica de um guia moral ou ético, importante para enformar e guiar a conduta política. A aplicação a este problema da distribuição de riqueza interestados dos dois princípios fundamentais de justiça obtidos por sujeitos racionais, numa posição original[11], acabará eventualmente por gerar mais dificuldades do que as que resolve. Sendo assim, a edificação de instituições internacionais acabará por se fazer, em primeiro lugar, a partir de direitos humanos reconhecidos, no quadro de *democracias pluralistas com Estado de direito.* Deste ponto de vista, o programa de Rawls acaba por não introduzir factores essenciais diferenciadores relativamente ao projecto kantiano da paz perpétua: à

---

[10] Sem nos colocarmos num plano de justiça global, este é o tipo de problema que está em jogo, mesmo no interior de Estados em que regiões mais pobres reclamam a transferência de mais riqueza das regiões mais ricas. É aliás a mesma questão que se coloca neste momento dentro da UE relativamente ao Norte rico e à periferia, questão sentida mais dramaticamente durante a recente recessão.

[11] Não se torna necessário recapitular aqui esse conceito central na teoria da justiça rawlsiana. Basta recordar que essa posição, «puramente hipotética», é assumida por sujeitos racionais e razoáveis, os quais, impondo a si mesmos um véu de ignorância (mais ou menos espesso), escolhem os princípios que devem estar na base das instituições estruturais de uma sociedade justa. Ver Rawls, John, *A Theory of Justice,* Oxford, Oxford University Press, 1971, em particular os capítulos 4 e 11 (tradução portuguesa de Carlos P. Correia, *Uma Teoria da Justiça,* Lisboa, Editorial Presença, 1993).

semelhança de Kant, Rawls não introduz conteúdos relevantes além dos direitos e obrigações universalmente reconhecidos. O próprio acolhimento de outras sociedades apenas «decentes» nesse «direito dos povos» ou nessa «liga de repúblicas» nunca acontecerá contra um núcleo de direitos humanos, implicitamente pressupostos em democracias constitucionais liberais.

2. Diferentes esferas de deveres no quadro da justiça global: os casos dos refugiados e da pobreza

Chegados aqui, convém retomar os pontos que, no início, enunciei como sendo posições que defendo na discussão sobre justiça global.

Afirmei, em primeiro lugar, que as democracias pluralistas com Estado de direito democrático são os regimes que se encontram em melhores condições para responder a problemas de justiça global. A digressão que foi feita pelo livro de Rawls evidencia as limitações de uma teoria da justiça global, cujos princípios o autor pretende deduzir da sua primeira teoria para o domínio do direito internacional. A crítica do cosmopolitismo radical ao programa rawlsiano entende que tal é possível, em particular na efectivação de uma justiça distributiva à escala mundial. A resposta de Rawls a esse tipo de críticas consiste em estender a sociedades «decentes» (não democráticas, nem liberais) um direito dos povos. Mas o núcleo e ponto de partida para uma sociedade das nações bem ordenada é a identificação de um núcleo de direitos humanos que só democracias pluralistas com Estado de direito podem proteger na íntegra. É mesmo reconhecido que países que preservem esse núcleo são mais capazes de progredir economicamente: a justiça nas instituições de países democráticos e liberais geralmente promove o bem-estar económico, embora haja diferentes níveis de riqueza entre aquelas. Rawls nota que «um governo que permite que o povo morra com fome quando isso pode ser prevenido reflecte uma falta de respeito pelos direitos humanos, e regimes bem ordenados, tal como os descrevi, não permitirão que isso aconteça»[12].

Também afirmei, em segundo lugar, que os princípios que sustentam as relações internacionais no projecto rawlsiano têm uma qualidade essencialmente ética (por ele reconhecidos como direitos humanos) e que, por isso mesmo, não são de molde a constituir coercivamente instituições transnacionais a que todos estejam obrigados. É assim que certas questões de justiça global permanecem sem solução. Acontecimentos como genocídios ou limpezas étnicas por questões religiosas ou simplesmente racistas são facilmente identificáveis no quadro de um direito dos povos, existindo para tais crimes instituições internacionais adequadas[13].

No entanto, é plausível que problemas típicos de justiça global sejam resolvidos automaticamente pelo simples facto de os Estados envolvidos serem democracias pluralistas com Estados de direito? A resposta é negativa, pois, se é certo que problemas característicos de justiça global, como por exemplo a exploração abusiva de recursos humanos por empresas transnacionais ou a migração maciça por razões de guerra ou fome, encontram uma solução mais fácil naquele tipo de Estados, a verdade é que frequentemente, mesmo nesse quadro, parecem problemas sem solução. Ou, pelo menos, sem uma

---

[12] Rawls, John, *op. cit.*, 2002, p. 109.

[13] Por exemplo, o Tribunal Internacional de Justiça, em Haia, órgão judicial das Nações Unidas, destinado a julgar crimes contra a humanidade. Como se sabe, algumas grandes potências recusam a sua jurisdição, pelo menos nalguns casos, invocando razões de segurança nacional.

solução que atenda a critérios de justiça clássicos próprios dos que são solucionados em cada Estado.

De facto, a solução de problemas típicos de justiça global não ofereceria grandes dificuldades, não fora o levantamento de obstáculos políticos por parte de certos Estados. Todavia, casos existem que, por assim dizer, resistem a soluções jurídicas, precisamente porque a sua esfera de solução é essencialmente ética, num contexto de inexistência de coerção institucional na esfera transnacional.

Considere-se o caso das migrações e da obrigação de os diferentes Estados da UE acolherem refugiados, tal como se tem apresentado actualmente na Europa. Desde logo, parece mais adequado falarmos em «obrigação moral» de acolhimento, e não tanto de obrigação política e ainda menos jurídica. De facto, a questão tem sobretudo contornos morais, porque humanitários: é a dignidade daquelas pessoas em concreto que está em causa, até mesmo, em muitos casos, a sua sobrevivência. Esse tipo de obrigação de natureza moral aparece evidente quando não se trata de acolher pessoas que, porventura, teriam sido expulsas do território a que agora pretenderiam regressar. O mesmo acontecerá em situações em que os países de acolhimento têm uma dívida especial para com este ou aquele grupo de migrantes que, em qualquer momento da História, foram expulsos, espoliados ou gravemente ameaçados por Estados a que agora regressam[14].

---

[14] Não é difícil imaginar situações deste tipo. Basta pensar no retorno à Alemanha de refugiados judeus, porventura tornados apátridas no período nazi, ou no regresso de palestinianos às suas terras de origem, forçados a sair delas por ocasião da constituição do Estado de Israel. No primeiro caso, a «dívida moral» é de tal natureza, que não são imagináveis quaisquer dificuldades políticas no acolhimento desses refugiados. É muito interessante, objectiva e simbolicamente, o que se passa com descendentes de refugiados judeus no Reino Unido que, por causa do *Brexit*, pretendem emigrar para

No caso do acolhimento de refugiados, tal como se coloca presentemente na UE, mesmo que essa obrigação seja eticamente evidente, não se vê como a traduzir em norma com coercividade político-jurídica, além da pressão política de uns países sobre outros. Os casos actuais na UE, sobretudo de países como a Polónia e a Hungria, são exemplificativos desta circunstância em que Estados de uma união política de Estados de direito interpretam de forma singular obrigações éticas, sem efectividade no plano jurídico.

Um segundo exemplo típico de justiça global, essencialmente de características éticas, é o que respeita a uma solução para fenómenos de «desigualdade radical»[15]. Vimos como a

---

a Alemanha: https://www.theguardian.com/world/2016/oct/30/uk-descendants-of-jewish-refugees-seek-german-citizenship-after-brexit-vote. De alguma forma, a dificuldade causada pelo *Brexit* devolve a memória viva das vítimas do nazismo e dos seus descendentes ao lugar a que sempre pertenceram enquanto cidadãos.

De qualquer modo, mesmo que, neste momento, para certos países da UE, a obrigação de acolhimento não se apresente com a forma de uma «dívida moral», intuitivamente não deixa de se apresentar como obrigação moral, sendo clara a sua característica ética. O que está em causa não é, pois, a simples reparação de um dano produzido por um Estado ou povo a um conjunto de pessoas, mas a consciência de um dever humanitário de natureza universal. Essa é hoje a questão essencial levantada – a qual está longe de ser resolvida – no interior da UE por Estados-membros.

No segundo caso, ou seja, o regresso dos palestinianos, as dificuldades políticas são diferentes, embora a dívida moral seja igualmente evidente, salvaguardadas as diferenças relativamente a esse crime único que representa o Holocausto. Como é sabido, além da questão do estatuto de Jerusalém, é o repatriamento de população, ou dos seus descendentes, que vivia naquele território, agora Israel, que levanta mais dificuldades a um entendimento entre Israel e os Estados árabes da região.

[15] No artigo já mencionado, Thomas Nagel define nos seguintes termos esta noção: «Uma desigualdade radical existe quando a base se encontra na mais terrível situação e o topo no maior conforto e mesmo luxo, sendo que a oferta é suficientemente grande para aumentar o nível da base acima da

justiça distributiva que funciona, no modelo de uma teoria rawlsiana da justiça, num âmbito doméstico não é transponível automaticamente para o plano internacional. A constituição de regras que procurassem responder a problemas desse tipo não é susceptível de passar por cima de redutos inamovíveis de soberania de Estados. Por outro lado, a iniciativa assistencial por parte de sociedades ricas (acção caritativa), embora importante, não responde ao que é suposto pelo próprio conceito de uma justiça global. Ante este tipo de problemas, aparentemente insolúveis, haverá que reforçar a *pressão ética* que as democracias pluralistas com Estado de direito devem encabeçar, de forma que uma crescente sensibilidade pública moral se imponha gradualmente.

Aparentemente a noção é abstracta, mas na era da comunicação global ganha contornos cada vez mais precisos e torna evidente problemas de justiça que ainda há poucos anos não eram percebidos como tal.

Referências e leituras recomendadas

Barcelos, Paulo e De Angelis, Gabriele (org.), *International Development and Human Aid*, Oxford, Oxford University Press, 2017.

Beitz, Charles R., *Political Theory and International Relations*, Princeton, Princeton University Press, 1999 [1979].

Freeman, Samuel, *Justice and the Social Contract: Essays on the Rawlsian Political Philosophy*, Oxford, Oxford University Press, [*s.d.*].

Habermas, Jürgen, *Die postnationale Konstellation: Politische Essays*, Francoforte do Meno, Suhrkamp, 1998.

necessidade extrema, sem levar a uma privação significativa daqueles que se encontram acima» (Nagel, Thomas, *op. cit.*, p. 50).

HABERMAS, Jürgen, *Multikulturalismus und die Politik der Anerkennung*, Francoforte do Meno, Suhrkamp, 2009.

KANT, Immanuel, *Zum ewigen Frieden*, Ak. Ausg. 08: 356 (tradução portuguesa de Artur Morão: A Paz Perpétua, *in A Paz Perpétua e Outros Opúsculos*, Lisboa, Edições 70, 1988).

NAGEL, Thomas, The Problem of Global Justice, *Philosophy and Public Affairs* 33, 2005: pp. 113–147.

POGGE, Thomas, *World Poverty and Human Rights: Responsibility and Reforms*, Cambridge, Polity, 2002.

POGGE, Thomas e MOELLENDORF, Darrel (org.), *Global Justice: Seminal Essays*, 2 vol., St. Paul, Paragon House, 2008.

RAWLS, John, *A Theory of Justice*, Oxford, Oxford University Press, 1971 (tradução portuguesa de Carlos P. Correia, *Uma Teoria da Justiça*, Lisboa, Editorial Presença, 1993).

RAWLS, John, *The Law of Peoples*, Harvard, Harvard University Press, 2002, 4.ª ed.

Convicção e responsabilidade na ética da globalidade

Luís Moita

Universidade Autónoma de Lisboa

O objectivo deste capítulo é o de propor uma fundamentação da pertinência dos critérios morais na esfera das relações internacionais. Para o tentar, adoptaremos três registos: uma concepção relacional e cosmopolita da ética, uma visão construtivista dos seus imperativos e uma perspectiva de complexidade problemática. E, como se verá, usaremos os termos «ética» e «moral» como sinónimos, um de origem grega, outro latina.

Quem ensaia uma tentativa deste género logo se depara com um paradoxo: de um lado, a convicção razoavelmente generalizada de que o agir no campo das relações internacionais não se compadece com considerações morais; do outro, a proliferação, nos últimos tempos, de estudos científicos sobre o tema.

Compreende-se a razão de ser da aludida convicção. Se a própria acção política, aos olhos da opinião pública, parece dificilmente compatível com a rectidão moral, a decisão política no domínio do internacional, com maioria de razão, seria renitente a subordinar-se a princípios éticos. Uma longa tradição ocidental, de Maquiavel a Hobbes, sustenta este preconceito do senso comum.

Tal ponto de vista faz lembrar o sentimento atribuído por Brecht a uma personagem da sua peça *O Círculo de Giz Caucasiano*, a qual acabaria por sucumbir à «terrível tentação da bondade». A bondade como tentação! Uma atracção à qual, de modo particular, o governante deveria resistir. O desejo de ser bondoso, logo, moralmente recomendável, não deveria constar das suas virtudes. Na vida internacional, em que impera a lei do mais forte, menos cabimento teria a bondade e não haveria altruísmo capaz de vencer o supostamente inelutável egoísmo nacional. Paul Ricoeur chama justamente a citada frase de Brecht para sublinhar «o perigo da bondade num mundo de maldade» (Ricoeur, 1955, p. 246).

Todavia, em contraste com este pressuposto, assistimos a um florescimento da reflexão teórica acerca do tema. Um florescimento que, seja dito, não é de agora. Nas primeiras décadas do século XX, já se notava uma atenção especial à questão moral na vida internacional e são conhecidos alguns momentos particularmente emblemáticos desta tendência. O magnata americano Andrew Carnegie cria, ainda antes da guerra, o Carnegie Council for Ethics in International Affairs. Em 1923, no primeiro número da influente *Foreign Affairs*, o filósofo e moralista John Dewey (1859–1952) publica um artigo com o título «Ethics and International Relations». Pouco antes, Alfred Zimmern (1879–1957) assume a sua cátedra de Relações Internacionais no University College do País de Gales em 1920, em reacção à barbárie de 1914–1918. Em 1932, o teólogo protestante Reinhold Niebuhr (1892–1971) publica a sua obra *Moral Man and Immoral Society*, de grande influência no futuro pensamento dito «realista», o que não o impede de introduzir como subtítulo *A Study in Ethics and Politics.* Mais tarde, em 1939, o historiador inglês Edward Hallett Carr (1892–1982), no seu livro *The Twenty Years' Crisis, 1919–1939: An Introduction to the Study of International Relations*, introduz um capítulo sobre a moral internacional no qual afirma que «a opinião de que o mesmo padrão ético é aplicável tanto ao comportamento dos Estados quanto ao dos indivíduos está tão distante da crença corrente como a opinião de que nenhum padrão se aplica aos Estados» (CARR, 2001, p. 201).

Estes exemplos de autores considerados «clássicos» pelos estudiosos de Relações Internacionais são confirmados na actualidade pela profusão de obras e sítios de referência dedicados ao tema. Vejamos alguns casos bem ilustrativos. Klaus-Gerd Giesen, de origem alemã, professor na Universidade de Clermont Auvergne em Clermont-Ferrand, França, publica já em 1992 um notável livro sobre a ética das relações internacionais, com o subtítulo *Les théories anglo-américaines contemporaines*, que ele analisa ao longo de mais de 300 páginas; na sua vasta bibliografia, inventaria nada menos do que 366 livros e quase 600 artigos sobre o tema (GIESEN, 1992). Já no século XXI, a Universidade das Nações Unidas edita uma importante colectânea de estudos coordenada por J.-M. Coicaud e D. Warner, sobre a extensão e os limites da ética no domínio do internacional (COICAUD e WARNER, 2001). Mais recentemente, Mervyn Frost, professor no King's College de Londres, publica em 2009 o livro *Global Ethics: Anarchy, Freedom and International Relations*, enquanto, de novo em língua francesa, J.-B. J. Vilmer e Ryoa Chung coordenam, já em 2015, uma obra de envergadura intitulada *Éthique des relations internationales*.

E muitos outros exemplos se poderia acrescentar, incluindo em língua portuguesa, alemã, espanhola ou italiana. Será uma reacção erudita tentando contrariar a percepção corrente do homem comum? Esta multiplicação de estudos científicos é tanto mais significativa quanto, em linha de princípio, há resistências justificadas à ideia de teorias normativas. Os cientistas sociais que trabalham no domínio do internacional preferem, à partida, explicar a realidade, mais do que orientar as condutas, quando mais não seja para fugir ao risco do moralismo.

Isso não impede, porém, que enfrentem a dificuldade de resolver a equação ética/relações internacionais.

1. A tentação do dualismo e a ética da responsabilidade

Um certo número de pensadores tenta superar esta dificuldade recorrendo a uma espécie de bifurcação entre duas morais distintas. Não o referimos tanto no sentido de Platão, que, ao associar virtude e ciência, distingue uma ética exigente e sábia, aristocrática e elitista, de uma outra ética corrente, do homem vulgar, menos capaz de atingir a virtude – tema platónico depois desvirtuado por Nietzsche com a visão da suposta moral do super-homem e com o entendimento binário da ética: a moral «nobre» e a moral dos escravos. Segundo uma lógica bem diferente, David Hume, nos finais do século XVIII, no seu Livro III sobre a moral do *Tratado da Natureza Humana*, distingue a moral do príncipe da moral do homem comum: o estatuto do príncipe, no exercício da sua autoridade, consente-lhe a fácil transgressão das normas estabelecidas, como se estivesse acima da lei, em contraste com as pesadas exigências da moralidade quotidiana para a generalidade dos humanos; a moral do príncipe permite a excepção, o abuso do poder, porventura em nome do bem comum.

Mas o mais notório exemplo da visão de uma ética dual é o do pensamento de Max Weber (1864–1920), com a sua bem conhecida distinção entre ética da responsabilidade e ética da convicção. Este é um pensamento que merece alguma atenção. Max Weber, na sua célebre conferência de 1919, ocupa-se longamente do *éthos* da política (WEBER, 2017, p. 63), sabendo que uma razão de fundo impede qualquer inocência: quem queira fazer política como profissão «associa-se aos poderes diabólicos que espreitam em toda a violência» (*ibid.*, p. 76), tanto mais que «o meio decisivo da política é a violência» (*ibid.*,

p. 69). A acção política visa o exercício do poder ou consiste nele, e o exercício do poder está associado à violência, logo, a algo dificilmente compatível com os critérios morais. Daí a dualidade que Weber estabelece:

> Toda a acção eticamente orientada se pode ajustar a *duas* máximas fundamentalmente distintas, irremediavelmente opostas: pode orientar-se segundo a «ética da convicção» ou de acordo com a «ética da responsabilidade». Não é que a ética de convicção se identifique com a irresponsabilidade, e a ética de responsabilidade com a falta de convicção. De modo algum se trata disso. Há, sim, uma oposição abissal entre agir segundo a máxima da convicção [...] ou segundo a máxima da ética da responsabilidade: que se tenham em conta as consequências (previsíveis) da própria acção. (*Ibid.*, p. 68)

É verdade que, um pouco mais à frente, Max Weber atenua a oposição entre as duas posturas nestes termos: «A ética da responsabilidade e a ética da convicção não são, a este respeito, opostos absolutos, mas complementos, que constituirão em conjunto o homem autêntico» (*ibid.*, p. 78). Mas, mesmo com esta ressalva, fica clara a bifurcação numa espécie de moral binária. A esta luz dir-se-ia que o agente político – e com maioria de razão, o actor da vida internacional –, investido como está de pesadas responsabilidades, não pode agir em conformidade com as suas convicções morais, já que visa resultados, se necessário sacrificando princípios.

Ainda segundo Weber, «nenhuma ética do mundo pode iludir o facto de que para a consecução de fins «bons» se deve contar, em inúmeros casos, com meios moralmente duvidosos ou, pelo menos, perigosos, e com a possibilidade ou também a probabilidade de consequências laterais moralmente más» (*ibid.*, p. 69).

A distinção weberiana entre ética da convicção e ética da responsabilidade tem certamente alguma fundamentação e é portadora de aspectos tentadores, mas não resiste a uma análise mais cuidada. Os dilemas acerca da aplicação ou aplicabilidade das convicções, bem como as incertezas em torno da avaliação das consequências dos nossos actos, colocam-se em qualquer situação moral e não apenas na esfera da política, seja interna seja externa. A decisão moral põe sempre à prova as nossas convicções e é sempre um exercício de responsabilidade. Possivelmente, a atitude que Max Weber designa como «ética da convicção» está próxima do que se poderia chamar «moralismo», entendido como aplicação acrítica de normas fixas, como se o sujeito moral fosse apenas executor de um código. E a sua «ética da responsabilidade» aproxima-se, por sua vez, de um «consequencialismo» para o qual os fins justificam os meios, desde que as consequências da acção sejam favoráveis. Ao longo deste capítulo, procuraremos mostrar que o recurso a uma visão dual da ética está desfocado e são mais os problemas que suscita do que os que resolve.

De qualquer modo, devemos reter do pensamento de Max Weber a importância da moral da responsabilidade, tema aliás retomado com invulgar profundidade por Hannah Arendt (1906–1975) no seu livro *Responsabilidade e Juízo* (Arendt, 2007), a propósito do julgamento de Eichmann em Jerusalém e do antecedente julgamento de Nuremberga, em que aborda inclusive o espinhoso problema da responsabilidade colectiva; além de que a mesma questão da responsabilidade é tratada por um outro judeu alemão, Hans Jonas (1903–1993), então no contexto da civilização tecnológica, situando-se no interior do dramatismo da questão ecológica e preconizando uma ética de responsabilidade em relação ao ecossistema e ao planeta Terra (Jonas, 1995).

2. A responsabilidade ética no domínio do internacional

Mais tarde regressaremos a alguns destes temas, mas centremo-nos de novo na equação ética/relações internacionais. A generalidade dos pontos de vista acerca desta equação fica presa a dois pressupostos que resultam paralisantes: o primeiro é o estatocentrismo; o segundo é a presunção de que o Estado é um sujeito moral.

O estatocentrismo é um vício tradicional dos estudos de relações internacionais, designadamente do pensamento dominante que é o das teorias ditas «realistas», para as quais o chamado Estado-nação é o actor, praticamente exclusivo, da cena internacional. Mas ao reservar o exercício da moralidade internacional ao actor «Estado», tal exercício quase se limita aos governantes nacionais que tomam decisões em política externa, deixando assim de fora da ética internacional todos aqueles múltiplos actores que actuam na esfera do internacional e, em última análise, todos os que assumem responsabilidades no quadro da cidadania global. Sejamos claros: mais e mais nos nossos dias, a intervenção nos assuntos mundiais deixou de ser prerrogativa dos poderes da soberania tradicional para ser campo de actuação de todos os agentes dos domínios económicos e empresariais, políticos e multilaterais, estratégicos e militares, científicos e ambientais, culturais e comunicacionais... Como escreve F. Ramel, «a ética da política externa não se confunde com a ética das relações internacionais» (*apud* Vilmer e Chung, 2015, p. 459). Em suma, a moral internacional não é um peso exclusivo sobre os ombros dos governantes, mas exerce-se na multiforme interacção das pessoas no âmbito da sociedade universal, isto é, o seu espaço é delimitado pelo próprio perímetro da cidadania cosmopolita.

O ponto de vista estatocêntrico mais distorce a equação que nos ocupa na medida em que, pelo menos implicitamente, atribui ao Estado o papel de sujeito moral. Nesse quadro mental o Estado aparece personificado, como uma entidade que subsiste em si mesma, subordinada a uma lógica própria. A essa luz, a acção do Estado não teria de se conformar com os valores morais comuns, pois seria portadora do «interesse nacional» num cenário de inevitável choque de interesses (a «anarquia internacional»), tendo sempre disponível o uso da força (o «monopólio da violência legítima») para fazer valer os seus intuitos. Nos nossos dias, ocorreu um processo idêntico nas sociedades na quase personificação dos «mercados»: na sua abstracção, os mercados teriam sentimentos, seriam incontroláveis, não escrutinados, subordinados a uma suposta lógica económica e, todavia, poderosos. Contra essas concepções, convém reafirmar que tanto o Estado, na sua qualidade de «comunidade imaginada» (feliz expressão de Benedict Anderson), como os mercados são constituídos por pessoas, seres humanos, esses sim sujeitos morais. Eles estão, é certo, condicionados por dinâmicas colectivas e por pressões institucionais, mas isso não lhes rouba a prerrogativa da livre escolha.

Seja permitido um exemplo ilustrativo. São conhecidas as críticas do Prémio Nobel da Economia Joseph Stiglitz (1943–) às políticas do Fundo Monetário Internacional (FMI). Os numerosos «erros» cometidos por essa instituição – seja o modo como lidou com a transição russa para a economia de mercado favorecendo a oligarquia corrupta, seja como suspendeu a ajuda à Etiópia com desastrosos resultados sociais, seja nos programas de ajustamento estrutural para os países endividados – não foram medidas abstractas determinadas por qualquer mecanismo incontrolável, mas antes opções tomadas por decisores políticos em obediência a interesses do mundo financeiro ocidental e a ideologias neoliberais. Quando estavam em causa as necessidades sociais de multidões e os interesses dos bancos credores, a decisão ia no sentido de proteger os interesses dos bancos credores, sacrificando a própria sobrevivência de multidões (Stiglitz, 2002).

Situações como esta permitem elucidar os termos em que a questão se coloca. A responsabilidade moral não recai sobre a entidade anónima que é o Estado (ou o organismo intergovernamental), mas sobre os decisores enquanto pessoas. Por sua vez, no domínio do internacional, estes decisores não são apenas os governantes ou os responsáveis pelas políticas externas, mas serão quaisquer pessoas cujas acções tenham impacto transnacional.

Mesmo que esta concepção seja aceite como válida, um problema persiste: quando alguém toma decisões no domínio das relações internacionais, está vinculado aos critérios éticos correntes ou, pelo contrário, a esfera política e particularmente a esfera da política internacional têm uma especificidade tal, que impedem qualquer ingenuidade e obrigam a um exercício do poder sem considerações morais?

A nossa posição é clara: a tomada de decisões no domínio internacional está vinculada aos critérios éticos gerais, assumidos pelas convicções pessoais, no seio de uma apertada dialéctica entre o desejável e o possível. O que lhe é específico encontra-se provavelmente na complexidade acrescida das situações e no maior dramatismo no conflito de valores.

3. Maior complexidade e mais aceso conflito de valores

Bem sabemos que a generalidade das decisões morais, talvez mesmo a maioria delas, nos coloca perante dilemas em relação aos quais temos de optar, dilemas que consistem em conflitos de valores. Ficou célebre o dilema de Heinz proposto por Lawrence Kohlberg (1927–1987) para a sua investigação acerca do juízo moral: se a mulher de Heinz tem uma doença grave e o único medicamento capaz de a curar é de preço exorbitante para as posses do marido, pode este roubar para salvar a mulher? (KOHLBERG, 1981).

Diversas conclusões se podem abreviadamente tirar deste exemplo clássico. Primeira: os critérios morais reportam-se a valores (no caso, a vida da mulher e o direito de propriedade). Segunda: os valores morais não são absolutos e quase sempre as situações vividas nos obrigam a sacrificar determinado valor em nome de outros (provavelmente o cuidado com a vida da mulher prevaleceria sobre o respeito pela propriedade alheia). Terceira: os valores morais referem-se habitualmente a pessoas que estão envolvidas em determinada situação, ou seja, eles são, por natureza, relacionais e afloram como exigências no âmbito de relações intersubjectivas.

Se não fosse o risco de má interpretação, susceptível de induzir, erradamente, menos rigor na exigência ética, poderíamos dizer que os valores morais são duplamente relativos: não são absolutos e são relacionais. Não são absolutos porque a condição humana vive sempre na contingência, no relativo, no contraditório, sujeita a escolhas problemáticas e por vezes dolorosas. São relacionais porque os valores encarnam exigências da relação com outrem, manifestam-se nessa relação. Mais do que objectivos ou subjectivos eles são intersubjectivos. Por último: a responsabilidade moral – que não é mais do que a capacidade de dar respostas às exigências que emergem da situação vivida – supõe o discernimento dos valores em presença, a ponderação entre eles (ponderar, no sentido originário de «pesar») e o agir em consequência, correndo o risco de experimentar dilemas, por vezes dramáticos, ao sacrificar valores porque outros prevalecem.

Este conjunto de afirmações permite avançar para uma outra: quando a decisão ética se situa no domínio do internacional, ela não muda de natureza, apenas se confronta com a probabilidade de um número muito maior de variáveis, dadas as múltiplas dimensões que se cruzam na complexidade das causas públicas e das conjunturas transnacionais, muitas vezes afectando o destino de comunidades inteiras. Nesse terreno, a escala das situações amplia-se exponencialmente, pode mesmo tocar a globalidade, os valores em causa são porventura de maior densidade, torna-se mais aceso o conflito entre eles no âmbito do jogo de forças da arena internacional e, consequentemente, o exercício da responsabilidade obriga a maior ponderação, a melhor avaliação dos resultados previsíveis, a mais sensibilidade às implicações colectivas. O decisor político (ou qualquer actor que intervém na esfera internacional) não renuncia às suas convicções, antes as põe em prática responsavelmente num contexto de grande complexidade.

4. De onde vêm os imperativos

Perante uma determinada situação, o decisor responsável busca reconhecer os valores em causa, identificar critérios para a acção e acatar as suas exigências morais. Mas que recursos tem à sua disposição no esforço por agir correctamente? Em que normas se pode apoiar? E de onde lhes vem autoridade? Qual a sua origem? De onde surgem os imperativos?

Uma solução fácil para estas interrogações consiste em recorrer à consciência individual como se nela residisse a própria fonte da moralidade. Nessa hipótese, o critério de rectidão do sujeito moral seria tão-somente a sua autenticidade, a autocoerência, como uma espécie de fidelidade a si próprio. Todavia, por muito que possa estar na moda a valorização da autenticidade como critério ético, parece claro que esse ponto de vista encerra os valores morais no curto-circuito individual, manifestando nisso toda a sua insuficiência.

No pólo oposto, é corrente a ideia de buscar a fundamentação das normas morais em algo objectivo ou mesmo transcendente. Para o positivismo jurídico, os valores estão codificados em leis emanadas das autoridades competentes, as quais devemos simplesmente cumprir. Para outros, os imperativos éticos fundam-se na ordem da natureza, como defendem todos os que teorizam a partir da suposta existência de um direito natural. Para outros ainda, os critérios morais provêm de mandamentos divinos, como se o recurso à autoridade transcendente fosse indispensável para compensar em solidez as insuficiências humanas.

Situamo-nos resolutamente à margem destas concepções, que julgamos desviantes. Contra o «subjectivismo», não reconhecemos a autenticidade pessoal enquanto erigida em critério máximo de rectidão moral; contra o «objectivismo», não entendemos o ser humano livre e responsável como executor de um código, seja «natural» seja «sagrado», ao qual tenha de se subordinar passivamente.

Os critérios éticos – que surgem como exigências concretas em situações concretas, portanto necessariamente contextualizados – são construções sociais e resultam de aprendizagem colectiva. É assim que os valores se tornam imperativos, obrigando ao exercício da opção responsável: a partir da experiência acumulada pelas sucessivas gerações humanas, na sua busca de humanização das pessoas e das comunidades. No caso em apreço, as normas que orientam a acção no domínio internacional, fundadas em valores intersubjectivos, não têm fundamento «natural» nem intemporal, mas são produtos culturais e civilizacionais.

Esta abordagem construtivista da ética internacional está alicerçada numa importante tradição teórica, de que podemos recapitular alguns momentos relevantes. Num âmbito mais geral, a epistemologia elaborada pelo suíço Jean Piaget (1896–1980) foi uma importante base de partida para a compreensão do processo de conhecimento, atribuindo ao sujeito a capacidade de construir e estruturar ele próprio os conceitos com base em experiências. Este ponto de vista exerceu grande influência nos estudos de Sociologia, de Filosofia e de Antropologia, que adoptaram a óptica do construtivismo.

Do outro lado do Atlântico, ao longo do século XX, também se foi desenvolvendo a escola norte-americana designada «interaccionismo simbólico», que valorizou sobremaneira a construção interactiva das práticas sociais. Mais tarde, na Alemanha, a Escola de Francoforte elaborou concepções de grande influência, podendo destacar-se o pensamento de Jürgen Habermas (1929–), com as suas teses em torno da teoria da acção comunicativa e a visão de uma ética intersubjectiva e dialógica, no sentido em que assenta na comunicação argumentada em que se fundam as normas da vida social. Por sua vez, no terreno das Teorias das Relações Internacionais é bem conhecida a abordagem de Alexander Wendt (1958–), que, na sua obra *Social Theory of International Politics*, de 1999, apresenta uma síntese do construtivismo nessa área científica, defendendo que a intersubjectividade ou a interacção humana está na origem dos valores e das normas e que as próprias instituições se baseiam em entendimentos colectivos.

O conjunto destes contributos teóricos (aqui apenas referenciados abreviadamente) converge para legitimar uma visão da ética internacional em perspectiva construtivista, segundo os elementos que gradualmente foram surgindo: as normas morais na esfera internacional são construções sociais resultantes de processos de aprendizagem colectiva; os valores são inevitavelmente contextualizados em determinadas situações no quadro da acção intersubjectiva, isto é, na interacção das pessoas e das comunidades, em função das experiências comuns. Trata-se, como se vê, de uma visão autopoiética da moral em relações internacionais, no sentido em que a práxis colectiva é constitutiva – ou autoconstrutiva – dos critérios para a rectidão da tomada de decisões.

Não se pense que esta abordagem, ao parecer «relativizar» os imperativos éticos, fragiliza o nível de exigência dos critérios morais. Pelo contrário. Ao subtrair esses imperativos da suposta «objectividade», a fim de os localizar no domínio da intersubjectividade situada no tempo e no espaço de determinados contextos históricos e sociais, esta interpretação reforça o sentido exigente da decisão moral, obrigada a uma leitura e interpretação da situação vivida, constrangida ou mesmo dilacerada pelo choque de valores, vinculada à procura das melhores soluções no campo dos possíveis. Tal busca, por vezes, chega a ambicionar o impossível, visando utopias ainda impraticáveis. Mas o próprio Max Weber atrás referido escrevia que «no mundo não se obterá o possível se, uma e outra vez, se não intentar o impossível» (Weber, 2017, p. 80).

Em suma, a ética das relações internacionais é tanto insuficiente quanto indispensável. Insuficiente, porque a intervenção política neste campo supõe muitos atributos, entre eles uma elevada tecnicidade, não bastando de modo algum nem as boas intenções nem os bons desejos. Mas indispensável, porque sem referenciais éticos se degradam os valores e se comprometem os próprios resultados humanizantes da acção responsável.

Pode dizer-se da moral internacional o mesmo que o filósofo espanhol José Luis Aranguren (1909–1996) dizia da ética e da política em geral. Contra os cépticos que as consideram incompatíveis, como se entre ética e política houvesse uma «impossibilidade trágica», Aranguren defendia a «problematicidade dramática», no sentido em que o choque de valores é sempre problemático, nisso consistindo o drama da consciência moral:

> A compreensão da relação entre a ética e a política ou, em outros termos, a realização da possibilidade de moralização da política tem que ser dramática. Compreensão dramática quer dizer afirmação de uma compatibilidade árdua, sempre questionável, sempre problemática, do ético e do político, fundada sobre uma tensão de carácter mais geral: a da *vida moral* como *luta moral*, como tarefa inacabável e não como instalação, de uma vez por todas, em um *status* de perfeição. (Aranguren, 1967, p. 85)

Se isto vale para a relação entre ética e política, com maioria de razão a «problematicidade dramática» se aplica quando o campo se alarga à medida do internacional. Longe de perder pertinência, aí a questão moral assume mais forte densidade, pois o que está em jogo é o destino de sociedades inteiras (sobre todo este tema, ver Moita, 2010).

5. Uma ética para a globalidade

Se os valores e os critérios morais se impõem na esfera das relações internacionais, já sabemos que não se trata apenas da responsabilidade do decisor governamental em matéria de política externa no quadro interestatal. Eles impõem-se a todos os que, de uma maneira ou de outra, agem com implicações transnacionais. Os imperativos éticos estão presentes no simples e quotidiano exercício da cidadania global, justamente por parte de cidadãos cosmopolitas – tal é a nossa condição contemporânea.

Mais ainda, os últimos tempos trouxeram uma outra dimensão à nossa responsabilidade moral: a crescente transnacionalização dos processos e a percepção de um mundo atravessado por dinâmicas de globalização implicam algo novo, que é uma ética da globalidade, aí onde as relações internacionais atingem o seu sentido mais abrangente.

Já o teólogo suíço Hans Küng (1928–), na sua iniciativa de reunir um parlamento das religiões do mundo em Agosto e Setembro de 1993 em Chicago, intitulava a declaração final de «Para uma ética mundial» (Küng e Kuschel, 1994). Ideia análoga defendida por um alemão recentemente falecido, Karl-Otto Apel (1922–2017), com a expressão «macroética planetária». Por estas designações mais se confirma que a ética das relações internacionais ultrapassa hoje em muito o domínio das relações bilaterais ou das políticas externas.

Pode dizer-se que a própria moral internacional se globalizou, uma vez que a situação actual coloca questões literalmente globais respeitantes à humanidade como um todo. E com isso se abriu um sem-número de novos imperativos ou critérios normativos para as nossas práticas individuais e colectivas:

> Nos nossos dias, com efeito, trata-se, pela primeira vez na história da humanidade, de assumir uma responsabilidade solidária em relação às consequências globais primárias e secundárias da actividade colectiva da humanidade – por exemplo, dos usos industriais da ciência e da técnica –, além da organização desta responsabilidade como uma práxis colectiva. (Apel e Dussel, 2005, p. 46)

A ética mundial ou a macroética planetária concretizam-se assim numa nova agenda em que surgem as questões prioritárias da actualidade. O já referido parlamento das religiões mundiais sintetizava essa nova agenda em quatro grandes orientações: compromisso com uma cultura da não violência e do respeito pela vida; compromisso a favor de uma cultura da solidariedade e uma ordem económica justa; compromisso a favor de uma cultura da tolerância e um estilo de vida decente; compromisso a favor de uma cultura de igualdade e companheirismo entre homem e mulher.

Mais recentemente, o também já citado Carnegie Council for Ethics in International Affairs identifica seis grandes temas sobre os quais trabalha: governação global; ambiente, alterações climáticas, sustentabilidade; migrações; desenvolvimento, desigualdade e pobreza; ética da guerra e da paz; direito internacional e direitos humanos (ver em: https://www.ethicsandinternationalaffairs.org [consultado em 3 de Novembro de 2017]). De uma maneira ou de outra, estes temas estão hoje presentes nas obras de referência sobre a ética internacional. Vejamos dois exemplos: a obra colectiva *Ethics and International*

Affairs: Extent and Limits destaca os problemas da violência, da justiça na ordem internacional, dos direitos humanos, do ambiente, do feminismo, dos refugiados e, por fim, a ética da própria globalização (Coicaud e Warner, 2001); pelo seu lado, o francês *Éthique des relations internationales* sublinha igualmente a guerra e a paz, a acção humanitária, a justiça distributiva internacional, as instituições judiciárias internacionais, as migrações, o ambiente, a ética dos negócios e a ética da saúde global (Vilmer e Chung, 2015).

Além dos problemas estruturais que se prendem com a violência e a guerra, bem como com os direitos humanos, dois temas têm adquirido natural relevo: o da justiça à escala global e o da responsabilidade ecológica.

A questão da justiça tem sido dos temas mais teorizados desde que John Rawls (1921–2002) publicou, já em 1971, *Uma Teoria da Justiça* (Rawls, 1993) e mais tarde, em 1999, *A Lei dos Povos* (Rawls, 2000), desenvolvendo a sua influente tese acerca das condições da justiça e da igualdade de oportunidades no contexto das sociedades liberais. Nos tempos mais recentes, dois outros autores se têm destacado no tratamento deste problema: o indiano Amartya Sen (1933–), Prémio Nobel da Economia em 1998, com os seus estudos sobre desenvolvimento, pobreza e desigualdade, focando com especial ênfase a equação desenvolvimento/liberdade (Sen, 2003), e a norte-americana Martha Nussbaum (1947–), que com ele tem trabalhado na superação das abordagens economicistas e que, no quadro da filosofia política, explora a ideia de justiça social mundializada a partir do conceito de *capabilities*, as aptidões (reprimidas e bloqueadas) que os indivíduos possuem e que ambicionam realizar, com vista a alcançar o bem-estar e a qualidade de existência (Nussbaum, 2009).

A questão ecológica, por sua vez, é hoje tema obrigatório de todas as reflexões sobre ética internacional, tão clara é a responsabilidade colectiva no que diz respeito ao cuidado do ambiente e à sustentabilidade do ecossistema e mesmo da biosfera. Já fizemos referência ao pensamento de Hans Jonas e à sua defesa da responsabilidade ética num tempo inundado de tecnologia, com relevo para as interrogações suscitadas pela biotecnologia, mas no qual os problemas ambientais assumem peculiar gravidade (Jonas, 1995). Contra a noção do ser humano como centro do universo, prevalece o sentido do homem integrado num sistema global, cuja preservação e harmonia são condições de sobrevivência colectiva. As implicações morais dessa visão foram longamente desenvolvidas pela Unesco numa obra colectiva sobre éticas do ambiente e política internacional (Have, 2007).

Neste apontamento acerca da nova agenda da ética internacional, há lugar para uma palavra sobre o pensamento de uma mulher, já desaparecida entre nós, mas que deixou uma herança intelectual digna de ser recordada: Maria de Lourdes Pintasilgo (1930–2004). Nos seus escritos, desdobram-se inúmeros valores que são outros tantos imperativos para as nossas práticas colectivas, com a vantagem de sempre fugir ao dogmatismo, até porque a nossa compreensão das coisas está embebida do princípio da incerteza (que Heisenberg encontrou na Física e daí se disseminou para as Ciências Humanas). Pintasilgo cita Prigogine, para quem «o conjunto «ética, cidadania e política» constitui hoje um *sistema instável*» (Coutinho [*et al.*], 2012, p. 205). Esta precaução, porém, não a impede de preconizar com veemência a ética do cuidado, princípio aplicável às nossas condutas em todas as esferas, incluindo obviamente a escala global. O tema do «cuidado» remonta já a Heidegger, mas foi amplamente desenvolvido por Joan Tronto (1952–) enquanto questão fundamental das exigências éticas a partir de uma reflexão sobre o papel do feminino na relação humana (Tronto, 1994). Maria de Lourdes Pintasilgo retoma esse tema, sublinhando:

> É de um novo conceito político que o mundo precisa, um conceito que não veja permanentemente a política em termos de relação de forças, mas sim de uma saudável interdependência entre todos os seres humanos, da escala local à escala mundial. [...] Esse conceito é o do cuidado. (Coutinho, p. 137)

De algum modo, encontramos aqui a intenção humanizante, associada aliás à percepção da vulnerabilidade dos mais desprotegidos, a mesma intenção explorada por outra mulher, a filósofa espanhola Adela Cortina (1947–), cujo pensamento foi trazido até nós por Ana Vilares, professora de Filosofia da Universidade do Porto. Cortina, com grande influência kantiana, valoriza o conceito de «antroponomia» (Vilares, 2014, p. 153), querendo com isso significar que o *nomos* (a lei, a norma) é o *antropos* (o homem): na dignidade da pessoa reside o máximo critério moral.

6. Contra a privatização da ética

Em certa opinião pública e certos meios intelectuais, existe a tendência para considerar que a moral é assunto do foro íntimo ou da consciência pessoal e está desprovida de relevância ou mesmo de utilidade seja no que respeita à acção política em geral, seja – com maioria de razão – quando se penetra no complexo jogo da vida internacional. As relações internacionais seriam um domínio em que os valores estão inexoravelmente subordinados aos interesses e à razão de Estado. Esta tentativa de privatização da ética e de divórcio entre as convicções pessoais e as práticas colectivas é infundada e nociva.

Em sentido contrário, argumentámos que os valores morais são pertinentes e mesmo indispensáveis no vasto espectro das condutas com incidência na vida internacional. Se isso vincula a consciência dos governantes, abrange também a acção de todos aqueles que, de uma maneira ou de outra, interferem nas dinâmicas transnacionais. Em tempos de incerteza, menos são admissíveis moralismos dogmáticos e sabemos que os critérios éticos resultam de construções sociais, fruto de pesquisa comum. Por fim, superando a perspectiva estatocêntrica, a actualidade impõe uma ética global, portadora de uma agenda própria em que sobressaem, entre outros, os imperativos da paz, da justiça distributiva mundial, da justiça ambiental e do respeito pelos direitos bem como do cuidado para com todo o ser humano.

Referências e leituras recomendadas

ANDERSON, Benedict, *Imagined Communities: Reflections on the Origin and Spread of Nationalism*, Londres e Nova Iorque, Verso, 1983. Disponível em: https://is.muni.cz/el/1423/podzim2013/SOC571E/um/Anderson_B_-_Imagined_Communities.pdf [consultado em 8 de Novembro de 2017].

APEL, Karl-Otto, *Ética e Responsabilidade: O Problema da Passagem para a Moral Pós-Convencional*, Lisboa, Instituto Piaget, 2007.

APEL, Karl-Otto e DUSSEL, Enrique, *Ética del Discurso y Ética de la Liberación*, Madrid, Editorial Trotta, 2005.

ARANGUREN, José Luis, *Ética e Política*, traduzido do espanhol por Wanda Figueiredo, São Paulo, Livraria Duas Cidades, 1967.

ARENDT, Hannah, *Responsabilidade e Juízo*, traduzido do alemão por Miguel Serras Pereira, Lisboa, Publicações Dom Quixote, 2007.

CARR, Edward H., *Vinte Anos de Crise (1919–1939)*, traduzido por L. A. F. Machado, Brasília, Editora Universidade de Brasília, 2001.

COICAUD, Jean-Marc e WARNER, Daniel (org.), *Ethics and International Affairs: Extent and Limits*, Tóquio, Nova Iorque e Paris, United Nations University Press, 2001.

COUTINHO, Antónia [*et al.*] (org.), *Para um Novo Paradigma: Um Mundo Assente no Cuidado. Antologia de Textos de Maria de Lourdes Pintasilgo*, Porto, Edições Afrontamento, 2012.

DEWEY, John, Ethics and International Relations, *Foreign Affairs* 1, 1923. Disponível em: https://www.foreignaffairs.com/articles/1923-03-15/ethics-and-international-relations [consultado em 8 de Novembro de 2017].

FROST, Mervyn, *Global Ethics: Anarchy, Freedom and International Relations*, Londres e Nova Iorque, Routledge, 2009.

GIESEN, Klaus-Gerd, *L'éthique des relations internationales: les théories anglo-américaines contemporaines*, Bruxelas, Bruylant, 1992.

HABERMAS, Jürgen, *Conciencia Moral y Acción Comunicativa*, traduzido do alemão por Ramón Cotarelo, Barcelona, Ed. Península, 1985.

HABERMAS, Jürgen, *Comentários à Ética do Discurso*, traduzido do alemão por G. L. Encarnação, Lisboa, Instituto Piaget, 1999.

HAVE, Henk A. M. J. ten (coord.), *Éthiques de l'environnement et politique internationale*, Paris, Éditions UNESCO, 2007.

HUME, David, *A Treatise of Human Nature*, 1739. Disponível em: http://www.gutenberg.org/files/4705/4705-h/4705-h.htm [consultado em 8 de Novembro de 2017].

JONAS, Hans, *Le principe responsabilité: une éthique pour la civilisation technologique*, traduzido do alemão por Jean Greisch, Paris, Flammarion, 1995 [1979].

KOHLBERG, Lawrence, *The Philosophy of Moral Development: Moral Stages and the Idea of Justice*, São Francisco, Harper & Row, 1981.

KÜNG, Hans e KUSCHEL, Karl-Josef, *Hacia una Ética Mundial: Declaración del Parlamento de las Religiones del Mundo*, traduzido do alemão por J. M. Bravo Navalpotro, Valhadolid, Editorial Trotta, 1994.

MOITA, Luís, Ética e Relações Internacionais, *in* FEREIRA-PEREIRA, Laura (org.), *Relações Internacionais: Actores, Dinâmicas e Desafios*, Lisboa, Prefácio, 2010, pp. 15–31.

NIEBUHR, Reinhold, *Moral Man and Immoral Society: A Study of Ethics and Politics*, Luisvila, Westminster John Knox Press, 2001 [1932].

NIETZSCHE, Friedrich, *Genealogia da Moral: Uma Polêmica*, tradução brasileira de P. C. de Souza, São Paulo, Companhia das Letras, 2009, Disponível em: https://www.companhiadasletras.com.br/trechos/80134.pdf [consultado em 8 de Novembro de 2017].

NUSSBAUM, Martha, *Frontiers of Justice: Disability, Nationality, Species Membership*, [*s.l.*], Harvard University Press, 2009.

PIAGET, Jean, *Le jugement moral chez l'enfant*, Paris, Presses Universitaires de France (PUF), 1973.

PLATÃO, *Protágoras*, tradução de Ana da Piedade Elias Pinheiro, Lisboa, Relógio D'Água Editores, 1999.

RAWLS, John, *Uma Teoria da Justiça*, traduzido do inglês por Carlos Pinto Correia, Lisboa, Editorial Presença, 1993.

RAWLS, John, *A Lei dos Povos*, traduzido do inglês por Luís Crasto Gomes, Coimbra, Quarteto, 2000.

REYNOLDS, Larry e HERMAN-KINNEY, Nancy (org.), *Handbook of Symbolic Interactionism*, Nova Iorque, AltaMira Press, 2003.

RICOEUR, Paul, *Histoire et vérité*, Paris, Éditions du Seuil, 1955.

SEN, Amartya, *O Desenvolvimento como Liberdade*, traduzido do inglês por J. Coelho Rosa, Lisboa, Gradiva, 2003.

STIGLITZ, Joseph, *Globalization and Its Discontents*, Nova Iorque, W. W. Norton & Company, 2002.

TRONTO, Joan, *Moral Boundaries: A Political Argument for an Ethic of Care*, Londres e Nova Iorque, Routledge, 1994.

VILARES, Ana, Ética na vida pública: uma entrevista com Adela Cortina, *Filosofia. Revista da Faculdade de Letras da Universidade do Porto* 31, 2014: pp. 149–162.

VILMER, J.-B. Jeangène e CHUNG, Ryoa (org.), *Éthique des relations internationales*, Paris, Presses Universitaires de France (PUF), 2015.

WEBER, Max, *A Política como Vocação/A Ciência como Vocação*, traduzido do alemão por Artur Morão, Lisboa, Bookbuilders, 2017.

WENDT, Alexander, *Social Theory of International Politics*, Cambridge, Cambridge University Press, 1999. Disponível em: http://www.guillaumenicaise.com/wp-content/uploads/2013/10/Wendt-Social-Theory-of-International-Politics.pdf [consultado em 26 de Outubro de 2017].

Nacionalismos e ordem liberal (reflexões e memórias diplomáticas)

Manuel Lobo Antunes
Embaixador

O tema que me foi proposto para reflexão – «Nacionalismos e ordem liberal» – é muito (porventura demasiado) vasto no tempo e na sua caracterização. Por outras palavras, pode ser considerado e analisado de diversos ângulos. Por exemplo, numa perspectiva histórica ou cronológica – as formas de nacionalismo ou expressões nacionalistas ao longo dos tempos –, ou de um ponto de vista mais conceptual, tentando compreender a natureza dos fenómenos em si mesmos, as suas causas e consequências. Em qualquer caso não é fácil, assemelhando-se a um lençol curto para uma cama ou àquelas matrioscas russas, encaixadas umas nas outras. Puxa-se de um lado, descobre-se do outro; e a sequência de pequenas figuras parece não ter fim.

Não sendo um estudioso aplicado ou académico universitário, mas um diplomata pragmático, que por obrigação de princípio (e feitio) deve reflectir sobre o mundo em que vive, e um razoável leitor de História e observador do mundo em geral, não possuo credenciais suficientes para abordar este tema tão amplo e complexo a não ser de uma perspectiva estritamente pessoal e profissional. Esta última, ainda por cima, condicionando não o pensamento, que permanece livre, mas a sua tradução em palavras escritas. Em síntese, tento apenas partilhar com possíveis leitores o que testemunhei, vivi e de algum modo concluí ao longo de mais de 30 anos de carreira diplomática. Há um lado de memória e biografia nisto. E, claro, atenho-me exclusivamente ao contexto da experiência ocidental.

1. Como definir o nacionalismo?

Uma das primeiras conclusões que retenho, quase evidente por si mesma, é o facto de o nacionalismo como hoje o testemunhamos (e compreendemos, pois a percepção e valorização dos acontecimentos políticos faz-se também em função do seu tempo) ser um fenómeno que não é novo e muito menos de agora, embora tenha ressurgido recentemente no Ocidente, fazendo já parte da agenda de políticos e sendo tema de intensos debates, alguns divisivos. Além disso, manifesta-se, ou pode manifestar-se, em ambientes e condições diversos, se não mesmo contraditórios: tanto se tem manifestado em quadros constitucionais de liberdade e Estado de direito, portanto de natureza liberal, como em quadros autoritários ou tendencialmente autoritários, nos quais, ao contrário, a democracia e o *rule of law* (Estado de direito) são postos em causa. Há, direi, um nacionalismo de raiz democrática, liberal e que pretende respeitar essa referência, e um nacionalismo claramente de raiz autoritária. O primeiro, em nome de valores democráticos e liberais, o segundo, mais instrumental relativamente aos fins, menos preocupado com o valor de liberdade, mais preocupado em utilizar a autoridade para determinados objectivos. Este último, por vezes hipocritamente, diz optar pela identidade em detrimento da liberdade. Por isso, em nome dela, está preparado para a restringir e condicionar, sujeitando-a ao respeito de critérios fora do quadro liberal. Há nacionalismos «compreensíveis» (isto é, aceitáveis pela sociedade, até porque abstractamente considerados «justos», um conceito tão do agrado liberal) pelos valores que evocam e defendem, e nacionalismos «repulsivos» (é evidente que há zonas cinzentas e situações que não se enquadram em realidades simplificadas ou rígidas).

Os nacionalistas «liberais», por assim dizer, evocam um desejo de liberdade (a autonomia política que define o Estado, poder de decisão autónomo, etc.) em nome de valores e identidade própria e distintiva de terceiros, os quais definem e caracterizam a sua comunidade (história, língua, cultura comuns), podendo manifestá-la interna e externamente por um conjunto de poderes que asseguram a sobrevivência dessa identidade. O nacionalismo «autoritário», por seu lado, embora evocando-a como legitimadora, preza menos o valor da liberdade e acentua sobretudo um comportamento de afirmação contra terceiros, não descurando internamente a exaltação de valores patrióticos.

A História, interpretada para atingir certos resultados, torna-se num culto, numa espécie de espelho em que o povo se revê gloriosamente, não necessariamente apenas recordando vitórias. Por isso, tendencialmente exclui o que é diferente ou estranho, na suposição de que assim defende melhor a «pureza» do seu passado e a sua identidade nacional, entendida como pertença a um grupo bem definido. Por vezes, para o assegurar, torna-se ofensivo e pode mesmo procurar ganhos territoriais em nome de uma identidade histórica considerada violentada, projectando força além de fronteiras internacionalmente reconhecidas ao respectivo Estado. Neste caso a possibilidade de conflito é evidente. Por seu turno, de novo correndo o risco das generalizações, o «nacionalismo democrático» tem de ser necessariamente menos exclusivo (ainda que baseado num certo número de critérios) e acolhe no seu seio integrador todos os que se mostrem solidários ou respeitem a sua narrativa histórica.

O nacionalismo pode manifestar-se de diversas formas, como a História, aliás, o comprova. Formas mais «benignas», tolerantes e abertas; e outras mais «malignas», intolerantes e exclusivas. Mais «humanistas» ou mais «xenófobas» (ou mesmo racistas).

2. Um jovem diplomata no conflito na ex-Jugoslávia: Macedónia

A minha primeira experiência profissional com fenómenos de tipo nacionalista de «raiz autoritária» aconteceu no período em que colaborei com o Embaixador José Cutileiro na tentativa de obter um acordo que resolvesse de forma pacífica o conflito na ex-Jugoslávia durante a primeira presidência portuguesa da União Europeia (UE), no primeiro semestre de 1992, sob os auspícios de uma estrutura («Conferência») criada pela própria UE e presidida pelo ex-Secretário-Geral da Organização do Tratado do Atlântico Norte (OTAN) e antigo ministro dos Negócios Estrangeiros britânico, Lord Carrington (recentemente falecido). Foi uma empresa pesadíssima e poucas as esperanças de que se pudesse resolver o intrincado problema no espaço de seis meses. Recordavam-nos sempre que os Balcãs tinham mais história do que aquela que poderiam absorver. Eram vários e diferentes os problemas que nos confrontavam. Porém, tinham um antecedente comum: a dissolução da União das Repúblicas Socialistas Soviéticas (URSS) e a história da própria região, sobretudo, no caso, a da primeira metade do século XX. Num território relativamente pequeno, cruzavam-se diferentes etnias, línguas, culturas, religiões. Era mais o que desunia os seus Estados do que aquilo que os unia. Mas o que os mantinha agrupados era algo muito forte: o marechal Josip Tito. Desaparecido este e dissolvida a URSS, um nacionalismo de raiz autoritária encontrou terra livre para se afirmar.

Passados todos estes anos, só agora «velhos» problemas parecem ter encontrado solução. Um deles foi o desacordo continuado em torno da denominação definitiva a atribuir à Antiga República Jugoslava da Macedónia (ARJM), nome provisório que parecia condenado a tornar-se definitivo.

A raiz deste problema é bem conhecida. Alguns dos argumentos esgrimidos pela ARJM e pela Grécia a favor das respectivas posições, *hélas*, remetiam para o tempo de Alexandre, *o Grande*, natural da «Macedónia». Em resumo, tanto Atenas como Skopje chamavam a si a titularidade da designação «Macedónia» para significar uma determinada porção histórica de território.

A questão é histórica, identitária e cultural, mas também política, pois uns e outros temiam naquela época que, por detrás da pretensão da titularidade de um nome, se pudessem esconder outros objectivos não declarados. Recordo-me, naquela época, de o então Ministro dos Negócios Estrangeiros de Portugal, Prof. João de Deus Pinheiro, sentado à mesa com cada uma das duas partes, ouvidas em separado, ter usado de toda a sua imaginação (fértil aliás) para tentar encontrar um nome que pudesse ser aceite por ambas. O ambiente político na altura também não era propício a entendimentos sobre matéria tão delicada. O exercício revelou-se por isso impossível na altura. Os nossos esforços foram em vão, mas não se tratou propriamente de um falhanço único, já que a questão permaneceu em aberto durante muitos anos.

É interessante considerar esta disputa no âmbito de uma reflexão sobre o nacionalismo. Estamos no domínio do simbólico representado e sintetizado numa única palavra, «Macedónia», uma entidade geográfica que arrasta atrás de si mais de 2000 anos de história. E a força da corrente é de tal modo forte, que se projectou no presente reunindo cidadãos que puseram em causa propostas sucessivas por entenderem não respeitar um imaginário identificador de uma herança e pertença comuns, com o seu quê de mítico e lendário. Superficialmente, poderemos sempre atribuir a culpa do insucesso à História, que nos condiciona no presente e impede assim que a ignoremos, quando seria útil fazê-lo.

3. Bósnia-Herzegovina/Kosovo

Na região dos Balcãs, não foi só o desafio da «Macedónia» que nos ocupou naquele semestre da presidência portuguesa da UE. Simultaneamente, trabalhou-se para alcançar a paz no conflito que envolveu na altura os quatro maiores Estados federados da ex-Jugoslávia: Eslovénia, Croácia, Sérvia e Bósnia-Herzegovina. Todos eles então chefiados por líderes com forte personalidade e vistos pelos respectivos apoiantes como carismáticos. Talvez em resultado da sua proximidade com a fronteira austríaca, que a tornava mais permeável à influência do centro europeu, a Eslovénia ostentava características que mais a identificavam com esta área da Europa, se comparada com outras repúblicas da federação. Talvez o reconhecimento desta circunstância tenha levado a Sérvia, que se comportava no conflito como uma espécie de «cabeça-de-casal» da herança da «falecida» Jugoslávia, a concentrar todos os esforços diplomáticos e bélicos nos restantes Estados federados, manifestando uma vontade de unidade entre todos eles então já praticamente impossível. Houve confrontos militares severos na Eslovénia, é certo, mas não tiveram a duração nem a amplitude da guerra servo-croata ou, sobretudo, a violência terrível da guerra na Bósnia-Herzegovina com o seu cortejo de horrores.

O conflito servo-croata foi sem dúvida de grande intensidade e, de algum modo, dividiu a Europa Ocidental. Factores históricos, factos do passado voltaram a ressurgir na atribuição de responsabilidades pelo que estava a suceder e nos apoios às aspirações de uns e de outros. Na Bósnia-Herzegovina, ambos, Sérvia e Croácia, se comprometeram numa «proxy war» na expressão inglesa, ou «guerra por procuração».

O conflito na ex-Jugoslávia, cujas feridas têm levado o seu tempo a cicatrizar por completo, é talvez um dos exemplos recentes mais nítidos de um conflito impregnado de fortes ideais nacionalistas, num ambiente em geral pouco democrático e intolerante herdado do tempo do marechal Tito. O ressentimento de uns contra os outros explodiu sem limites. A exclusão e a intolerância mútua eram, ao que me parecia então, características tidas quase como virtudes, legitimadas, não sentimentos e práticas condenáveis, e tiveram no conflito terrivelmente sangrento e desumano na Bósnia-Herzegovina a sua expressão mais dolorosa. Foi difícil imaginar uma hostilidade assim na Europa depois da Segunda Guerra Mundial.

Já muito se escreveu sobre este período negro do pós-guerra, e vários dos seus dirigentes políticos e militares da altura foram entretanto julgados e condenados no Tribunal de Haia. O conflito na ex-Jugoslávia, e apesar de ser um Estado relativamente próspero, traduziu, infelizmente a que preço, o lado mais chocante do nacionalismo exacerbado. Os acontecimentos mostraram como era ténue afinal, quase apenas aparência, a harmonia da unidade jugoslava, terra onde o cristianismo católico se cruzava (e cruza) com o cristianismo ortodoxo e o islamismo, até com alfabetos e línguas diferenciados. Num contexto muito complexo, a Bósnia-Herzegovina era como a representação num único espaço destas diferenças, sofrendo da tensão entre elas que ali se acumulava e que irrompeu como um vulcão adormecido. O pretexto ou a justificação era a salvaguarda de uma identidade própria que cada uma das suas entidades constituintes reivindicava como legítima e necessária para prevenir o massacre. Cada uma dessas entidades reclamava para si um espaço se não de domínio absoluto do território, ao menos de uma parcela dele definido por critérios de maioria étnica ou ocupação legitimada pelo tempo, não se hesitando em levar a cabo, se necessário, operações de «limpeza étnica».

Recordo-me com grande nitidez – além da dificuldade de decifrar as intenções reais de uns e outros no terreno, isto é, das verdadeiras agendas políticas por detrás do que afirmavam vocalmente com aparente sinceridade – de como muitas das sessões negociais, conduzidas sobretudo por José Cutileiro (quantas vezes em pequenas suites de hotéis em Bruxelas), se iniciavam com longas dissertações descritivas de episódios *a latere* e acusações mútuas. Vinham à baila memórias de batalhas (mesmo perdidas) de tempos medievais, as quais agora legitimavam consuetudinariamente direitos presentes e futuros, sustentando, à medida das conveniências, os respectivos argumentos.

No conflito jugoslavo, apesar de todos os obstáculos e mercê da paciência infinita (e talento) de José Cutileiro, assessorado por um grande jurista britânico descendente de Darwin – que, às vezes por engano, e para fúria do visado, era pelos beligerantes apelidado de Newton –, encarregado de «desenhar», no papel, as soluções constitucionais que se iam propondo, a presidência portuguesa da UE daquele ano de 1992 conseguiu lançar os pilares (o chamado «Plano Cutileiro») do que seria o acordo final de paz para a Bósnia-Herzegovina, conhecido como Acordo de Dayton.

Olhando retrospectivamente, a Sérvia, que almejava na era pós-Tito afirmar-se como o Estado «central» na região, o «eixo» em torno do qual deveriam girar as repúblicas da ex-Federação, assumindo para si uma espécie de responsabilidade histórica quase paternal, acabou por ser afinal a maior vítima dos seus desígnios fortemente nacionalistas (com componentes míticos que a exacerbaram). No fim ruiu a Federação Jugoslava, separou-se o Montenegro; a Bósnia-Herzegovina e o Kosovo tornaram-se independentes.

A Sérvia chegou mesmo a ser alvo de bombardeamentos aéreos da OTAN. Foi a primeira e única vez que uma operação de tamanha envergadura e impacto aconteceu na Europa no pós-Segunda Guerra Mundial (seria possível repetir a mesma operação hoje sem risco de um confronto mais generalizado na Europa?). A OTAN, subscritora dos valores e princípios democráticos que devem nortear cada um dos Estados que a integram, agiu sem dúvida com relutância, mas também resolutamente em nome e defesa desses princípios. Em nome da razão que o nacionalismo profundo por vezes obnubila e os governos preferem não contrariar, por razões exclusivamente de popularidade e poder, tácticas ou de conveniência própria. Ao bombardear a Sérvia, nação histórica no continente, de certa forma a Europa golpeou-se a si mesma. Mas o objectivo que a guiou era claro: extrair de si o que foi considerado um «mal» – a limpeza étnica –, eliminando o risco de poder alastrar-se a outras partes da sua geografia, até em nome dos princípios humanitários e de direito internacional que a nortearam.

O conflito na ex-Jugoslávia é, porventura, o exemplo mais emblemático na Europa contemporânea dos perigos e consequências do nacionalismo não democrático, que se alimenta de sentimentos que se traduzem em comportamentos e acções que nos parecem irracionais e manipuláveis. O que aconteceu naqueles anos na Península Balcânica deve merecer a reflexão de todos os Europeus, ainda agora, e deve ser recordado para prevenir e contrariar entre nós a intolerância e a exclusão.

É claro agora que Josip Tito, o «pai» da Jugoslávia, o inventor de uma «terceira via» entre o modelo democrático ocidental e a URSS, governava afinal sentado sobre uma panela de pressão que aquecia ao lume de uma realidade menos consistente do que se pensava (ou se queria pensar). As potências europeias não queriam alterar o modelo que aceitavam como parte do equilíbrio de forças no continente, e até elogiavam. Uma vez libertas as forças sob pressão que mantinham a unidade da Federação, e desfeita a relação de forças que resultou da dissolução da URSS, o castelo de cartas caiu quase de um só sopro, embora com custos muito elevados. Na alma sérvia, entretanto «acordada» da letargia de um sonho impossível, ficou, creio (e para muito tempo?), algum sentido de injustiça e um ressentimento por percebida incompreensão. E de alguma forma fechou-se sobre si própria. Remeteu-se a uma posição mais ou menos discreta.

A perspectiva da sua adesão à UE pode fazê-la regressar plenamente à Europa e ser a etapa irreversível para a consolidação da sua democracia e do Estado de direito. Defendo, por isso, que se junte, tão rapidamente quanto possível, à família UE como deseja (no respeito dos critérios previamente definidos, bem entendido), o que será, a meu ver, um acontecimento estratégico positivo para a Europa. É importante que a UE analise os méritos da candidatura de Belgrado de forma objectiva e imparcial.

Outros Estados dos Balcãs estão também à espera de ser parte do grupo UE. Este objectivo deve ser considerado e analisado politicamente, e não burocraticamente, com coragem e sem receios desnecessários, evitando atirar para o ar datas possíveis ou hipotéticas que criam expectativas depois não concretizadas (nem concretizáveis). Adiamentos sucessivos levam ao desalento e à descrença, que, por sua vez, conduzem ao ressentimento e ao desinteresse pelo projecto europeu. Devem sobretudo ser atendidos aspectos concretos, específicos de cada país, na perspectiva da sua futura qualidade de Estado-membro, e os interesses europeus devem ser considerados numa perspectiva de médio e longo prazo, não imediatos ou estreitos.

Há quem defenda que antes de novos alargamentos a UE deverá consolidar as reformas dos últimos anos instituídas pelo Tratado de Lisboa, ou completar reformas em curso, nomeadamente no âmbito da União Económica e Monetária (UEM). É uma tese respeitável e compreensível. Todavia, há que atender ao factor temporal perante as dificuldades enfrentadas por algumas dessas reformas. Além disso, a própria UE entende que deve continuar a «avançar» com novos objectivos, designadamente na área da Defesa, e pugna até alguns que se provem inovações institucionais (por exemplo, um Alto-comissário para as Finanças oriundo da comissão presidindo ao Eurogrupo…). Tenho dúvidas quanto a deixar os países candidatos reféns deste debate. Quanto mais se reforçar e alargar uma Europa liberal, menores por natureza serão os riscos de nacionalismos autoritários.

4. O nacionalismo e a nova Europa

O desmembramento da URSS nos anos 90 do século passado deu lugar ao nascimento de novos Estados independentes, ou libertou outros de regimes duros que se encontravam sob a alçada de Moscovo. Foi um período historicamente entusiasmante para quem o viveu directamente ou seguiu os acontecimentos pela televisão (eu estava nessa altura em posto em Haia), da queda do Muro de Berlim quase pedra por pedra, ao *Hino à Alegria* definitivamente consolidado como «Hino da Europa», à ascensão ao poder de Boris Ieltsine, sem esquecer o papel fundamental (hoje um pouco esquecido e desvalorizado) de Mikhaïl Gorbatchov. Foram processos de transição nalguns casos pacíficos (na Europa Central e do Leste, nos Países Bálticos), noutros nem tanto; na generalidade com algum ou até muito sucesso económico, embora em graus diversos.

No território da ex-União Soviética (re)nasceram, sob a bandeira da liberdade e da democracia, novos Estados. A bandeira do nacionalismo funcionou para alguns deles como principal catalisador das respectivas independências, desaguando muitas vezes em regimes de natureza não propriamente liberal. O nacionalismo serviu também de justificação para regimes musculados. Os nacionalismos libertaram velhos fantasmas e reivindicações, amarguras e ressentimentos, desencadearam mesmo guerras mais ou menos localizadas que estão na base dos chamados «conflitos congelados». Entretanto, o destino da Rússia na sua relação com a Europa é incerto e a UE não consegue ter uma posição una e clara a tal respeito. Perdeu-se então a oportunidade da construção de uma «casa europeia» de Lisboa aos Urais, e a confiança mútua já conheceu dias melhores.

Mais próximo de nós, houve também eventos extraordinários de «divórcio por mútuo consentimento», num quadro de respeito pelas regras democráticas. Foi o caso exemplar da separação entre a actual República Checa e a actual Eslováquia, no tempo soviético uma federação conhecida por Checoslováquia, aliás bem-sucedida em diversos campos sociais e económicos. Foi um processo complexo e pontualmente doloroso, porque implicou, de um lado e de outro, importantes concessões, mas sem dúvida concluído com inegável sucesso. Pode dizer-se que aqui o nacionalismo que impulsionou a separação se traduziu em diálogo e em tolerância mútua.

Existem, pois, vontades e manifestações nacionalistas em situações e quadros políticos muito diferenciados. É muito difícil tipificar nacionalismos em modelos rígidos além da identificação de aspectos comuns que os inspiram – o valor do significado Nação *versus* a formalidade legal do Estado. Umas vezes o nacionalismo apresenta-se como manifestação de liberdade pura, romântica, iluminada, espaldado no direito internacional quando este reconhece o direito à autodeterminação livre e democrática; noutras situações, embora sejam também evocados valores de liberdade e democracia, utiliza-se a força em seu nome, tornando-a ilegítima ou ilegal se tivermos em conta os limites éticos e jurídicos impostos ao recurso à violência; e ainda noutros casos, o nacionalismo é apenas o pretexto para desvalorizar ou condicionar a democracia e legitimar o poder nesta circunstância, por vezes a par de uma forte componente religiosa.

Na Europa, os nacionalismos não se extinguiram com a transformação política profunda e ampla provocada pela Revolução Francesa (com antecedentes na tradição democrática e limitativa da autoridade discricionária do Reino Unido), nem com a adopção, nos anos mais recentes, na grande maioria dos seus Estados, de constituições ditas liberais (embora por vezes meramente no nome, e não tanto assim na sua aplicação, mostrando-se vulneráveis a sucessivas alterações ao sabor do poder da altura).

Se quisermos observar fenómenos do século XX por muitos considerados de inspiração nacionalista em Estados democráticos e de *rule of law* (Estado de direito), descontado o risco de generalização, os acontecimentos na segunda metade daquele século na Irlanda do Norte ou no País Basco podem porventura ser apontados como exemplo. Ou os fenómenos políticos ainda mais recentes que ocorreram na Catalunha, ou o referendo independentista na Escócia. Todos estes territórios, dotados de maior ou menor autonomia de governo, designadamente na área tributária (e por isso parlamentar), mas também na educação, cultura, etc., convivem no seu espaço de organização estatal num ambiente indesmentivelmente democrático e liberal. Contudo, não há na sua sociedade, na «pólis» onde se inserem, um consenso suficientemente amplo, sólido e profundo quanto ao seu próprio futuro. Surgem grupos ou correntes que exigem do Estado central, em nome da justiça de distribuição de meios, equilíbrio de poderes ou do princípio da subsidiariedade, uma autonomia mais aprofundada, ou mesmo a independência.

Trata-se de situações politicamente delicadas porque podem implicar rupturas constitucionais, sendo que, num Estado democrático e de direito, a Constituição, enquanto não for alterada de acordo com as suas próprias regras, impera como lei suprema do Estado. Este princípio, parece-me, representa o que se chama o consenso democrático (como, por exemplo, a Constituição Portuguesa de 1976, que não tendo tido aprovação unânime, conseguiu apesar de tudo manter uma estabilidade notável, representando o «nosso» consenso democrático quanto ao Estado-nação que somos). Nem sempre é possível fazer coincidir a lei com o coração ou aspiração. Sem lei é a anarquia; mas sem ouvir o coração não há liberdade. Conjugar estas duas partes nem sempre é fácil ou óbvio.

As situações são diversas e cada uma delas deve ser considerada na sua própria especificidade. O recente referendo na Escócia sobre a sua independência do Reino Unido foi constitucional e absolutamente pacífico, porque percorreu todos os trâmites legais estabelecidos na lei. A independência foi maioritariamente rejeitada pelos eleitores escoceses e o território mantém-se como parte do Reino Unido, mesmo guardando uma forte corrente independentista de pendor nacionalista. Os votantes, colocando no prato da balança todos os prós e contras das duas opções, consideraram que os benefícios, designadamente económicos, seriam maiores se permanecessem parte da União. A minoria independentista respeitou democraticamente o resultado, mesmo que não seja de excluir a repetição do mesmo tipo de referendo daqui a alguns anos. Curiosamente, ou não, a mesma Escócia votou esmagadoramente a favor da permanência do Reino Unido na UE, ao contrário da Inglaterra. Esta situação tem levado a tensões entre os dois países a propósito das negociações para a saída do Reino Unido da UE, o chamado *Brexit*, a que me refiro mais à frente.

5. O período europeu da minha carreira

Na minha passagem por Bruxelas como Representante Permanente de Portugal junto da UE (REPER) (2008–2012), e cidadão que sou de um Estado cujas fronteiras estão há muitos séculos delimitadas, com uma coesão social, cultural e linguística notáveis, confesso que foi com alguma surpresa, naturalmente produto de uma certa ingenuidade, que ganhei gradualmente consciência, nas reuniões semanais dos embaixadores que representavam todos os Estados-membros (COREPER), de como os debates eram por vezes ainda «aquecidos» por certos factos (menos ou mais recentes) da história europeia. Não obstante os anos que passaram, os acordos que se assinaram, as transformações profundas que aconteceram, a História estava (e presumo que continuará a estar) não raras vezes presente, ao menos implicitamente, nos argumentos de alguns dos debates em que participei. De certa forma éramos ali, tal como eu via, uma espécie de posto de socorro de uma Europa ainda com pequenas feridas, utilizando o mercurocromo dos seus valores, princípios e objectivos para as sarar completamente e, deste modo, prevenir eventuais infecções. Ou se se preferir, um lugar de psicanálise colectiva. Este posto em Bruxelas foi assim uma interessante lição prática de História europeia, e uma fonte de enriquecimento pessoal e profissional muito importante.

Na História da Europa do pós-guerra, a construção e o alargamento da UE aos Estados da Europa Central e de Leste foi uma opção política com evidente objectivo estratégico:

garantir a estabilidade e a prosperidade naquela área que era essencial para a paz no continente, auxiliar (como sucedera em Portugal) à consolidação das suas jovens democracias, reforçar a sua independência do poder militar soviético (que a sua adesão à OTAN veio consolidar) e, porventura, de alguma forma impedir o eventual ressuscitar de impulsos nacionalistas expansionistas suprimidos pela sua inserção no bloco soviético. Foi esta «nova» Europa – que ignorava além dos lugares-comuns e do que se aprendia (muito pouco) na escola – que aprendi a conhecer nesta fase da minha carreira.

A UE, não obstante algumas excepções, tem dificuldade em lidar (fica como que incomodada) com conflitos no seu seio, sejam de natureza fronteiriça, acesso a recursos naturais ou outros. Nomeadamente, aqueles que «incomodam» por porem em causa princípios e valores fundadores. Fala-se então de riscos nacionalistas ou mesmo populistas (não andam sempre juntos, mas também não se auto-excluem). Bruxelas (no sentido do conjunto das suas instituições europeias), espaço de «paz e solidariedade», prefere não se imiscuir em demasia nos assuntos internos dos Estados-membros, remetendo o problema para os mecanismos clássicos internacionais de resolução de conflitos, sem deixar, no entanto, de recordar, aqui e ali, que a condição de Estado-membro da UE impõe compromissos irrevogáveis no domínio dos direitos humanos, da democracia e do Estado de direito. E é neste quadro que os nacionalismos devem mover-se (já o populismo é por norma não democrático ou ademocrático).

A adesão dos «novos» Estados do Leste e Centro europeu no período pós-soviético a uma «organização» (é difícil categorizar a UE...) concebida e imaginada num outro contexto e para outro contexto político e geográfico colocou – e tem colocado – a UE perante desafios complexos, desde logo no que diz respeito à (re)distribuição do poder de governação no seu próprio seio. Se é certo que havia, à partida neste último grande alargamento, vantagens económicas – um mercado muito mais amplo, beneficiando sobretudo os vizinhos próximos como a Alemanha ou a Áustria – e a necessidade de respostas políticas a uma situação subitamente muito diferente, como atrás refiro, colocava-se, no entanto, um problema de eficiência e eficácia do modelo de governação das instituições europeias, concebidas para uma União mais reduzida e tendencialmente mais harmoniosa (até à queda da URSS, a Europa dividia-se em dois blocos, o ocidental e o oriental), o que implicaria novos arranjos de poder dentro da própria União. Isto é, os «velhos» Estados-membros (EM), sobretudo a Alemanha, o Reino Unido e a França, aceitavam naturalmente as grandes regras ou princípios democráticos da União e do seu «management» – a igualdade (perante a aplicação da lei da União) dos EM, a colegialidade do processo decisório na Comissão e no Conselho; mas, digamos, dentro de certos limites... Por outras palavras, a influência dos «grandes» Estados no processo de decisão em resultado deste alargamento não podia ser excessivamente diluída no conjunto dos novos aderentes.

Desta constatação – além de outras considerações de tipo mais idealista e conceptual, como o assumir de um certo desígnio histórico para a Europa que os factos subsequentes vieram rechaçar –, nasce a meu ver a ideia de se elaborar uma «Constituição para a Europa». Esta foi mais tarde depurada no Tratado de Lisboa, ao tempo em que fui Secretário de Estado dos Assuntos Europeus, preservando no essencial, abandonada a generosa retórica europeísta e algumas ambições federalistas, as soluções de «governança» da União previstas na referida «Constituição para a Europa» (diga-se, em abono da verdade, aclamada pela esmagadora maioria dos redactores em retumbantes aplausos de pé na sessão final da «assembleia constituinte», ocasião memorável, mesmo para aqueles presentes na sala e que agora criticam o documento). A alteração feita no sistema de governação é relativamente simples de compreender: assegurar, pelo reforço dos mecanismos intergovernamentais de decisão, que os países «grandes», explícita ou implicitamente, não possam ser relegados para a categoria de indiferentes em várias áreas importantes de decisão (por isso não têm razão, em minha opinião, os que defendem que com o *Brexit* o Reino Unido irá recuperar o controlo do seu destino – «take back control» – e no grau que ambiciona, pois sempre o teve, sendo, além disso, um co-autor activo das actuais soluções institucionais da UE), sendo certo, porém, que as decisões por unanimidade se mantêm nalgumas delas, podendo eventualmente vir a decidir-se, em casos explicitamente indicados, por maioria qualificada.

A Polónia, ciente do seu peso demográfico e (tendencialmente) económico, que se tem vindo a confirmar, abraçando com cautela – por razões históricas compreensíveis – processos de integração política de transferência de soberania, colocou várias reservas aos objectivos da presidência portuguesa da UE de 2007, encarregada de negociar e «reescrever» alguns pontos mais complexos do Tratado de Lisboa. Um desses pontos estava directamente relacionado com o «peso» dos votos no Conselho. Obteve-se uma solução específica para ultrapassar essas dificuldades, como outras foram concebidas para acomodar preocupações (variadas) de outros Estados-membros, como a Itália, a Áustria ou a Bulgária, para nomear alguns.

Passada uma década da sua assinatura, concluo que, apesar de tudo, o modelo de governação da UE estabelecido no Tratado de Lisboa, em que participei como REPER, tem funcionado formalmente sem dificuldades de maior, embora contenha sementes de risco que não devem ser desprezadas. A meu ver, existe uma excessiva parlamentarização do sistema sem uma legitimidade democrática informada e forte (embora não partilhe em geral da ideia negativa que muitos têm do Parlamento Europeu, tendo sido por exemplo muito colaborativo com a presidência portuguesa, acolhendo deputados de grande qualidade técnica e política), havendo a propensão do Parlamento para reforçar ainda mais a sua influência no processo decisório (ocupando espaços vazios de poder que se criaram ou se criam), sendo que o perfil do respectivo presidente é neste aspecto pedra-de-toque.

Um excessivo protagonismo do Parlamento Europeu (PE) tende a esvaziar o poder do Conselho, composto por membros dos governos dos Estados-membros, dispondo, portanto, de um mandato democrático forte. Fragiliza-o no seu poder legislativo e executivo. Por outro lado, a elevação do Conselho Europeu a instituição plena (isto é, consagrada no Tratado como tal a par das restantes) reforçou o intergovernamentalismo, e a opção de lhe atribuir um presidente permanente, em vez de temporário como antes sucedia, torna o Conselho Europeu e esta figura «presidencial» mais susceptível a influências externas, designadamente dos Estados «grandes», e pode conduzir a que decida em conformidade com essas influências. Ainda assim, o mandato pode ser conduzido pela vontade de reeleição, enquanto a proximidade com os cidadãos europeus em grande medida se perdeu (não há dúvida de que a mensagem europeia era muito mais visível e audível no tempo das presidências rotativas plenas e quando as reuniões do Conselho Europeu, ainda que financeiramente custosas, aconteciam no país que exercia a presidência, devidamente apreciada pelos respectivos cidadãos). Finalmente, a mais recente novidade estreada por Juncker de organizar a Comissão em torno de múltiplas vice-presidências, que na prática levam à coexistência de comissários de primeira e de segunda, quando o Tratado estabelece a igualdade ao menos formal entre todos, arrisca-se potencialmente a criar conflitos e zonas de sombra na área das respectivas competências. É um balanço que está por fazer.

É necessária uma União eficiente, com certeza. Mas à necessária eficiência não se devem submeter importantes regras ou princípios de funcionamento da União. É muito importante, do meu ponto de vista, para o que sempre me chamou a atenção o Prof. Ernâni Lopes, salvaguardar a dimensão colegial do processo de decisão europeu (Ernâni Lopes chamava à UE um «império colegial») e de co-responsabilidade entre os Estados, que um excessivo intergovernamentalismo constringe.

Se bem virmos, o eixo de poder transitou em grande medida da Comissão e do respectivo presidente para o Conselho Europeu e para quem o preside. Hoje, o presidente da Comissão acompanha, passo atrás, o presidente do Conselho Europeu; antes do Tratado de Lisboa, era o presidente (temporário) desse Conselho, titular da presidência rotativa, quem dava primazia ao presidente da Comissão. Inverteram-se de algum modo os papéis. A Comissão era, além de responsável pela salvaguarda dos Tratados, a verdadeira impulsionadora da evolução ou desenvolvimento da comunidade constituída pelos Estados. Finalmente, a criação de mecanismos institucionais (pesados e confusos, e se calhar inúteis) para salvaguardar os princípios da proporcionalidade e da subsidiariedade (assim tirando alguma autonomia de decisão à Comissão) também enfraqueceu o sistema de pesos e contrapesos. Trata-se de devolver poderes ao Estados-membros «renacionalizando-os», ou conceder aos Estados maior controlo sobre a Comissão, pressionando assim o seu poder (quase) exclusivo de proposição.

Desta forma, a Comissão, sentindo-se de algum modo acossada, apoia-se hoje muito no PE para contornar o Conselho (também o Europeu), até a ponto de tender a aceitar que o seu futuro presidente seja o cabeça-de-lista do grupo parlamentar mais votado nas eleições para o PE, limitando (a meu ver inadequadamente) a escolha do Conselho Europeu, conforme dita o Tratado de Lisboa. Uma solução, esta que pretende de algum modo plasmar as eleições internas nos Estados-membros, mas sem que o espaço público de debate seja equivalente, a informação e o esclarecimento, da mesma amplitude, as tradições culturais e democráticas de cada país, semelhantes, as suas leis, designadamente eleitorais, miméticas. Nas reformas institucionais, é preciso compreender bem o rácio que presidiu à sua configuração nos Tratados iniciais, que não o foram por acaso.

É neste quadro institucional reformado (ou transformado…) do sistema que governava a anterior «Comunidade» – e sempre preferi a designação Comunidade a União, o primeiro conceito sendo mais rico e traduzindo melhor as diferenças entre os Estados; com efeito, a Comunidade é também uma União, mas é mais densa, substantiva, pois significa comunhão constituída na diversidade mas com objectivos comuns, e implica responsabilidade para com terceiros; a União é a unidade sem lugar à diferença, conduz ao unanimismo – que a UE tem de fazer face aos problemas contemporâneos, designadamente fenómenos nacionalistas e populistas que parecem nascer no seu solo como cogumelos na floresta húmida.

E na minha opinião, salvo outra melhor que existirá certamente, a União não tem sido muito hábil a lidar com esta situação. O antídoto, a meu ver, não está em práticas sancionatórias (muito menos ligando-as ao acesso a benefícios de fundos estruturais), mas num esforço de compreensão dos fenómenos e na busca de uma solução consensualizada. Não se trata de ignorar ou fechar os olhos, trata-se de pedagogia, mas também de firmeza. A colegialidade e a co-responsabilidade são fundamentais. E não vale a pena anunciar possíveis retaliações se, eventualmente, não existir a capacidade de as executar.

6. Escolhas que confrontam a Europa

A Europa de hoje, naturalmente, não é a mesma de há 20 anos. Estamos diferentes, temos problemas diversos e novos e, porventura, mais exigentes. A Europa não pode ceder excessivamente à tentação do pragmatismo e deve estar pronta a agir para salvaguardar os seus princípios, claro; mas tem de estar simultaneamente muito mais próxima dos cidadãos, de todos os cidadãos europeus, para que eles a possam compreender e aceitar como seu património identitário e, por isso, inviolável e inegociável. O relativismo absoluto é perigoso. Lamentavelmente, a política de comunicação e informacão da UE, não obstante todos os esforços e iniciativas bem-intencionados, tem ficado a meu ver aquém do necessário. Não é apenas uma questão de quantidade, é também de qualidade. A UE não sabe fazer boa pedagogia.

O fenómeno dos modernos nacionalismos e populismos europeus radicais, compostos de manifestações chauvinistas que passam muitas vezes pela rejeição do outro, nalguns casos feitos apenas de agendas negativas, de matriz e natureza diversas (não sendo legítimo colocar todos eles no mesmo saco), tem criado desafios profundos à UE, à sua própria existência, a ponto de muitos duvidarem de que sobreviva muito mais tempo. No fundo, confrontam-na directamente com aquilo que lhe é mais sagrado: os princípios e valores democráticos. Mas atenção: a UE não existe em abstracto, não é uma entidade autónoma e que flutua livre no ar, um objecto qualquer ao lado ou acima de uma outra realidade. É um conjunto orgânico, que se pretende coeso e coerente, de leis e regras que sustentam a sua existência como projecto e a acção na respectiva prossecução. Criticar a UE é antes de mais criticar os Estados-membros que são os seus criadores, responsáveis e executantes. Se a UE falha ou erra, é porque os Estados falharam ou erraram nas escolhas ou decisões.

A UE tem sido e tem de continuar a ser o resultado de um consenso, mesmo que esse consenso seja a verificação da sua ausência, conscienciosamente (o «agree to disagree», na expressão inglesa). Existem circunstâncias que devemos aceitar como são, porque dificilmente mutáveis, ainda que o lamentemos. Mesmo que partilhemos, nós, Europeus, várias realidades geográficas, culturais, históricas, linguísticas, etc., e a identidade comum que estas realidades criam e fomentam, também é verdade que muito nos distingue e separa (e por vezes divide). Há sempre lugar para o sonho e para a utopia, claro, e é teórica e intelectualmente estimulante que assim seja. Mas também devemos agir com clarividência quando a realidade nos desmente. Tem de haver humildade (permitam-me que recomende nesta altura o extraordinário ensaio de Tony Judt *Uma Grande Ilusão?*, uma leitura estimulante sobre a unidade europeia).

7. Embaixador em Roma

Perante fenómenos que transcendem a sua capacidade de resposta sem um grave abalo que lhe crie fissuras e contando apenas com os instrumentos modestos de que dispõe, a União é compelida a retrair-se. A forma como lidou com o problema de acolhimento de milhares de refugiados oriundos de África e do Médio Oriente foi prova dessa dificuldade. Testemunhei-o como Embaixador em Roma.

A rejeição de vários Estados-membros em acolher esses refugiados com o pretexto, entre outros, de riscos de «contaminação» cultural ou religiosa, ao mesmo tempo que se construíam muros de arame farpado para impedir a sua entrada, deve-nos fazer reflectir sobre a Europa que somos, a Europa que queremos ou não queremos (uma possibilidade) e o que significa hoje ser europeu. Precisamos de uma reflexão profunda que vá além de um debate anual no PE sobre o «estado da União» (incluindo também nela, por exemplo, a nossa relação com a Rússia ou a Turquia, nossos grandes vizinhos, em todos os aspectos...).

A proposta de fazer distribuir os refugiados que chegavam em massa à Europa pelos diversos Estados-membros, por um sistema de quotas de acordo com vários critérios, foi um expediente bem-intencionado quando havia urgência em encontrar uma resposta e em tempo de crise excepcional, mas revelou as suas fraquezas perante a recusa de vários Estados-membros em aceitar este modelo. Podemos acusar uns e outros de falta de solidariedade ou comportamentos discutíveis, mas a Europa, nesta dissensão, mostrou os seus limites actuais e, sobretudo, a sua crise identitária; e também como a ausência de um rumo consensualizado leva à dispersão de esforços e à divergência de objectivos.

No fim, a solução mais efectiva deste problema passou pelo financiamento a terceiros para que se criassem as condições que permitissem acolher e estancar o fluxo de imigrantes, e de forma acessória uma supostamente nova (na verdade velha) política de injecção de fundos nos países de origem dos refugiados (e migrantes económicos ilegais). A Itália, entretanto, e a Grécia, nalguma medida, bem se podem (com alguma razão) queixar de falta de solidariedade e de abandono por parte dos parceiros europeus, preocupados sobretudo em os observar longe das suas fronteiras. Portugal, por seu turno, foi generoso se tivermos em conta as suas dificuldades financeiras e de estruturas de acolhimento.

Como sucede com as pessoas, a memória dos Estados e das nações parece também ser curta. Os momentos dramáticos que se viveram no auge do fluxo migratório para a Europa parecem nunca ter existido. Mas o impacto psicológico da crise dos refugiados na Europa, atacando o cerne do seu imaginário como espaço de liberdade e tolerância, foi significativo. Afinal de contas, teremos de concluir, os valores que defendemos como potencialmente universalistas estão menos enraizados e assumidos nos cidadãos europeus do que se poderia imaginar. De certa forma, consciencializámos que os

Europeus estavam enganados sobre si próprios ao descobrirem que outras preocupações – defesa territorial do que é seu (construção de muros), rejeição do que é diferente, reacções de insegurança – dominavam (dominam) a sua atenção. Numa tal situação, escolhem para os representar ou governar aqueles políticos que acreditam poder agir para melhor os proteger dessa ameaça. É quase uma reacção instintiva, porventura mais instintiva e irracional do que ideológica.

Deveremos então procurar as razões do medo e da rejeição (choque de culturas, diferentes padrões de aceitação de violência, medo das consequências económicas, nomeadamente do emprego, de ameaça aos serviços públicos?) e combatê-las de acordo com a voz da razão que nos guia nas nossas opções de participação social.

Os nacionalismos, obviamente, não são só, como referi, de um tempo específico; são expressões de sentimentos e comportamentos do Homem. Exibem diversas faces, exprimem-se de diversas formas, (auto)justificam-se com argumentos diversos. No século XIX, o século romântico, o nacionalismo estava claramente associado à ideia de liberdade libertadora. Libertação do domínio, do jugo, da opressão, da injustiça, da autoridade imposta e exercida de fora. Hoje, não é somente essa liberdade que se reclama, mas a procura da aceitação como nova normalidade da exclusão e da rejeição do que é diferente, até em regimes formalmente democráticos mas com laivos autoritários (o chamado iliberalismo democrático, designação que ilustra bem os tempos que vivemos).

8. Embaixador em Londres

Uma última nota, que julgo neste contexto ter de deixar, prende-se com a decisão do Reino Unido de abandonar a UE depois de mais de 40 anos como Estado-membro, de acordo com o resultado de um referendo livre e democrático. Para muitos analistas, aliás de vários quadrantes políticos e diversas sensibilidades europeias, o *Brexit*, que tenho seguido a par e passo, faz parte de uma tendência ou corrente mais ampla na Europa ligada a um crescendo de sentimentos nacionalistas no mundo ocidental (e nalguns casos, como ficou dito, misturando-se com fenómenos populistas).

Argumentar em defesa do *Brexit* a necessidade de «take back control» (de Bruxelas para Westminster), ou recuperar a velha máxima tatcheriana do «I want my money back», ou o desejo de reassumir o controlo absoluto das fronteiras para condicionar os fluxos migratórios da UE, ou o discurso baseado na «singularidade» histórica e cultural britânica que justifica a sua diferença perante os continentais, ou a vontade de «reconquistar a independência e a soberania do país» *vis-à-vis* a «ditadura» ou os tecnocratas de Bruxelas são mensagens que transmitem a primazia do «nós» perante a colectividade que é o «nosso», «de todos». «Nós e eles», eis a expressão muitas vezes utilizada na imprensa para referir as partes nas negociações do *Brexit*: o Reino Unido e a UE.

Não está em causa, a meu ver, a fortíssima tradição democrática, cosmopolita e liberal britânica. Apenas reflicto sobre a ideia que uma Nação-Estado tem de si própria e do seu lugar na Europa e no mundo. O *Brexit*, nesta data, ainda não se concretizou e é por isso cedo para prever a forma que tomará no futuro. É intelectual e politicamente saudável, e a meu ver muito importante numa perspectiva de estabilidade europeia, que o governo britânico reitere que o Reino Unido sai da UE mas não abandona a Europa, ou que jamais porá em causa os princípios e valores que enformam a sua vida política e social. Estou absolutamente confiante de que o Reino Unido permanecerá uma sociedade aberta, tolerante e livre, com um forte *rule of law* (Estado de direito), não caindo na tentação de extremismos ou intolerâncias, fazendo dos estrangeiros os bodes expiatórios do que possa correr menos bem. A «densidade» da democracia deste Reino é admirável, e o respeito pela diferença, uma lição que devemos todos aprender e seguir.

Referências e leituras recomendadas

BREVILLY, John, (ed.), *The Oxford Handbook of the History of Nationalism*, Oxford, Oxford University Press, 2013.

DE CLEEN, Benjamin, «Populism and Nationalism», ROVIRA KALTWASSER, C., TAGGART, P., OSTIGUY, P., Ochoa Espejo, P., (org.), *Handbook of populism*, Oxford, Oxford University Press, 2017.

EATWELL, Rogers; GOODWIN, Matthew, *National populism: The Revolt Against Liberal Democracy*, Pelican Books, 2018.

JUDT, Tony, *Uma Grande Ilusão? Ensaio sobre a Europa*, Lisboa, Edições 70, 2012.

OZKIRIMLI, Umut, *Theories of Nationalism: A Critical Introduction*, Palgrave Macmillan, 2010.

RAMIET, Sabrina, *Nationalism and Federalism in Jugoslavia, 1962-1991*, Indiana Univ Press, 1992.

Entre paz e soberania: nacionalismo e cosmopolitismo

Alexandre Franco de Sá

Departamento de Filosofia, Comunicação e Informação
da Faculdade de Letras da Universidade de Coimbra

Nacionalismo e *cosmopolitismo* são um par de conceitos cuja conjugação expressa, ao mesmo tempo, um dilema e uma contraposição. Enquanto expressão de um dilema, estes aludem a um conflito entre valores cuja hierarquia se torna, por vezes, problemática: o direito dos povos e das comunidades nacionais à independência e autodeterminação, por um lado; o direito de todos os homens e mulheres à dignidade, à liberdade individual e a um habitar comum da Terra, por outro. Enquanto expressão de uma contraposição, *nacionalismo* e *cosmopolitismo* remetem para aquilo que se poderia caracterizar como dois projectos políticos alternativos e excludentes que se desenvolvem ao longo da modernidade. Dir-se-ia que, na política moderna, os nacionalismos se contrapõem estruturalmente ao cosmopolitismo, de tal modo que parece hoje uma afirmação de senso comum, que prescinde de demais explicações, a de que, por um lado, os nacionalismos trazem ínsita a exclusão de uma política cosmopolita e a de que, por outro lado, se é tanto mais cosmopolita quanto menos nacionalista se for.

Interessa, no entanto, tornar explícito que os dois conceitos, encontrando a sua génese na modernidade, possuem no desenvolvimento desta, e apesar da sua contraposição, uma fonte comum. É, antes de mais, uma breve abordagem desta fonte partilhada que se revela imprescindível não apenas para a sua compreensão adequada, mas também para o seu uso consistente.

1. Duas noções fundamentais da política moderna: a soberania como princípio e a paz como fim

O nacionalismo e o cosmopolitismo nascem de duas noções que se articulam no pensamento político moderno, mas que terão, sobretudo ao longo do século XX, um percurso autónomo. A primeira noção a que nos referimos parte da ideia política da igualdade entre os homens. Tal afirmação de igualdade não exclui, naturalmente, o reconhecimento de que os homens são marcados por qualidades distintas. Mas ela caracteriza-se pelo pressuposto de que, por maiores que sejam as diferenças entre os homens, nenhuma é tão profunda que se torne politicamente relevante.

Se a filosofia clássica tinha admitido a existência de naturezas humanas diferenciadas – a diferença entre homens livres e escravos por natureza, por exemplo, que Aristóteles aborda no início do Livro I da *Política* –, o pensamento político moderno parte do princípio de que todos os homens são fundamentalmente iguais.

Como escreve Thomas Hobbes num passo fundamental do *Leviatã*: «A natureza fez os homens tão iguais, quanto às faculdades do corpo e do espírito, que, embora por vezes se encontre um homem manifestamente mais forte de corpo, ou de espírito mais vivo do que outro, mesmo assim, quando se considera tudo isto em conjunto, a diferença entre um e outro homem não é suficientemente considerável para que qualquer um possa com base nela reclamar qualquer benefício a que outro não possa igualmente aspirar»[1]. A partir desta igualdade, surge a ideia de que se torna necessária a existência de um poder peculiar – a soberania – cujo carácter absoluto lhe permite proporcionar a união entre homens iguais. A união que caracteriza a vida política moderna distingue-se essencialmente, nessa medida, da concórdia subjacente à constituição da comunidade antiga. Se esta estaria baseada na partilha de algo comum, constituída em torno de um *cum* que sustentaria a *communitas*, a união política moderna assenta antes na capacidade de fazer coexistir pacificamente indivíduos que não partilhariam senão a sua ausência de partilha, ou seja, a sua recíproca protecção, segurança e imunização ante a possibilidade de violação da sua esfera individual por qualquer outro.

Proporcionando a coexistência em segurança de indivíduos iguais, o conceito de soberania encontra-se no princípio da política moderna. Este conceito é o fundamento mesmo de uma política que se traduz na coexistência de indivíduos que, longe de convergirem num mesmo «coração», de acordo com a etimologia do termo concórdia, se unem apenas em função da sua segurança, da possibilidade de nada terem de partilhar e de assim viverem pacificamente, protegidos e imunes a interferências alheias.

Como escreve Roberto Esposito acerca desta concepção imunitária que permite contrapor a união política moderna ao conceito de comunidade: «União, e não concórdia, porque é simultaneamente muito mais – a incorporação na única pessoa soberana –, mas também, e precisamente por isso, infinitamente menos do que uma qualquer forma de relação

---

[1] Hobbes, Thomas, *Leviatã*, Lisboa, Imprensa Nacional-Casa da Moeda, 1995, p. 109.

comunitária: unidade sem relação, supressão do *cum*. Esse corpo não é simplesmente diverso, ou outro, em relação à comunidade: mas é o seu oposto»[2]. A paz é, neste sentido preciso, o fim da política moderna. E o conceito de soberania alude àquele poder incontestável capaz de fazer com que homens iguais se não agridam mutuamente e vivam em paz.

É precisamente a paz como meta última da política que constitui a segunda noção de que falamos. Se a política clássica se orientava para a finalidade não apenas da vida, mas daquilo a que Aristóteles chamaria a «vida boa», isto é, se a política clássica tinha como fim último a melhoria do carácter dos homens através do cultivo de virtudes ou de excelências, o fim da política moderna é apenas o alcance de uma vida pacífica. Não se trata, para a política moderna, de tornar o homem melhor, mas apenas de fazer com que ele escape às misérias previsíveis de uma vida mergulhada em guerras, conflitos e destruição. Se, para a filosofia política clássica, a paz e a possibilidade da convivência política seriam retiradas da elevação do carácter humano, dir-se-ia que o pensamento político moderno se caracteriza por inverter esta relação: seria na paz, enquanto fim último da política, que se encontraria a condição essencial de uma vida melhor.

1.1. Soberania e representação como princípios da política moderna

A primeira noção mencionada – a articulação entre a noção de uma igualdade entre os homens e o conceito de soberania – conduz necessariamente à ideia de que a soberania deve ser

[2] Esposito, Roberto, *Communitas: origine e destino della comunità*, Turim, Einaudi, 1998, p. 13.

partilhada por todos os membros de uma comunidade política. Não havendo diferenças entre os homens que sejam politicamente relevantes, isto é, não havendo características particulares que habilitem especialmente alguém para ser o soberano, é a própria comunidade política, o próprio povo, que, no culminar do desenvolvimento desta ideia, deverá assumir a soberania. É possível traçar um fio condutor que leva da afirmação da soberania monárquica do príncipe, enquanto representante da união política, à afirmação da soberania popular.

No fundamental capítulo XVI do *Leviatã*, Hobbes articula o conceito de soberania com o conceito de representação. O soberano é representante na medida em que representa não propriamente os indivíduos concretamente considerados, mas a ideia da sua união política, constituindo essa mesma união na unidade da sua pessoa representativa. Uma tal representação ocorre porquanto cada um dos representados assume a vontade do representante como a sua própria vontade. Esta relação essencial entre representante e representado permitirá a Rousseau pensar a sua unidade, identificando o povo com o soberano e recusando que a vontade soberana deste mesmo povo – a vontade geral – possa ser representada: «Digo, pois, que a soberania, sendo apenas o exercício da vontade geral, nunca pode alienar-se, e que o soberano, não passando de um ser colectivo, só pode ser representado por si mesmo; pode transmitir-se o poder – não, porém, a vontade»[3]. A partir da recusa de que a vontade do povo soberano possa ser representada, nenhum indivíduo é pensado como estando fora do povo e o próprio povo surge como um conjunto de indivíduos iguais, não como uma comunidade composta por corpos e grupos diferenciados.

---

[3] ROUSSEAU, Jean-Jacques, *O Contrato Social*, São Paulo, Martins Fontes, 1999, p. 33.

Com a noção democrática de soberania popular, a unidade política deixa de poder ser concebida como uma entidade composta por corpos estranhos entre si. Se um historiador como Boulainvilliers, por exemplo[4], na transição do século XVII para o século XVIII, ainda concebera a França como um composto de «estados» heterogéneos, inclusivamente descendentes de povos diferenciados (o povo francês seria descendente dos gauleses, conquistados por Roma; a nobreza francesa descenderia dos francos, conquistadores de Roma), a ideia de soberania popular gera a noção da identidade entre o povo – o «terceiro estado» – e uma unidade política consistente e completa. É a esta unidade política que se dará o nome de *nação*. A conhecida proclamação de Sieyès de que «o terceiro estado é uma nação completa»[5] adquire aqui o seu sentido. É também a partir daqui que o nacionalismo pode ser compreendido como o princípio político segundo o qual o Estado não deve ser senão a própria nação politicamente organizada. Segundo um tal princípio, se a soberania tinha sido compreendida, no início da era moderna, como o atributo de um elemento exterior ao povo, representante deste mesmo povo e constituinte da sua unidade política, e se a ideia democrática da soberania popular rejeita a possibilidade de a soberania ser representada e de o povo ser constituído na sua unidade política a partir de fora, o nacionalismo orienta-se para a noção de que a unidade política de um povo é já a nação e de que, consequentemente, Estado e nação devem coincidir naquilo que se poderá chamar «Estado nacional». Ernest Gellner tem razão ao definir o nacionalismo, em termos gerais, como «um princípio político que defende que a

---

[4] Cf. FOUCAULT, Michel, «Il faut défendre la société», Paris, Gallimard, 1997, pp. 128 e ss.

[5] SIEYÈS, Emmanuel, *O Que É o Terceiro Estado?*, Lisboa, Círculo de Leitores, 2009, p. 75.

unidade nacional e a unidade política devem corresponder uma à outra»[6].

1.2. A paz como fim da política moderna

Se o nacionalismo encontra na sua génese a noção de uma unidade política soberana, original e homogénea, cuja existência política como comunidade independente surge como um valor supremo, o cosmopolitismo, no seu sentido moderno, emerge da contraposição a esta noção[7] e da defesa da paz como fim da política.

Segundo uma tal noção, a guerra é um mal supremo que se torna imperativo abolir. A abolição da guerra requereria que os Estados estabelecessem entre si relações que não pudessem ser caracterizadas como um simples «estado de natureza», ou seja, relações que não fossem o mero confronto da sua força natural, mas que constituíssem, de forma análoga ao que ocorre dentro de cada Estado, a observação de uma legalidade que estivesse na base de um «Estado civil» ou de um «Estado jurídico». Por outras palavras, contrapondo-se à ideia de que as relações entre estados possam assentar na natureza e na força de cada um, e à ideia correlativa de que os estados sejam a simples expressão de nações soberanas que não reconhecem nenhuma limitação do seu poder na sua relação com as outras, o cosmopolitismo constitui-se como o projecto político que, encontrando na paz o seu princípio supremo, propõe o estabelecimento de uma «sociedade civil» entre Estados.

Num âmbito filosófico, foi sobretudo Kant quem, em *A Paz Perpétua*, procurou pensar as condições para o estabelecimento

---

[6] GELLNER, Ernest, *Nações e Nacionalismo*, Lisboa, Gradiva, 1993, p. 11.

[7] Cf. VILLACAÑAS, José Luis, *La Nación y la Guerra*, Múrcia, Res Publica, 1999.

de uma tal sociedade civil interestatal. Segundo Kant, estas condições seriam essencialmente três. Em primeiro lugar, as constituições dos Estados deveriam ser republicanas e não despóticas, isto é, constituições nas quais o modo de governar, determinado por um princípio de separação de poderes, impediria que a vontade pública fosse «manejada pelo governante como sua vontade privada»[8]. Numa república formada por cidadãos, em que o Estado não fosse propriedade de um déspota exterior à comunidade, seria difícil tomar a decisão pela guerra, na medida em que todos teriam «de decidir por si próprios todos os sofrimentos da guerra»[9]. Em segundo lugar, os Estados que renunciassem ao despotismo e se orientassem pelo propósito da paz deveriam formar entre si não necessariamente um «Estado de povos» ou uma «república mundial», mas um direito das gentes fundado numa «federação antagónica à guerra, permanente e em contínua expansão»[10]. Em terceiro lugar, um tal progresso deveria dar lugar a um direito cosmopolita, no qual se consagraria «o direito de um estrangeiro a não ser tratado com hostilidade em virtude da sua vinda ao território de outro»[11].

Kant associa a ultrapassagem do despotismo e a emergência daquilo que chama «constituições republicanas» a uma política cosmopolita orientada essencialmente pelo valor da paz. Assim, dir-se-ia que, para Kant, quanto mais uma Constituição fosse regida pelos princípios republicanos que conduziriam à noção de um Estado em que não houvesse lugar a privilégios, um Estado formado por cidadãos iguais entre si em direitos, menor seria a possibilidade da ocorrência

---

[8] Kant, Immanuel, *A Paz Perpétua e Outros Opúsculos*, Lisboa, Edições 70, 1992, p. 130.

[9] *Idem, ibidem*, p. 129.

[10] *Idem, ibidem*, p. 136.

[11] *Idem, ibidem*, p. 137.

de guerras. No entanto, uma tal associação não pôde deixar de se revelar um engano: a noção de que os homens são iguais e se devem constituir como cidadãos identificados com o seu Estado não se desenvolveu no sentido cosmopolita do reconhecimento do valor da paz, mas adquiriu um desenvolvimento progressivamente autónomo em relação a esse mesmo valor; um desenvolvimento que, em última análise, chegou mesmo a contrapor-se-lhe. Se Kant procurava pensar a paz a partir da concepção de um progresso moral da humanidade, a partir do pano de fundo da «ideia de uma história universal concebida de um ponto de vista cosmopolita», o que se seguiu historicamente ao cosmopolitismo kantiano, na transição do século XVIII para o século XIX, foi precisamente a emergência de um tempo a que se poderia chamar a era dos nacionalismos.

2. O nacionalismo entre Estado e Nação

2.1. A nação como fundamento do Estado: o nacionalismo no século XIX

Num texto intitulado precisamente «A ideia kantiana de paz pertétua – à distância histórica de 200 anos», Jürgen Habermas alude explicitamente àquilo a que chama «ambivalência» da ideia de nação, a qual Kant ainda não pudera conhecer em todo o seu alcance. Segundo Habermas, se Kant esperava do desaparecimento do despotismo e da emergência de uma cidadania republicana em Estados-nações a crescente dificuldade de tomadas de decisão pela guerra, não podia ter tomado em consideração que o nacionalismo – resultado da ideia moderna de igualdade e da ultrapassagem histórica do despotismo – surgia como um princípio político capaz de se contrapor ao cosmopolitismo. Como escreve Habermas, referindo-se às esperanças de Kant na crescente raridade da guerra:

«Esta assunção optimista foi refutada por uma força mobilizadora que Kant, em 1795, ainda não podia reconhecer na sua ambivalência, quero dizer a ideia de nação. O nacionalismo foi certamente um veículo para a desejada transformação dos súbditos em cidadãos activos que se identificam com o seu Estado. Mas tal não foi feito pelo Estado-nação democrático de um modo mais pacífico do que pelo seu antecessor, o Estado da autoridade dinástica»[12].

Sobrepondo-se ao valor da paz, a emergência do nacionalismo corresponde, no século XIX, ao estabelecimento da nacionalidade como um princípio fundamental de legitimidade política. É em virtude de um tal princípio que, no final do século XIX, são formados novos Estados como a Itália e a Alemanha, respectivamente em 1861 e 1871, os quais pretendiam justamente dotar as nações italiana e alemã de um Estado que expressasse politicamente a sua soberania e independência. Mas é também em nome deste princípio «democrático» que, na Europa, são introduzidos novos motivos para guerras futuras. Se o princípio nacionalista da correspondência entre Estado e nação conduz ao aparecimento de novos Estados nacionais, este mesmo princípio dá azo à contestação, subversão e destruição de outros Estados que não corresponderiam a tal paradigma democrático. As vicissitudes da Áustria nas primeiras décadas do século XX, por exemplo, da destruição do Império Austro-Húngaro na sequência da Primeira Guerra Mundial até à sua integração no Terceiro Reich em nome da unidade da nação alemã, são um testemunho eloquente de que o colapso do princípio da soberania dinástica, o eclipse daquilo que em Kant emergia como a figura paradigmática do Estado despótico, estava longe de corresponder à expectativa kantiana do advento da paz.

---

[12] HABERMAS, Jürgen, *Die Einbeziehung des Anderen*, Francoforte, Suhrkamp, 1999, p. 200.

Contudo, se, no século XIX, o nacionalismo opera essencialmente, enquanto princípio político, como reivindicação da constituição das nações como Estados – princípio que estará também na base, na segunda metade do século XX, da evocação de um direito dos povos à autodeterminação e descolonização –, as políticas nacionalistas não se esgotam nesta reivindicação de um direito das nações a existirem politicamente, mas introduzem uma representação particular da própria nação. Esta representação contrapor-se-á essencialmente à representação socialista do Estado.

O socialismo marxista desenvolvera-se através da ideia de que toda a história seria «a história de lutas de classes»[13] e de que o Estado não seria senão um instrumento utilizado pela classe burguesa para perpetuar a exploração da classe proletária. Para Marx, diante da opressão exercida pelo Estado burguês, os operários «não têm pátria»[14]; consequentemente, deveriam reconhecer que a divisão da humanidade por nações potencialmente hostis entre si não corresponderia senão a um mundo político burguês votado a desaparecer. Como escreve Marx: «À medida que se suprime a exploração de um indivíduo por outro, suprime-se a exploração de uma nação por outra. Com o desaparecimento do antagonismo das classes no interior da nação desaparece a hostilidade entre as nações»[15]. É, portanto, ante a concepção socialista do Estado como instrumento da classe burguesa, e ante a ideia de que «os antagonismos nacionais dos povos já estão a desaparecer»[16], que o nacionalismo se articula com um novo conceito de Estado: o Estado corporativo.

---

[13] MARX, Karl, *Manifesto do Partido Comunista,* Lisboa, Edições «Avante!», 1984, p. 59.

[14] *Idem, ibidem,* p. 82.

[15] *Idem, ibidem, loc. cit.*

[16] *Idem, ibidem, loc. cit.*

A concepção corporativa do Estado resultava, antes de mais, da publicação pelo Papa Leão XIII da Encíclica *Rerum Novarum*, em 1891, na qual se defendia que o Estado, longe de resultar do domínio de uma classe opressora sobre uma classe oprimida, deveria antes ser concebido como a instância na qual seria possível promover a unidade e harmonia sociais, responsabilizando os patrões pelo bem-estar dos operários e exigindo ao movimento operário o reconhecimento do direito de propriedade. Para o nacionalismo, a ideia de que o Estado teria a responsabilidade de promover a unidade da sociedade não poderia deixar de remeter para o reconhecimento de que a unidade nacional estaria na base da unidade política e da harmonização social promovida pelo Estado. Nesta perspectiva, um tal reconhecimento implicaria necessariamente o princípio da nação como um valor supremo, isto é, o princípio de que a sociedade – sob a forma das comunidades naturais da família, das corporações e da nação – não era formada como uma soma de vontades individuais e desvinculadas, mas surgia como um corpo que, precedendo-os, constituía os indivíduos como pessoas livres e plenamente humanas.

Como escreverá Charles Maurras, o pensador que, já no século XX, levará às últimas consequências esta concepção nacionalista: «A sociedade não é certamente um grande animal do qual os indivíduos não seriam senão células subordinadas. Mas ela também não é um desses «pôr em comum» de vontades a que se chama, em direito, associações. A sociedade não é uma associação voluntária: é um agregado natural. Ela não é querida, não é eleita pelos seus membros. Não escolhemos nem o nosso sangue, nem a nossa pátria, nem a nossa linguagem, nem a nossa tradição»[17].

---

[17] MAURRAS, Charles, *Mes idées politiques*, Paris, Fayard, 1937, p. 118.

2.2. *O Estado como fundamento da nação: o nacionalismo no século* XX

A concepção da sociedade como um «agregado natural», e da nação como um corpo no qual se integram organicamente comunidades mais pequenas como a família, alimenta-se da sua contraposição ao desenvolvimento do marxismo. Na primeira metade do século XX, e sobretudo após a revolução soviética na Rússia de 1917, o nacionalismo desenvolver-se-á como uma autêntica elevação da nação ao estatuto de um mito, de um objecto de culto, de um ídolo a cujo valor os cidadãos deveriam sacrificar a própria individualidade. Diante do terror provocado na Europa pelos desenvolvimentos da Revolução Russa, o mito nacionalista da nação como valor supremo, o mito de uma nação cuja ancestralidade a habilitava a prevalecer mesmo que com base no sacrifício da liberdade individual, contrapunha-se ao mito político socialista de uma subversão total do Estado às mãos da greve geral e da revolução.

É a partir desta contraposição que, no despontar da década de 1920, o nacionalismo surge marcado profundamente pela sua relação com o fascismo, entretanto emergente em Itália. Poder-se-ia dizer que o fascismo aparece como uma concepção autoritária do Estado baseada num culto nacionalista ou numa abordagem da unidade nacional como mito. Como afirma Carl Schmitt num texto de 1923, escrito imediatamente após a chegada dos fascistas ao governo italiano: «Onde os dois mitos vieram a um confronto aberto, em Itália, até agora venceu o mito nacional. O fascismo italiano retrata o seu inimigo comunista com uma imagem grotesca, com o rosto mongol do bolchevismo; esta provocou uma impressão e afectos maiores do que a imagem socialista do burguês. [...] No seu célebre discurso de Outubro de 1922, em Nápoles, antes da Marcha sobre Roma, dizia Mussolini: «Criámos um mito, o mito é uma fé, um nobre entusiasmo, não precisa de ser realidade, é um ímpeto e uma esperança, fé e coragem. O nosso mito é a nação, a grande nação, que queremos fazer uma realidade concreta.» No mesmo discurso chama ele ao socialismo uma mitologia inferior»[18].

Importa determo-nos brevemente na evocação fascista da nação como mito. Uma tal evocação comporta uma mudança essencial em relação ao nacionalismo do século XIX. Se este apresentava a nação como uma realidade natural, histórica e empírica, que o Estado deveria representar e realizar concretamente, o fascismo encontrará na nação uma unidade política espiritual, uma realidade ética e ideal, que só existiria fáctica e concretamente no Estado e por meio desse mesmo Estado, mediante a sua acção política. É nessa medida que o Estado fascista se torna pensado como *stato totalitario.* Como escreve Giovanni Gentile, o filósofo neo-hegeliano que serviu como ministro da Instrução Pública de Mussolini e com ele publicou a *Doutrina do Fascismo*: «Não é a nação a gerar o Estado, segundo o vetusto conceito naturalístico que serviu de base à publicística dos Estados nacionais no século XIX. Antes a nação é criada pelo Estado, que dá ao povo, consciente da própria unidade moral, uma vontade e, portanto, uma existência efectiva. O direito de uma nação à independência deriva não de uma consciência literária e ideal do próprio ser, muito menos de uma situação de facto mais ou menos inconsciente e inerte, mas de uma consciência activa, de uma vontade política em acto e disposta a demonstrar o próprio direito: isto é, de uma espécie de Estado já *in fieri*»[19]. Se a nação aparecia, no pensamento nacionalista do século XIX, como uma realidade

---

[18] SCHMITT, Carl, *Die geistesgeschichtliche Lage des heutigen Parlamentarismus*, Berlim, Duncker & Humblot, 1996, pp. 88–89.

[19] MUSSOLINI, Benito, La dottrina del fascismo, *in* SUSMEL, Edoardo e SUSMEL, Duilio (org.), *Opera Omnia di Benito Mussolini*, Vol. XXXIV, Florença, La Fenice, 1961, p. 120.

natural que encontrava expressão política no Estado, o nacionalismo fascista do século XX pensa-a antes como uma entidade formada por um conjunto de dispositivos que operam sobre os indivíduos e os moldam a partir da acção performativa do próprio Estado.

Foi Michel Foucault quem permitiu pensar a forma de poder que, mediante um conjunto de dispositivos disciplinares, o Estado exerce directamente sobre o corpo e a vida dos seus cidadãos e neles instaura a sua própria identidade enquanto sujeitos ou cidadãos nacionais. Dispositivos disciplinares como a escola e o exército são os exemplos privilegiados do modo como o aparelho de Estado opera, formando os seus cidadãos como sujeitos (ou súbditos), isto é, constituindo os próprios sujeitos ao subjectivar em cada um deles a forma de poder que permite governá-los. Como escreve Giorgio Agamben: «O termo dispositivo denomina aquilo através do qual se realiza uma pura actividade de governo sem nenhum fundamento no ser. Por isso, os dispositivos devem sempre implicar um processo de subjectivação, isto é, devem produzir o seu sujeito»[20].

Poder-se-ia dizer que o que caracteriza o fascismo e, a partir dele, o nacionalismo no século XX é precisamente a noção de que a nação, enquanto realidade histórica, não é formada naturalmente nem existe por si mesma ao longo do tempo, mas, precisamente enquanto histórica, é uma realidade espiritual que só no Estado – num Estado pensado por Hegel como «espírito objectivo» – encontra a sua realidade efectiva. Para o nacionalismo fascista, a nação só existe nos sujeitos formados pelo Estado, do mesmo modo que a liberdade destes enquanto sujeitos só existe concretamente, só adquire existência objectiva, no direito gerado por esse mesmo Estado. Assim, a nação

---

[20] AGAMBEN, Giorgio, *Che cos'è un dispositivo?*, Roma, Nottetempo, 2006, p. 19.

seria precisamente o eixo que permitiria articular liberdade subjectiva e objectiva em cada indivíduo, fazendo com que a sua existência individual, longe de se basear numa liberdade abstracta pensada contra os outros e contra o Estado, se realizasse objectivamente no direito e no próprio Estado.

Por outro lado, ao evocar o «mito da nação», bem como o Estado enquanto realidade política concreta na qual tal mito se concretiza, o fascismo apresenta a noção de soberania nacional como um valor supremo ao qual se deveria subordinar o valor da paz. A partir desta subordinação, a paz surge como um valor que está longe de ser absoluto ou um princípio político incondicional e intrinsecamente desejável. Como escreve Mussolini: «O fascismo, no que respeita, em geral, ao futuro e ao desenvolvimento da humanidade, e à parte qualquer consideração de política actual, não crê na possibilidade nem na utilidade da paz perpétua. Rejeita, portanto, o pacifismo que esconde uma renúncia à luta e uma vileza diante do sacrifício. Só a guerra traz ao máximo de tensão todas as energias humanas e imprime um cunho de nobreza aos povos que têm a virtude de a afrontar. Todas as outras provas são substitutivos que nunca colocam o homem diante de si mesmo, na alternativa da vida ou da morte»[21]. É precisamente esta subordinação do valor da paz que permite contrapor o cosmopolitismo ao nacionalismo: diante da relativização nacionalista do valor da paz, o cosmopolitismo surge como uma proposta política caracterizada por colocar a paz como fim e meta fundamental da própria política.

---

[21] Mussolini, Benito, *op. cit.*, p. 124.

3. Do cosmopolitismo ao pacifismo

3.1. Pacifismo e criminalização da guerra

Se o nacionalismo se desenvolve, ao longo dos séculos XIX e XX, de um modo crescentemente autónomo em relação ao cosmopolitismo, acabando finalmente por se contrapor à desejabilidade da paz como meta e valor fundamental, também o cosmopolitismo, enquanto princípio político, se começa a desenvolver com cada vez maior autonomia em relação aos valores determinantes do nacionalismo, particularmente em relação ao valor da soberania nacional e do direito dos povos à independência e autodeterminação.

A experiência dos elevadíssimos custos humanos da Primeira Guerra Mundial conduziu a que a sua conclusão, em 1918, fosse vivida como a emergência de uma época na qual a construção de uma situação internacional marcada por uma convivência pacífica entre os Estados se estabelecia como um imperativo. A criação da Sociedade das Nações, impulsionada por Woodrow Wilson, presidente dos Estados Unidos da América (EUA) entre 1913 e 1921, e inspirada explicitamente em Kant, procurou atribuir a esta nova época uma configuração institucional própria.

Em 1928, por sua vez, o Pacto Kellogg-Briand, assinado em Paris entre o ministro dos Negócios Estrangeiros francês Aristide Briand e o secretário de Estado norte-americano Frank B. Kellogg, estabelecia que a guerra deveria deixar de ser compreendida como um direito legítimo de Estados soberanos, renunciando os Estados signatários a encontrar nela um recurso admissível para a resolução de conflitos políticos e disputas entre eles. Aquando da sua entrada em vigor, em 1929, variados Estados tinham já aderido aos termos do Pacto e, como resultado disso, o Prémio Nobel da Paz é atribuído a

Frank B. Kellogg (Aristide Briand tinha-o recebido em 1926 pela sua acção no Tratado de Locarno).

Estes dois marcos históricos atribuíam ao percurso do cosmopolitismo, no século XX, um rumo político próprio e autónomo: se o nacionalismo se norteara pela valorização do princípio de que as comunidades nacionais deveriam constituir Estados soberanos, isto é, Estados que, não reconhecendo acima de si nenhuma lei superior, teriam o direito de recorrer à força e ao poder armado, o cosmopolitismo adquire a configuração concreta de uma proposta política na qual a obtenção da paz internacional deveria ser alcançada por meio da subordinação progressiva dos Estados a instituições internacionais que, limitando a sua soberania, os subordinassem a uma legalidade e lhes restringissem a capacidade de recorrer à guerra e à violência.

É ao adquirir esta configuração concreta que o cosmopolitismo se começa a desenvolver como princípio político autónomo, contraposto sobretudo ao nacionalismo na sua valorização da soberania nacional. A partir da década de 1920, no momento em que o nacionalismo começa a evoluir num sentido que põe em causa a própria paz como valor, é precisamente em nome da paz que o cosmopolitismo se vai desenvolver num sentido que relativizará, inevitavelmente, o valor das soberanias nacionais. O cosmopolitismo articula-se, neste sentido geral, com uma posição pacifista.

No entanto, o pacifismo que pelo cosmopolitismo é desenvolvido não pode deixar de se especificar como aquilo a que Norberto Bobbio chamou um «pacifismo institucional»[22], assente na ideia de que só seria possível alcançar a paz entre os Estados se fosse possível coagi-los a aceitarem, nas relações

---

[22] Bobbio, Norberto, *O problema da guerra e as vias da paz*, São Paulo, UNESP, 2002, pp. 133 e ss.

entre eles, a existência de um terceiro elemento que pudesse mediar as suas disputas e arbitrar os seus diferendos. Longe de evocar simplesmente a paz como princípio geral, o cosmopolitismo caracteriza-se antes pela proposta política concreta de que a paz seja realizada a partir de uma relativização do poder dos Estados, bem como da emergência de instituições que, limitando esses mesmos Estados nas suas possibilidades e recursos, assegurem a progressiva transformação do mundo num cosmos unificado – uma «cosmópolis» – em que a liberdade de movimentos, o trânsito de capitais, a circulação de pessoas seja crescentemente aberto e ilimitado. É na tradução concreta de uma tal proposta política que se torna possível medir justamente o seu alcance e aferir os seus resultados.

Desde a sua formulação que à proposta política do «pacifismo institucional» cosmopolita foi apontado um problema fundamental. Tal problema parte da necessidade de determinar a natureza do árbitro capaz de mediar os conflitos hipotéticos entre Estados. Um tal árbitro deveria ser, por um lado, neutro e imparcial, isto é, desvinculado dos interesses que caracterizam os vários Estados. Por outro lado, não poderá deixar de ser dotado do poder de coacção necessário para forçar as partes em conflito e impor aquilo que determina como paz. Ora, se um Estado se define, segundo a conhecida expressão de Max Weber, por reclamar o «monopólio da violência física legítima»[23], tal quer dizer que o «terceiro» só poderá corresponder, à partida, no âmbito das relações entre Estados, a uma potência hegemónica cujo pacifismo se alicerça numa capacidade de, através da possibilidade do uso da força, determinar aquilo que deve contar como um acto de guerra e aquilo que, sendo embora uma acção violenta, deverá ser interpretado,

---

[23] WEBER, Max, *A Política como Profissão*, Lisboa, Edições Universitárias Lusófonas, 2000, p. 17.

caracterizado e apresentado (para usar uma terminologia actual) como uma «operação de paz».

Já na década de 1920, um autor como Carl Schmitt pôde criticar o pacifismo cosmopolita, no seu sentido «institucional», pela sua dependência da presença de uma potência hegemónica capaz de determinar unilateralmente, a partir do seu puro e simples poder, o que deve valer como guerra ou como paz.

No contexto da Sociedade das Nações, Schmitt encontra no pacifismo cosmopolita que lhe esteve subjacente não propriamente o triunfo efectivo de um projecto de paz, mas a afirmação do poder dos Estados vencedores da Grande Guerra, cuja hegemonia se manifestaria precisamente na capacidade de identificar os seus interesses particulares com os da humanidade em geral, bem como de impor a caracterização das suas acções bélicas como actos de defesa da paz. Como escreve Schmitt: «Se a oposição pacifista contra a guerra se tornasse tão forte que pudesse empurrar os pacifistas para a guerra contra os não-pacifistas, para uma «guerra contra a guerra», estaria com isso provado que ela tem realmente força política, pois ela é forte o suficiente para agrupar os homens segundo amigo e inimigo»[24]. A partir desta crítica ao pacifismo, a própria pretensão cosmopolita de garantir a paz através do estabelecimento de uma instituição que funcione como árbitro ou como «terceiro» no âmbito das relações entre Estados, limitando a sua soberania, é criticada como estando ligada ao projecto de atribuir a uma potência hegemónica o poder de intervir militarmente sem nenhuma limitação, justificando tal intervenção em nome da paz.

Segundo a crítica de Schmitt, o pacifismo cosmopolita não apenas não eliminaria a possibilidade da guerra, mas até abriria a possibilidade de a tornar mais intensa e violenta, já que a

---

[24] Schmitt, Carl, *O Conceito do Político*, Lisboa, Edições 70, 2015, p. 68.

potência hegemónica que interviria militarmente em nome da paz não poderia deixar de determinar os seus inimigos como inimigos da própria paz, discriminando-os como criminosos desumanos que, longe de poderem ser reconhecidos como moralmente iguais e respeitados como adversários e opositores na guerra, teriam de ser perseguidos e erradicados para defesa da humanidade inteira. Como escreve Schmitt: «A *humanidade*, enquanto tal, não pode fazer qualquer guerra, pois ela não tem qualquer inimigo, pelo menos não neste planeta. O conceito de humanidade exclui o conceito de inimigo, pois também o inimigo não deixa de ser homem e nele não se encontra nenhuma diferenciação específica. Que sejam feitas guerras em nome da humanidade não é nenhuma refutação desta verdade simples, mas tem apenas um sentido político particularmente intensivo. Quando um Estado combate o seu inimigo político em nome da humanidade, isso não é nenhuma guerra da humanidade, mas uma guerra na qual um Estado determinado, diante do seu opositor na guerra, procura ocupar um conceito universal, para (à custa do opositor) com ele se identificar, de modo semelhante a como se pode usar equivocamente paz, justiça, progresso, civilização para os reivindicar para si e recusá-los ao inimigo. A «humanidade» é um instrumento ideológico das expansões imperialistas particularmente utilizável e, na sua forma ético-humanitária, um veículo específico do imperialismo económico»[25].

3.2. A paz pelo direito

O desfecho da Segunda Guerra Mundial e o início da era atómica, em 1945, dotaram a paz de uma ainda maior

[25] *Idem, ibidem*, p. 98.

imperatividade na política moderna. É certo que o fim da paz e da segurança tinha estado subjacente a toda a política moderna. No entanto, as novas possibilidades de destruição demonstradas em Hiroxima e Nagasáqui levaram a que o bloqueio da eventualidade de eclosão de novas guerras se constituísse como um imperativo absoluto. Apesar disso, um tal imperativo não poderia deixar de se confrontar com as críticas ao uso de conceitos como paz e humanidade como argumentos para a justificação por Estados hegemónicos de intervenções imperialistas.

É diante dessas críticas que, no final da Segunda Guerra Mundial, Hans Kelsen defende que a paz mundial só poderia ser alcançada se os Estados se subordinassem não a uma potência hegemónica, mas ao tribunal de uma justiça internacional que se revelasse verdadeiramente isenta e imparcial. É nesse sentido que, no seu livro *A Paz pelo Direito*, publicado em 1944, Kelsen defende abertamente: «Enquanto não for possível remover dos Estados interessados a prerrogativa de responder à questão do direito e transferi-la de uma vez por todas para uma autoridade imparcial, nomeadamente para um tribunal internacional, qualquer outro progresso no caminho para a pacificação do mundo está absolutamente excluído»[26].

As reflexões de Kelsen desembocaram, em larga medida, na constituição da Organização das Nações Unidas (ONU), após a Segunda Guerra Mundial. No entanto, diante destas reflexões, poder-se-á dizer que ao projecto da ONU esteve sempre subjacente uma certa ambiguidade: por um lado, com a presença de um Conselho de Segurança constituído pelas potências vencedoras do conflito, cada uma com direito de veto sobre as suas resoluções, a ONU encontra no seu próprio centro o exercício

---

[26] Kelsen, Hans, *Peace through Law*, Chapel Hill, University of North Carolina Press, 1944, pp. 13–14.

da hegemonia de potências que decidem como juízes em causa própria; por outro, os Tribunais de Nuremberga e de Tóquio, constituídos para o julgamento de crimes de guerra imputados às potências derrotadas, procuraram orientar-se pela proposta de Kelsen de que só a constituição de tribunais internacionais, com a judicialização dos conflitos políticos, superaria o uso (e abuso) de conceitos como paz, justiça e humanidade por parte de Estados hegemónicos na defesa dos seus interesses particulares.

Naturalmente, a defesa kelseniana de que os tribunais internacionais seriam a alternativa viável a este uso abusivo de conceitos não pôde deixar de ser criticada em função precisamente de quanto tais tribunais se constituíram como protagonistas de julgamentos unilaterais e parciais promovidos pelos vencedores[27]. De resto, já em 1951, na nota que escreve em 24 de Junho, no seu diário *Glossarium*, Carl Schmitt recusa a proposta de Kelsen de que a paz possa ser pensada, de um ponto de vista conceptual, como uma consequência do direito e da aplicação da lei. Segundo Schmitt, a paz só pode ser uma situação relativa, decorrente do reconhecimento, equilíbrio e não agressão entre potenciais inimigos que reciprocamente se respeitem e não discriminem. Na sua relação com o direito, a paz é não uma consequência da lei, mas antes precisamente o seu contrário: a condição de possibilidade da sua aplicação. Daí decorre, para Schmitt, que seria o direito que poderia ser alcançado pela paz, e não esta por aquele. Querer atribuir ao direito o papel de fundamento da paz seria, no fundo, atribuir o papel de definir o que vale como paz (e como guerra) à potência capaz de decidir sobre o direito: «O fundamento é a paz, isto é, uma situação. O direito pela paz tem sentido e é

---

[27] Zolo, Danilo, *La giustizia dei vincitori: da Norimberga a Baghdad*, Roma e Bari, Laterza, 2006.

adequado; a paz pelo direito é uma reivindicação imperialista de domínio»[28].

Após 1945, o projecto de realizar a paz através da constituição de tribunais internacionais com capacidade para julgar e punir Estados e governantes infractores ficou, todavia, paralisado, com a divisão do planeta entre as democracias capitalistas ocidentais e o bloco soviético. Um tal projecto será reavivado apenas após a derrocada soviética no início da década de 1990 e a constituição dos EUA como única superpotência, a qual assumiu o discurso de que a sua hegemonia militar planetária corresponderia ao triunfo da justiça internacional, do respeito pelos direitos humanos e da paz mundial. A constituição de tribunais penais internacionais dirigidos para a punição de criminosos surgiu então, a partir do início do século XXI, como uma estratégia essencial para a preservação, justificação e garantia de uma tal hegemonia. A actividade do Tribunal Penal Internacional para a ex-Jugoslávia e o bombardeamento da Jugoslávia pela Aliança Atlântica, em 1999, são o primeiro exemplo paradigmático desta estratégia e das suas consequências previsíveis[29]. Desde então, sobretudo desde a invasão do Iraque em 2003 e de todas as suas consequências, as duas primeiras décadas do século XXI mostraram quanto o discurso em torno de uma justiça internacional, imparcial e isenta, se revela frágil ante a tendência do seu uso por parte de potências que alicerçam o seu poder na capacidade de julgar em causa própria e de representar os seus adversários políticos como criminosos ou como um «eixo do mal». É a fragilidade essencial deste discurso que torna o cosmopolitismo num alvo fácil de críticas.

---

[28] Schmitt, Carl, *Glossarium: Aufzeichnungen der Jahre 1947–1951*, Berlim, Duncker & Humblot, 1991, p. 316.

[29] Cf. Zolo, Danilo, *Chi dice umanità: guerra, diritto e ordine globale*, Turim, Einaudi, 2000.

Diante desta fragilidade, uma perspectiva cosmopolita concentrou-se sobretudo na necessidade de reformar as instituições internacionais. É assim que já Habermas, por exemplo, evocando a herança do projecto kantiano da «paz perpétua», lamentava que a ONU tivesse ainda «traços de um «congresso permanente de Estados»» e defendia que a sua Assembleia-Geral se tornasse «numa espécie de Conselho Federal» em que «terras que se recusem a eleger os deputados segundo procedimentos democráticos (com respeito pelas suas minorias nacionais) possam ser representadas, por uma vez, por organizações não estatais que o próprio parlamento mundial determine como representantes das populações oprimidas»[30]. É também assim que John Rawls, naquilo que chamou de uma «utopia realista», defendia que uma «lei dos povos» deveria acolher não apenas princípios liberais de organização política, mas também a existência política de «sociedades hierárquicas decentes»[31]. Estas deveriam ser reconhecidas como tais desde que não fossem agressivas e respeitassem os direitos humanos, estabelecendo para todos os seus membros um sistema de obrigações morais incompatível, por exemplo, com a escravatura, assim como um sistema legal e administrativo orientado pelo bem comum. Para Rawls, seria o reconhecimento geral de direitos humanos universais que estaria na base da possibilidade de uma «lei dos povos» cosmopolita, promotora da paz e aberta a diferentes povos e tradições culturais: «Os direitos humanos são uma classe de direitos que desempenha um papel especial numa Lei dos Povos razoável: eles restringem as razões justificativas para a guerra e para a sua conduta, e especificam limites para a autonomia interna de um regime. Neste

---

[30] Habermas, Jürgen, *op. cit.*, p. 218.

[31] Rawls, John, *The Law of Peoples*, Cambridge e Londres, Cambridge University Press, 2002, p. 64.

sentido, reflectem as duas mudanças, historicamente profundas, em como os poderes de soberania foram concebidos desde a Segunda Guerra Mundial. Primeiro, a guerra já não é um meio admissível de política governativa e é justificada apenas em autodefesa, ou em casos graves de intervenção para proteger direitos humanos. E, em segundo lugar, a autonomia interna de um governo é agora limitada»[32].

Naturalmente, propostas desta natureza não poderiam deixar de ser pouco convincentes para uma posição que criticasse a própria concepção cosmopolita da possibilidade de uma posição imparcial. Se grupos políticos se assumem como representantes de populações indefesas ou de minorias étnicas, religiosas ou outras que deveriam ser representadas na ONU, quem será imparcial quanto à decisão de admitir esse seu estatuto? Se a guerra legítima deve ser restrita à autodefesa e à defesa de casos graves de violação de direitos humanos, quem decidirá sobre esses casos e sobre a legitimidade de uma guerra?

4. Realismo contra cosmopolitismo

As respostas cosmopolitas ao problema fundamental suscitado pelo cosmopolitismo, com a sua admissão da legitimidade de uma potência desempenhar o papel de garante da paz e da defesa dos direitos humanos em função do seu poder armado, não foram plenamente satisfatórias. É diante deste carácter insatisfatório que uma posição estritamente realista, contrapondo-se às «utopias realistas», não pode deixar de se constituir abertamente como crítica do cosmopolitismo.

---

[32] *Idem, ibidem*, p. 79.

Perante tragédias internacionais como guerras e genocídios, tal posição realista nega a pretensão cosmopolita de que estes possam ser resolvidos através da atribuição a um determinado poder da possibilidade de, constituindo-se como juiz, usar a força contra a força. Como escreve, por exemplo, Danilo Zolo, na sua crítica do cosmopolitismo: «Qualquer um poderia acusar-me de pregar a inércia da comunidade internacional diante da violência, das destruições, dos genocídios. Mas, à parte o facto de as intervenções militares das grandes potências chegarem sempre depois das coisas já feitas, conseguindo frequentemente apenas acrescentar violência à violência, a assunção realista que guia a minha proposta é a de que a paz se pode realizar só no conflito e através do conflito. Só a superação das razões do conflito pode enraizar entre as partes em luta a necessidade da paz e, por fim, a paz. Por outras palavras, a paz, exactamente como a democracia, não pode ser «exportada»»[33].

A recusa da pretensão cosmopolita de encontrar, no plano internacional, um poder neutro e eficaz para garantir a paz não pode, naturalmente, conduzir ao restabelecimento de uma «era do nacionalismo», isto é, uma era na qual a independência da nação e a soberania nacional fossem reconhecidas como valores supremos capazes de vigorar mesmo em detrimento da paz. No entanto, esta recusa conduz hoje à tentativa de pensar soluções não estritamente cosmopolitas para a ordem internacional.

É assim que, no contexto da União Europeia, pensadores como Pierre Manent procuram salientar a importância do conceito de Estado-nação, afirmando que este foi a única forma política moderna a garantir «a união íntima da *civilização* e da

---

[33] Zolo, Danilo, *Cosmopolis: la prospettiva del governo mondiale*, Milão, Feltrinelli, 2004, p. 186.

liberdade»[34]. Ou é assim também que Alain de Benoist, reconhecendo o esgotamento do Estado-nação, sugere a recuperação da categoria do Império como forma de pensar espaços soberanos de convivialidade entre diferenças que escapem ao legado europeu da dicotomia entre nacionalismo e cosmopolitismo: «Em tais condições, como não se interrogar sobre a ideia do Império, que é hoje o único modelo alternativo que a Europa produziu face ao Estado-nação? As nações europeias estão, ao mesmo tempo, ameaçadas e esgotadas. Elas devem ultrapassar-se a elas mesmas para não se tornarem definitivamente *dominions* da superpotência americana. Como o poderão fazer sem tentar conciliar, por seu lado, o uno e o múltiplo, sem procurar uma unidade que não implicasse um empobrecimento da sua diversidade?»[35]. Além do dilema e da contraposição entre nacionalismos e cosmopolitismo, talvez o que haja hoje a pensar seja precisamente as condições da ultrapassagem da sua dicotomia.

Referências e leituras recomendadas

AGAMBEN, Giorgio, *Che cos'è un dispositivo?*, Roma, Nottetempo, 2006.

BENOIST, Alain de, *L'empire intérieur*, Paris, Fata Morgana, 1995.

BOBBIO, Norberto, *O problema da guerra e as vias da paz*, São Paulo, UNESP, 2002.

ESPOSITO, Roberto, *Communitas: origine e destino della comunità*, Turim, Einaudi, 1998.

FOUCAULT, Michel, «Il faut défendre la société», Paris, Gallimard, 1997.

---

[34] MANENT, Pierre, *La raison des nations: réflexions sur la démocratie en Europe*, Paris, Gallimard, 2006, p. 46.

[35] BENOIST, Alain de, *L'empire intérieur*, Paris, Fata Morgana, 1995, p. 159.

GELLNER, Ernest, *Nações e Nacionalismo*, Lisboa, Gradiva, 1993.

HABERMAS, Jürgen, *Die Einbeziehung des Anderen*, Francoforte, Suhrkamp, 1999.

HOBBES, Thomas, *Leviatã*, Lisboa, Imprensa Nacional-Casa da Moeda, 1995.

KANT, Immanuel, *A Paz Perpétua e Outros Opúsculos*, Lisboa, Edições 70, 1992.

KELSEN, Hans, *Peace through Law*, Chapel Hill, University of North Carolina Press, 1944.

MANENT, Pierre, *La raison des nations: réflexions sur la démocratie en Europe*, Paris, Gallimard, 2006.

MARX, Karl, *Manifesto do Partido Comunista*, Lisboa, Edições «Avante!», 1984.

MAURRAS, Charles, *Mes idées politiques*, Paris, Fayard, 1937.

MUSSOLINI, Benito, La dottrina del fascismo, *in* SUSMEL, Edoardo e SUSMEL, Duilio (org.), *Opera Omnia di Benito Mussolini*, Vol. XXXIV, Florença, La Fenice, 1961.

RAWLS, John, *The Law of Peoples*, Cambridge e Londres, Cambridge University Press, 2002.

ROUSSEAU, Jean-Jacques, *O Contrato Social*, São Paulo, Martins Fontes, 1999.

SCHMITT, Carl, *Glossarium: Aufzeichnungen der Jahre 1947–1951*, Berlim, Duncker & Humblot, 1991.

SCHMITT, Carl, *Die geistesgeschichtliche Lage des heutigen Parlamentarismus*, Berlim, Duncker & Humblot, 1996.

SCHMITT, Carl, *O Conceito do Político*, Lisboa, Edições 70, 2015.

SIEYÈS, Emmanuel, *O Que É o Terceiro Estado?*, Lisboa, Círculo de Leitores, 2009.

VILLACAÑAS, José Luis, *La Nación y la Guerra*, Múrcia, Res Publica, 1999.

Weber, Max, *A Política como Profissão*, Lisboa, Edições Universitárias Lusófonas, 2000.

Zolo, Danilo, *Chi dice umanità: guerra, diritto e ordine globale*, Turim, Einaudi, 2000.

Zolo, Danilo, *Cosmopolis: la prospettiva del governo mondiale*, Milão, Feltrinelli, 2004.

Zolo, Danilo, *La giustizia dei vincitori: da Norimberga a Baghdad*, Roma e Bari, Laterza, 2006.

A guerra justa: entre a regulação e a legitimação

José Manuel Pureza
Faculdade de Economia da Universidade de Coimbra

1. A ambivalência do discurso da guerra justa

Escreve Anthony Burke: «Os discursos morais são parte do arsenal dos guerreiros; fazem parte das máquinas da guerra e não são areias nas suas engrenagens» (2004, p. 530).

O discurso da guerra justa é um desses discursos morais, porventura a síntese dos vários discursos morais sobre a guerra, e tem tido, ao longo da História, essa função de mecanismo legitimador do recurso à máxima força organizada – a guerra –, através do estabelecimento de fundamentos morais para esse uso pelos Estados e pelos exércitos ao seu serviço.

Na verdade, o discurso da guerra justa exibiu sempre uma natureza ambivalente: se, por um lado, deu suporte à argumentação deslegitimadora da utilização arbitrária – em razões e em intensidade – da força, por outro lado, cumpridos os critérios indicados por esta elaboração, a guerra foi tida por justa e, consequentemente, admitida. Essa ambivalência, como marca indelével do discurso da guerra justa, esteve, na verdade, sempre inscrita no percurso histórico desta elaboração.

Algo que James Turner Johnson (1991, p. 55) sintetizou de modo muito claro: «esta tradição preserva não um, mas dois tipos de resposta moral à questão dos valores e da força: a limitação acompanha sempre a justificação». Ou, como eu próprio escrevi noutra ocasião (1995, p. 71), trata-se de «uma construção teórica que cumpre uma dupla função: por um lado, vem estabelecer balizas até então ignoradas a uma prática (a do recurso à guerra) pretensamente coberta por um ilimitado *jus ad bellum* (direito à guerra); por outro, ela constitui-se em forma de legitimação jurídica de um exercício inevitavelmente decentralizado das funções executiva e punitiva na sociedade internacional».

A tensão entre os escrúpulos deontológicos e o cinismo instrumental é, pois, marca maior do discurso da guerra justa. Aqui se aplica, porventura como em poucos outros domínios, a célebre afirmação de Robert Cox de que «a teoria é sempre para alguém e para algum propósito». Isso mesmo é acolhido, neste campo específico, por aquele que é um dos nomes de referência da teorização mais recente da guerra justa, Michael Walzer (1977, p. 122): «As guerras justas são guerras limitadas; há razões morais para os estadistas e os soldados que as levam a cabo serem prudentes e realistas. Mas ir além dos limites é comum na guerra e tem muitas causas. Não quero negar que uma certa distorção do argumento da justiça é uma delas.»

2. Elaborações antigas e medievais

A sucessão de contextos históricos foi decisiva para a configuração concreta dessa ambivalência. Tendo proto-elaborações anteriores – vejam-se os códigos de conduta das civilizações pré-colombinas, hindu, hebraica e egípcia, o chamado «processo dos feciais» na Roma Antiga (isto é, a determinação por um colégio especial de sacerdotes da existência de causas de «guerra justa e piedosa», designadamente a violação de domínios ou de embaixadas romanas, de tratados com Roma ou o apoio a inimigos de Roma), ou as referências nas obras de Platão, Aristóteles ou Cícero –, a emergência da teoria da guerra justa ganhou consolidação quando se prefigurou como resposta às razões dos príncipes cristãos (vinculados a um evangelho de paz, podiam ou não fazer a guerra a outros príncipes e a quais?) e ao dilema moral dos soldados cristãos (vinculados a esse mesmo evangelho, podiam ou não juntar-se aos exércitos dos príncipes e de quais?).

Michael Walzer (2002, p. 925) observa, a este respeito, que «agora os cristãos piedosos podiam lutar em nome da cidade dos homens, para proveito da paz imperial (neste caso, literalmente, a *pax romana*), mas tinham de lutar com justiça [...]. Vista na perspectiva do cristianismo primitivo, esta apologia da guerra justa era somente uma desculpa, uma maneira de tornar a guerra moral e religiosamente possível. E essa foi, de facto, a função da teoria.»

Assim, Agostinho de Hipona, confrontando-se com o desafio de advogar a licitude da defesa da cristandade contra os seus inimigos pagãos, escreve que são justas as guerras *quae ulsiscuntur injurias* (as guerras que vingam as injúrias), isto é, aquelas que respondem a iniquidades cometidas pelo inimigo e que não visam mais do que a reposição da paz como *tranquilitas ordinis* (a tranquilidade na ordem). Há nesta elaboração do bispo de Hipona uma outra preocupação fundante do discurso da guerra justa, a da proporcionalidade: sendo a guerra sempre constituída por *mala tam magna, tam horrenda, tam saeva* (males tão grandes, tão horrendos, tão cruéis), todos os modos aquém-guerra são prioritários na resposta ao ilícito.

De igual modo, a elaboração da *Suma Teológica*, sobre os critérios da guerra justa, procurou responder de forma sistemática à questão da legitimidade do uso da guerra pelos poderes cristãos. Tomás de Aquino aponta três requisitos que haveriam de constituir, de então em diante, constantes do discurso da guerra justa. Primeiro, a autoridade competente: a guerra só é justa se decidida pela autoridade suprema – o Papa nas guerras contra os infiéis, o imperador nas guerras contra os povos exteriores ao império ou contra as cidades rebeldes dentro dele. Segundo, a causa justa: *propter aliquam culpam impugnationem mereantur*, ou seja, que aqueles a quem se faz guerra o mereçam ser por força de um ilícito cometido com culpa subjectiva. Terceiro, a intenção recta: à causa justa aferida pelo comportamento do punido soma-se a exigência de uma motivação justa pelo agente da punição, reiterando o que escrevera Agostinho de Hipona: «o desejo de prejudicar, a crueldade da vingança, a cólera inexorável e implacável, a ferocidade do ataque, a paixão do domínio e todos os demais excessos semelhantes merecem certamente ser condenados na guerra».

Com a substituição moderna da tutela do divino pelo império das luzes e da razão e, mais do que tudo, com a consolidação do moderno sistema de Estados soberanos, a construção da guerra justa foi sujeita a ajustamentos naturais. Se os teólogos-juristas da Escola Peninsular, com Francisco de Vitória e Francisco Suárez à cabeça, se esforçaram por manter uma continuidade com as exigências de uma causa legítima e necessária para a guerra, os desenvolvimentos posteriores observaram um movimento duplo: por um lado, uma progressiva substituição da exigência de uma intenção recta, marcada por uma filiação moral e religiosa difícil de sustentar no novo terreno argumentativo delimitado pelo princípio da secularização, pelo requisito de um modo objectivamente contido de condução das hostilidades; por outro lado, uma atenuação da objectividade da causa justa, cada vez mais remetida para expressão da autolegitimação dos soberanos. Em síntese, «a ética material da guerra justa cede ao formalismo jurídico da guerra regular. O *justum bellum* [guerra justa] dá lugar ao *bellum legale* [guerra legal]» (Pureza, 1995, p. 74).

3. Os critérios sedimentados

Todos os desenvolvimentos posteriores do discurso da guerra justa vieram afinar estas duas áreas de critérios que a trajectória medieval e moderna abriram: por um lado, o *jus ad bellum* (direito à guerra), em que está em causa a legitimidade da decisão de recorrer à guerra; por outro, o *jus in bello* (direito da guerra), em que se afere a justiça da guerra pelo modo como ela é conduzida ao fazer-se. Como lembra Brian Orend (2000, p. 50), «os critérios do *jus ad bellum* são pensados para preservar a responsabilidade dos dirigentes políticos, enquanto os critérios do *jus in bello* são pensados para serem a competência e responsabilidade dos comandantes militares, oficiais e soldados». E o mesmo autor lembra que «uma guerra pode ser iniciada por razões justas, mas ser prosseguida de forma injusta. Do mesmo modo, embora seja talvez menos comum, uma guerra iniciada por razões injustas pode ser travada em estrito cumprimento do *jus in bello*» (*ibidem*).

No domínio do *jus ad bellum*, a trajectória do debate doutrinário permitiu a sedimentação de seis critérios:

- a *causa justa*: para que um Estado desencadeie uma guerra justa, é necessário que sejam justas as causas para tal decisão. Na senda das elaborações medievais e modernas, entende-se ser causa justa a legítima defesa, a protecção de vítimas indefesas dentro do território de outro Estado e, em geral, a reparação de uma ilicitude perpetrada contra a soberania política ou a integridade territorial de um Estado;
- a *intenção recta*: o Estado que faz a guerra deve ter como motivação efectiva apenas a causa justa identificada no parágrafo anterior. A assunção da causa justa como um disfarce de outras intenções tornará a guerra injusta. Trata-se, pois, de um critério de natureza vincadamente deontológica;

- a *autoridade legítima*: a justiça de fazer a guerra inclui também, de acordo com o *corpus* teórico consolidado, que a decisão seja tomada pelas autoridades constitucionalmente competentes para o efeito e de acordo com o procedimento constitucionalmente apropriado. O que seja essa autoridade competente é, porém, algo que a própria doutrina discute, verificando-se uma controvérsia entre os adeptos da persistência dos Estados como autoridades competentes em qualquer circunstância e os adeptos da superioridade da competência de instâncias internacionais como as Nações Unidas;
- o *último recurso*: só há lugar a uma guerra justa quando foram previamente esgotados todos os demais recursos para a reparação da ilicitude cometida, designadamente todos os meios de solução pacífica de controvérsias;
- a *probabilidade de sucesso*: trata-se de um outro critério de prudência contra a chamada violência fútil. É, pois, tida como justa apenas a guerra que se afigura como capaz de pôr fim à ilicitude que lhe deu lugar, sendo o respectivo impacto confinado a essa reparação;
- um *juízo de macroproporcionalidade*: ilustrado por Tomás de Aquino, partindo do princípio de que, na verdade, uma guerra não pode nunca ser justa porque a inflicção da morte contém sempre elementos de injustiça absolutos, abria a possibilidade de ela ser justificável quando o total de injustiça por ela provocado fosse menor do que o total de justiça por ela trazido. Aos critérios deontológicos anteriores junta-se, pois, este critério consequencialista.

Já no campo do *jus in bello*, a elaboração teórica fez estabilizar fundamentalmente dois tipos de critério:

- o da *discriminação*, que veio a ser codificado como uma das regras essenciais do Direito Internacional Humanitário, implicando uma necessária diferenciação entre combatentes e não combatentes, não podendo estes ser alvos assumidos de uma guerra que se quer justa. Se para aqueles vale uma justificação baseada normalmente no argumento da legítima defesa e da excepção ao direito à vida, para os não combatentes (a «população civil») vale um princípio de protecção frequentemente lesado pela verificação dos chamados «danos colaterais», que a doutrina da guerra justa valida eticamente através da aplicação da teoria do duplo efeito;
- o da *microproporcionalidade*. Não é apenas a guerra no seu todo que deve apresentar mais ganhos morais do que perdas (macroproporcionalidade). É também cada um dos actos de guerra individualizados que deve causar o menor dano possível. Assim se entende que faça parte de uma avaliação da justiça da guerra a interdição do uso de meios causadores de sofrimento injustificado, sejam armas (químicas, biológicas, nucleares) ou tácticas de guerra (violação em larga escala, limpeza étnica, etc.).

4. O Direito Internacional contra a guerra justa

O ascendente do Direito Internacional moderno levou a um gradual eclipse da centralidade do discurso da guerra justa, substituindo a justiça pela regularidade jurídica (Myers, 1996, p. 117). Por outro lado, o ascendente realista na leitura das relações internacionais «privou-nos das próprias palavras de que precisávamos [...]: agressão, intervenção, causa justa, legítima defesa, imunidade dos não combatentes, proporcionalidade, prisioneiros de guerra, civis, duplo efeito, terrorismo, crimes de guerra» (Walzer, 2002, p. 929).

Mas foram as evoluções de alcance e de densidade normativas registadas no Direito Internacional no século XX que tiraram ainda mais protagonismo ao discurso da guerra justa como mecanismo de avaliação da legitimidade da guerra. Por um lado, toda a densificação do Direito Internacional Humanitário investiu a ordem jurídica internacional de um papel de base consistente e objectiva de juízo sobre a justiça da guerra relativamente ao seu *modus faciendi*: quer a regulação dos procedimentos e tácticas de guerra (o Direito de Haia), quer a regulação protectora dos combatentes, da população civil e dos prisioneiros de guerra (o Direito de Genebra) foram assumidas como critérios de juízo mais seguro sobre a justeza da guerra do que critérios teóricos necessariamente revestidos de uma discutibilidade acrescida. Por outro lado, a materialização de limitações gradualmente mais intensas ao direito de recorrer à guerra – do Pacto da Sociedade das Nações (que criou essa primeira organização internacional universal no fim da Primeira Guerra Mundial e que fixava a obrigação de os Estados respeitarem uma moratória antes de recorrerem à guerra, para possibilitar a aplicação de mecanismos políticos ou jurídicos de solução das controvérsias entre os Estados) ao Pacto Briand-Kellogg (assinado em 1928 por 15 Estados e que prescrevia a renúncia à guerra como instrumento de política nacional) e culminando na Carta das Nações Unidas (que tem como regra fundamental a proibição de os Estados, nas suas relações internacionais, recorrerem «à ameaça ou ao uso da força, quer seja contra a integridade territorial ou a independência política de um Estado, quer seja de qualquer outro modo incompatível com os objectivos das Nações Unidas» [artigo 2.º, n.º 4]) – veio deslegitimar no plano jurídico a utilização da guerra como instrumento do relacionamento interestatal e deveria ter tornado espúrio um juízo sobre a justiça da guerra que não fosse o dos critérios plasmados nas normas jurídicas. Sintomática a observação de Walzer (2002,

p. 928): «A teoria da guerra justa foi relegada para os departamentos de religião, para os seminários de teologia e para algumas universidades católicas.»

Deveria... mas não conseguiu. O sistema de segurança colectiva que o Capítulo VII da Carta das Nações Unidas consagrou para completar a proibição do uso individual da força armada por um Estado-membro (artigo 2.º, n.º 4, da Carta) deveria ter esvaziado de sentido qualquer invocação da teoria da guerra justa. Na letra da Carta, a guerra ou é um ilícito internacional ou é legítima defesa. Mas este desenho simples, assente na centralidade do Conselho de Segurança, foi paralisado pela Guerra Fria. E essa paralisia fez reemergir o debate sobre a legitimidade do recurso à guerra por Estados individualmente considerados. O salvamento de nacionais, o apoio a lutas de autodeterminação, a luta contra práticas terroristas, o alcance das contramedidas armadas ou a acção militar para sancionar o não cumprimento de patamares mínimos de respeito pelos direitos humanos – eis um conjunto não exaustivo de motivos práticos em torno dos quais se reergueu a acuidade do debate sobre critérios éticos e jurídicos de justiça da guerra. Se não justa, pelo menos justificada. Foi esse o resultado da revolta da legitimidade contra a quietude da legalidade, transportando consigo um regresso «à lógica fundamental da doutrina clássica da guerra justa: a existência de uma causa justa, caucionadora da utilização da força, e que se sobrepõe mesmo à legalidade estabelecida» (PUREZA, 1995, p. 83).

5. Brian Orend e Michael Walzer: o ressurgimento contemporâneo da guerra justa

O ressurgimento contemporâneo da teoria da guerra justa tem em Brian Orend e em Michael Walzer os seus dois nomes de maior projecção. Ambos partilham duma perspectiva construtivista da ética (de acordo com a qual, os princípios morais não têm uma validade pré-experiencial, sendo antes aqueles que são socialmente construídos como válidos, justos ou correctos no quadro da experiência de reflexão filosófica e de deliberação), sendo que Walzer (1977) se coloca num campo contextualista, ou seja, para ele as normas de ética militar são socialmente construídas em função de um determinado contexto de identificação, enquanto Orend (2000) abraça uma visão kantiana na qual as normas da ética militar são construções objectivas da razão.

Num esforço de síntese da elaboração de Walzer, dir-se-á que avultam três traços principais. Em primeiro lugar, uma opção por uma moralidade minimalista. Walzer distingue entre conceitos morais finos (*thin*) e espessos (*thick*), sendo estes próprios dos critérios maximalistas definidores dos modos de vida de comunidades delimitadas e aqueles os que são objecto de alguma convergência universal. Walzer faz assentar todo o seu discurso acerca da guerra justa sobre uma moralidade fina, minimalista portanto, o que se expressa numa recusa de qualquer natureza objectiva dos critérios morais que a doutrina foi decantando (a micro e a macroproporcionalidade, a intenção recta ou mesmo a autoridade legítima) e no evidenciar de uma assumida relativização do alcance emprestado a tais critérios. Em segundo lugar, Walzer distancia-se claramente de uma fundamentação consequencialista da guerra justa, ainda que sem a rejeitar liminarmente. Esse afastamento decorre da noção de que o cálculo das consequências das iniciativas militares tende a ser impossível: «Que valor atribuir à independência de um país, às vidas susceptíveis de ser sacrificadas para a sua defesa? Como avaliar o triunfo obtido sobre um regime agressivo [...] ou o efeito de dissuasão conseguido sobre outros regimes similares? Todos estes valores se arriscam a nunca se poderem fazer equivaler aos corpos humanos, pois só os corpos são contáveis» (Walzer, 2004, pp. 124–125). Por fim, inscreve-se neste registo de grande prudência a inclinação convencionalista de Walzer: em última análise, é em convenções internacionais como o Tratado de Não Proliferação Nuclear (de 1968) e a Convenção sobre a Proibição de Minas Antipessoais (de 1997) que se encontra apoio para materializar as acções político-militares que chocam a consciência da humanidade e que uma moralidade fina impede de identificar concretamente de forma autónoma.

Não é o elenco de critérios de justiça da guerra que opõe Walzer a Orend: ambos retomam, no essencial, o conjunto de critérios que se foi sedimentando ao longo da História. O que os distingue é muito mais a fundamentação – e, com ela, a intensidade – dos critérios fixados. Em *War and International Justice: A Kantian Perspective* (2000), Orend evidencia a preocupação de se distanciar de uma fundamentação «fina» e minimalista como a adoptada por Walzer e de lhe contrapor uma sustentação forte da hipótese da guerra justa. Para o efeito, Orend parte de uma definição dos direitos e deveres dos Estados como estando assentes na sua função primordial não só de respeitar, mas de assegurar a protecção dos direitos dos seus cidadãos. É, pois, o respeito absoluto dos direitos das pessoas (que Orend diz serem não só naturais, mas legais) que delimita os critérios de uma guerra justa: esse respeito é, desde logo, a substância de uma causa justa, mas é também o fundamento dos critérios da intenção recta, da macroproporcionalidade e da distinção entre combatentes e não combatentes.

Regista-se, pois, na obra de Orend uma orientação anti-consequencialista, sendo certo, todavia, que a sua construção eminentemente deontológica se abre, nalguns momentos, a considerações de teor consequencialista, como, por exemplo, no entendimento de que uma guerra efectuada por uma causa justa deve ter sempre a protecção dos direitos das pessoas como fundamento, mas que pode ser relevante o facto de os custos implícitos e explícitos dessa guerra serem universalmente ruinosos – por exemplo, o recurso à guerra levaria a uma destruição de tal importância, que nenhum dos participantes ficaria em condições de cumprir as suas obrigações mínimas de protecção dos direitos dos seus cidadãos (2000, p. 199). Em síntese, trata-se de uma construção argumentativa da guerra justa que se baseia na existência de direitos naturais das pessoas cuja violação por terceiros justificaria o recurso à guerra, ainda que esse princípio seja depois cotejado com considerações de menor densidade deontológica que apontam para a necessidade de uma ponderação de vários bens e valores em potencial colisão no caso concreto.

6. O *jus post bellum*

Aos dois corpos clássicos de critérios da guerra justa, que a elaboração teórica de séculos foi consolidando – e a prática política foi sempre questionando a sua suposta objectividade e consistência ética... –, debates mais recentes acrescentaram um terceiro campo de definição da guerra justa: o *jus post bellum*.

Lembra Benjamin Banta (2011, p. 295) que «expressar apenas as categorias de causa e de meios nos tempos modernos, em que as guerras clássicas de legítima defesa entre Estados litigantes se tornaram na excepção em vez da regra, passou a ser uma orientação pobre em vista de uma paz efectiva». Na emergência de um terceiro grupo de critérios da guerra justa – o *jus post bellum* –, está pois em causa a exigência colocada por uma lógica de completude motivada sobretudo pela verificação de que o argumento humanitário usado para justificar o desencadear de tantas guerras deve não só ser testado na sua genuinidade inicial, como no seu peso determinante na finalização das hostilidades.

O primeiro ensaio de sistematização dos critérios do *jus post bellum* é atribuído a Michael SCHUCK (1994), professor de Teologia em Chicago, num curto estudo sobre a guerra ditado pela invasão iraquiana do Kuwait em 1990. Motivado pela questão de saber se «sendo os cristãos chamados a avaliar da apropriação moral do início e da condução de uma guerra [...], não devem ser igualmente chamados a aferir a apropriação moral da conclusão de uma guerra através de um conjunto de princípios de *jus post bellum*?» (SCHUCK, 1994, p. 982), Schuck apresenta os seguintes critérios:

- arrependimento do vencedor: «os vencedores devem comportar-se com humildade [...] devem mostrar remorso pelo preço da guerra pago não apenas pelos seus camaradas, mas pelos vencidos» (*idem, ibidem*, p. 982);
- rendição honrosa: o vencedor deve «construir os termos e os métodos da rendição, de forma que os direitos humanos fundamentais dos vencidos sejam protegidos» (*idem, ibidem, loc. cit.*);
- restauração: o vencedor deve não só ajudar o vencido a tirar armas e minas usadas durante o conflito, como a reerguer a infra-estrutura social do vencido (*idem, ibidem*, p. 983).

Inspirado pela busca de uma paz justa como exigência de uma guerra justa, Walzer – sobretudo na sua obra de 2004 *Arguing about War* – fixa como exigência inerente não só a de restaurar o *statu quo ante bellum*, mas a criação de um ambiente melhor – em termos de segurança, menor propensão para iniciativas de expansão territorial e, sobretudo, de segurança e autodeterminação das vidas das pessoas comuns. E aponta como materializadores desse outro critério de justiça da guerra a legitimidade local e a restrição. Em primeiro lugar, Walzer estabelece como objectivo de uma guerra justa que o governo do vencido após a guerra seja reconhecido e aceite pelos seus cidadãos como legítimo; e, em segundo lugar, a restrição de iniciativa do vencido-agressor, sobretudo em termos de capacidade de reincidir em actos de agressão.

Já Brian Orend retoma, no essencial, o *corpus* da doutrina tradicional da guerra justa e adequa-o à especificidade do *jus post bellum*. O primeiro critério por ele identificado é a causa justa da cessação do conflito: o conflito deve cessar logo que se tenha atingido a reparação das causas que conduziram a ele («ir além desse limite tornar-se-ia numa agressão: homens e mulheres morreriam sem nenhuma causa justa», 2002, p. 46). Orend inclui nesta exigência de causa justa para a cessação da guerra quer um *quantum* de reabilitação do agressor-vencido, quer a restituição ao agredido-vencedor, a título de compensação punitiva, de «pelo menos parte dos custos sofridos durante a sua luta pelos seus direitos» (*ibidem*, p. 47). O segundo critério é o da intenção recta: sendo a vingança estritamente interdita como motivação da guerra, Orend coloca no centro de uma paz justa a operação de tribunais para o julgamento de crimes de guerra. Em terceiro lugar, surge o critério da declaração pública, autoridade legítima e protecção dos direitos: «os termos da paz devem ser publicamente proclamados por uma autoridade legítima [...] e os direitos internos devem ser cumpridos tão rapidamente quanto os externos» (Orend, 2000, p. 232). O quarto critério apontado por Orend é o da discriminação, neste caso entre a responsabilidade moral das elites do agressor-vencido e a inocência da sua população civil, devendo as medidas punitivas ser focadas naquelas elites político-militares responsáveis pela agressão. E, finalmente, o quinto critério é o da proporcionalidade, isto é, a exigência de que os termos da paz, para serem justos, têm de ser proporcionais à finalidade de obter uma reparação dos direitos violados, o que desautoriza qualquer sentido de cruzada ou de punição excessiva do agressor-vencido.

Além da importância destes critérios de *jus post bellum* em si mesmos, é também da maior relevância a sua ponderação integrada, no sentido de que eles retroagem sobre as práticas em sede quer de *jus ad bellum*, quer de *jus in bello*. Por outras palavras, a incorporação deste terceiro conjunto de princípios supõe que o juízo sobre a justiça da guerra se fundamenta não apenas na sua motivação e nos seus modos e tácticas de desenvolvimento, mas também na obtenção de uma paz justa, sendo que, para este efeito, quer a motivação quer os modos e tácticas de desenvolvimento da guerra são condicionantes de primeira importância (Banta, 2011, p. 287).

7. Entre o pacifismo e o realismo

Pela sua história e pelos conteúdos que foi decantando, o discurso da guerra justa assume-se como uma espécie de *tertium genus* entre a lógica pacifista e a lógica realista. Para a primeira, não há nunca fundamento ético para o recurso à guerra; para a segunda, as considerações éticas que conduzem à restrição do recurso à guerra são deslocadas em relação à natureza específica do sistema internacional.

O pacifismo sustenta que as opções pacíficas são preferíveis às opções bélicas em qualquer circunstância e que, sendo o estatuto moral da guerra sempre – absoluta ou comparativamente – negativo face à forma pacífica de actuar, esta última nunca conduz a decisões eticamente reprováveis. As variantes do argumentário pacifista incluem a defesa absoluta da superioridade do comportamento pacífico e a defesa de que a comparação entre a guerra e a paz do ponto de vista dos custos materiais, políticos e sociais da guerra é sempre favorável à paz. No debate com esta última posição – o pacifismo consequencialista –, defensores do discurso da guerra justa, como Walzer ou Orend, assinalam que não só os custos éticos da não guerra (como a legitimação de um regime agressor) podem não ser despiciendos (Orend, 2000, p. 148), como os benefícios da não guerra são dificilmente contabilizáveis, o que faz suscitar grandes reservas sobre tal comparação (Walzer, 2004, p. 125).

Já para a lógica realista – seja na sua versão defensiva seja na sua versão ofensiva –, a estrutura anárquica do sistema internacional determina uma racionalidade do comportamento de cada Estado alicerçada na salvaguarda da sua sobrevivência num quadro de insegurança endémica. Num olhar pouco atento, dir-se-á que esta centragem do realismo na maximização do poder de cada Estado, em vista da satisfação óptima do interesse nacional definido em termos de poder, torna o realismo num campo amoral. E que, nesse contexto, o realismo prescreve que os Estados se pautem por estritas considerações de segurança e de necessidade e afastem *todos* os preceitos morais do seu processo de decisão.

Não é, porém, assim. O realismo tem, em matéria de paz e de guerra, uma perspectiva ética própria que não se confunde com amoralidade. Para o realismo, o «cada um por si» é inevitavelmente a marca das relações interestatais e isso conduz a que a única escolha moral admissível ao estadista seja a da defesa do interesse nacional do seu Estado, preterindo todas as considerações morais que obstaculizem essa defesa, sejam as que se prendem com considerações elementares sobre o primado da vida ou as que têm a protecção dos direitos humanos como referência, ou ainda as que apontam a legalidade internacional como imperativo de um relacionamento entre os poderes que se quer regulado. Ao contrário do que uma caracterização vulgar dissemina, o realismo não é a apologia amoral da guerra, é o discurso da exigência moral da *Realpolitik* – ou seja, da política internacional e da diplomacia fundadas em considerações pragmáticas e não em princípios éticos ou em juízos de valor –, em que a guerra é um instrumento de que se não pode prescindir para o mandamento da defesa do interesse nacional.

Como *tertium genus* entre o pacifismo e o realismo, o discurso da guerra justa é sempre um discurso do poder para si próprio; de um poder que se legitima na escolha da guerra contra a paz; e também de um poder que fixa critérios nessa escolha e na sua materialização. Mas não deixemos que a ingenuidade tome conta desta reflexão: o discurso da guerra justa é sempre feito pelos fautores da guerra para a justificarem e, só residualmente, pelas vítimas para clamarem pela sua protecção. Porque, como diz a canção, a guerra é a guerra.

Referências e leituras recomendadas

BANTA, B., «Virtuous war» and the emergence of *jus post bellum*, *Review of International Studies* 37, 2011: pp. 277–299.

BURKE, A. Just war or ethical peace? Moral discourses of strategic violence after 9/11, *International Affairs* 80, 2004: pp. 329–353.

JOHNSON, J. T., Threats, values and defense: does the defense of values by force remain a moral possibility?, *in* ELSHTAIN, J. B. (org.), *Just War*, Nova Iorque, New York University Press, 1991, pp. 55–76.

MYERS, R. J., Notes on the just war theory: whose justice, which wars?, *Ethics and International Affairs* 10, 1996: pp. 115–130.

OREND, B., *War and International Justice: A Kantian Perspective*, Waterloo, Wilfrid Laurier University Press, 2000.

OREND, B., Justice after war, *Ethics and International Affairs* 16, 2002: pp. 43–56.

PUREZA, J. M., Da guerra justa à guerra justificada?, *Política Internacional* 1, 1995: pp. 67–95.

SCHUCK, M., When the shooting stops: missing elements in just war theory, *Christian Century* 111, 1994: pp. 982–984.

WALZER, M., *Just and Unjust Wars: A Moral Argument with Historical Illustrations*, Nova Iorque, Basic Books, 1977.

WALZER, M., The triumph of just war theory (and the dangers of success), *Social Research* 69, 2002: pp. 925–944.

WALZER, M., *Arguing about War*, New Haven, Yale University Press, 2004.

Terrorismo, liberdade e segurança

Nuno Lemos Pires

Coronel do Exército e Professor na Academia Militar

1. Quando o objectivo é o terror

Terrorismo é provocar o medo, alcançar a intranquilidade, a surpresa, a incerteza. Terrorismo não passa de uma simples técnica que qualquer um, qualquer grupo pode utilizar para afirmar uma ideia, uma determinada causa. Tem motivações e por isso é terrorismo, porque, afinal, há sempre algo que move quem procura causar terror. É feito por acção clandestina e assimétrica; visa condicionar a tomada de decisões políticas. No terrorismo o critério para a escolha de alvos é importante. Há adversários directos que são eleitos como alvos pelos terroristas, mas não são, lamentavelmente, estes os que são maioritariamente atingidos. O que interessa, de facto, à esmagadora maioria dos terroristas, são os efeitos «espectaculares».

Para se conseguir o terror o alvo pode ser, simplesmente, o da oportunidade, o de se poder provocar ao máximo a morte, o sofrimento, o horror... o terror. Para alguns terroristas, os alvos preferenciais podem ser idosos, mulheres e crianças, em vez de escolherem alvos institucionais. Além de o sofrimento ser grande, a revolta provocada ainda é maior e, para cúmulo, como muitas vezes acontece, depois de um primeiro ataque, investe-se de novo sobre quem vem socorrer, de preferência quando já lá estiverem as câmaras de televisão e as agências noticiosas. Na mente perversa de um terrorista, o momento ideal de um acto terrorista é conseguir que este ocorra em directo, por forma a evitar que a deontologia de quem transmite notícias corte as imagens do horror. Provocar terror, muito terror; criar medo, forçar atitudes.

Não há definições universais de terrorismo. A Organização das Nações Unidas (ONU), a União Europeia (UE), a Organização do Tratado do Atlântico Norte (OTAN) e os países que compõem estas organizações usam definições distintas. São conceitos que cruzam referências sobre a intencionalidade dos actos e os efeitos pretendidos, que podem danificar um país, uma sociedade. Afinal, o terror é um meio de chegar a outros fins. Pode ser uma simples resposta contra Estados que actuam na defesa de populações indefesas em outras regiões do planeta; pode ser uma forma de mostrar a revolta pelo sistema político de que discordam e afirmar, de um modo muito violento, que há outras formas de gerir a sociedade; é, acima de tudo, uma forma de intimidação (Pires, 2016b).

As acções profundamente violentas de grupos como a Alcaida ou o Daesh (o autodenominado Estado Islâmico), no combate de ideias e ataque de cidadãos na sua maioria indefesos, têm conseguido, sobretudo desde 2013, chamar a atenção ainda mais do que depois do 11 de Setembro de 2001, porque o terrorismo se espalhou a quase todas as áreas do mundo. A Europa, a Austrália, os Estados Unidos da América (EUA), a Índia, as Filipinas, mas, fundamentalmente, os países do Norte de África, do Médio Oriente e da Ásia Central foram, e são, alvo de terríveis ataques terroristas, entre os quais se destacam os de Paris (França, 2015), Ancara (Turquia, 2015), Baga (Nigéria, 2015); Bruxelas (Bélgica, 2016), Nice (França,

2016), Orlando (EUA, 2016), Lahore (Paquistão, 2016); Cairo (Egipto, 2017), Mogadíscio (Somália, 2017), Manchester Arena (Inglaterra, 2017), Barcelona (Espanha, 2017). Realizaram-se também muito mais ataques terroristas, numa média de cerca de 11 000 por ano, tendo chegado aos 15 000 em 2014. Em 2016, começaram a diminuir ligeiramente mantendo-se a tendência de descida no ano de 2017[1].

Uma reacção aos actos de terrorismo começou a tornar-se quase inevitável, tendo-se traduzido em atitudes hostis, cegas, em relação às comunidades muçulmanas, aos emigrantes, aos refugiados vindos do Norte de África, da Síria, do Iraque ou do Afeganistão. Narrativas radicais, incentivadas por discursos xenófobos e racistas da extrema-direita ou dos inúmeros fundamentalismos religiosos, alimentam-se da insegurança que qualquer cidadão em qualquer lugar ou a qualquer momento sentia.

Ao longo deste texto, fazemos várias referências ao relatório anual apresentado no parlamento britânico sobre a medida das leis contra o terrorismo e a verdadeira dimensão dos ataques bem como das suas consequências, nomeadamente dos ataques dos partidos extremistas. O último relatório, que data de Janeiro de 2018, é a prova da relação directa entre ataques terroristas, ataques de grupos extremistas e de como uma correcta aplicação da lei leva a uma moderação e prevenção de futuros ataques (Hill, 2018), evidenciando como o uso indiscriminado da força contra o terror pode conduzir a um crescimento da violência em vez de a diminuir. A onda populista que se sente, que se vê nos últimos anos na Europa agrava

---

[1] Reuters, «Number of terrorist attacks globally dropped in 2016: U.S. government», 2017. Disponível em: https://www.reuters.com/article/us-usa-security-terrorism/number-of-terrorist-attacks-globally-dropped-in-2016-u-s-government-idUSKBN1A421P. ESRI, «Terrorist Attacks», 2018. Disponível em: http://storymaps.esri.com/stories/terrorist-attacks/?year=2017.

muito mais o terrorismo e ataca a segurança e a liberdade das pessoas. À semelhança do terrorismo, também a reacção extremada tem de ser combatida, a qualquer custo. Uma dimensão alimenta a outra. Tem de se tirar «o combustível» a ambos os lados, extremos, da equação.

O terrorismo visa intimidar populações para que estas intimidem os seus governos e estes, por sua vez, cedam ao que os terroristas pretendem. Simples, é só isto. Quase sempre, muitas vezes, os actos terroristas locais servem causas mais longínquas ou, pior, estão ao serviço de causas de outros. Quem executa o acto no local pode estar, no limite e por absurdo, a fazê-lo por causas que não percebe, por motivos que não entende ou em virtude de razões pouco maturadas. Por isso não interessa perder muito tempo a tentar saber as motivações de quem os pratica. O que interessa, sempre, é saber quem os motiva, quem os incentiva, quem beneficia e explora os efeitos conseguidos com os actos de terror. Importa ler o trabalho, exaustivo e muito completo, coordenado por Fernando Reinares e Carola García-Calvo que explica as intrincadas relações entre quem promove e quem executa os actos terroristas (Reinares e García-Calvo, 2017). Neste trabalho, percebemos como a relação de proximidade é fundamental para espalhar os ideais terroristas e como por detrás de um executor há sempre alguém que pensa e planeia o objectivo da acção.

2. Liberdade

A liberdade traduz-se em direitos fundamentais e assegura-se por uma Constituição nacional. Os direitos humanos são inalienáveis e a Declaração Universal dos Direitos Humanos (ONU, 2009) afirma-o, sendo, até ao momento, a única base global que o tenta. Na realidade efectiva, persiste sem se afirmar como garantia de acesso e de protecção da liberdade de cada um.

A liberdade começa na intimidade. Significa poder pensar sem restrições. A acção, porque pode acarretar consequências para outros, terá de ter limites e respeitar obrigações, mas, desde que livremente aceite, é necessária ao funcionamento das sociedades. Por isso é difícil definir o que se entende por liberdade para uns e outros, mas, se o pensamento não for livre e se a liberdade de expressão não for respeitada, não há liberdade.

Tem de existir liberdade para se afirmar o que se pensa, para se viver de acordo com a sua consciência, para se aceitar a responsabilidade pelas afirmações proferidas, mas não se pode obrigar outros a viver, a pensar, a fazer como «se acha» que deveriam fazer. A discussão é, muitas vezes, apenas essa. Uns julgam que outros deveriam viver de certa forma, ter famílias de um tipo padronizado, comer determinados alimentos, usar determinadas roupas, frequentar e fazer determinadas acções públicas e é aí que se encontra o confronto. O que cada um decide assumir não pode ser impositivo para o próximo. Limitar o exercício da liberdade de escolha apenas pode, e deve, ser condicionado quando atenta contra os direitos fundamentais de cada ser humano. Por isso, muitas sociedades proíbem a mutilação genital feminina, tapar o rosto, a interdição do acesso à educação, a iniciação violenta numa cultura, os casamentos forçados, a prática de rituais obscenos. Outras sociedades proíbem e obrigam a muito mais, impedem que se usem símbolos de outras religiões, que se coma ou se beba determinados produtos ou, no extremo oposto, há proibições a qualquer tipo de símbolo religioso, a qualquer prática pública e manifestação de uma política «condenada». Extremos que, porque são extremos, condicionam a liberdade.

Programas para prevenir o terrorismo no Reino Unido ou em Itália[2] são exemplos da capacidade efectiva de evitar

---

[2] Veja-se EFE, «Reino Unido identifica milhares de menores que podem

inúmeros ataques e, especialmente, de detectar indícios de radicalização. Podem, por outro lado, e quando conduzidos sem cuidado e sem limites, levar a uma enorme pressão e estigmatização de comunidades e grupos de pessoas (Gonçalves, 2018), entre muitos outros casos, que abundam nos EUA, no Médio Oriente (Pires, 2017), na Rússia, nas Filipinas e que, em nome da segurança, podem comprometer a liberdade. O controlo é por isso fundamental e, felizmente, é verificado em muitos países de forma permanente (Hill, 2018). Não há liberdade sem segurança, como veremos em seguida, mas urge, por isso, tentar em cada sociedade organizada clarificar o que se entende por liberdade antes de se anunciar que foi corrompida. Para haver liberdade ela tem de funcionar em todos os sentidos. A liberdade de culto, de pensamento e de afirmação não pode ser incompatível com a liberdade de escolher, de respeitar e de evoluir. Estigmatizar e classificar é o contrário de liberdade.

A tecnologia tem de ajudar também neste campo. É necessário criar mais condições para garantir a privacidade e transmitir segurança antecipando intenções e radicalizações. Tecnologias de reconhecimento global facial são instrumentos em desenvolvimento que identificam bem estas dimensões. Estas novas tecnologias permitem a transmissão e uso de dados em quantidade suficiente para fazer funcionar mecanismos complexos de inteligência artificial (IA) que permitem tanto a condução automatizada de veículos, como o uso de algoritmos complexos que identificam acções de radicalização ou de possível recurso à violência. O uso destes instrumentos sem uma

se radicalizar», 2017 (disponível em: https://www.efe.com/efe/brasil/portada/reino-unido-identifica-milhares-de-menores-que-podem-se-radicalizar/50000237-3433662) ou Lúcio, Susana, «Como a Itália tem evitado atentados terroristas», 2017 (disponível em: http://www.sabado.pt/mundo/europa/detalhe/como-a-italia-tem-evitado-atentados-terroristas).

ética aplicada à sua utilização poderá, no entanto, implicar uma espécie de *Big Brother* e cortar completamente a liberdade de se ser.

Liberdade sente-se pela vontade e capacidade de viajar, de se ser bem acolhido e não coagido, de se saber respeitar as idiossincrasias locais sem tentativas absurdas de ofender quem se visita. Liberdade é ter vontade de discutir assuntos polémicos, temas fracturantes, ideias opostas, mas, e este «mas» fará toda a diferença, sabendo-o fazer no momento e local certos, numa linguagem assertiva mas educada, com ética, com elevação. Quem não quer ouvir, quem não ousa saber as diferentes perspectivas não tem nem respeita a liberdade, mas tem a liberdade de escolher não ouvir, não discutir e não debater. Há sempre dois lados e, por vezes, muitas perspectivas para seguir. Daí que tenha de existir liberdade de contestar, mas com regras, liberdade de sair de e entrar em comunidades, em grupos, em religiões, de propor alternativas e, no limite, de enfrentar oposições dogmáticas e sentir que se podem correr riscos. No fundo, é sentir que há liberdade para se viver.

Haverá liberdade se não existirem as condições mínimas de vida? Olhemos para o continente africano, em especial para a grande área subsaariana, e perguntemos se é possível pensar em liberdade quando não se tem as mínimas condições para sobreviver. Há liberdade com fome? Com sede? Com injustiça? Sem capacidade para cuidar da família? Sim, no limite teórico do conceito sim, mas para quem luta, diariamente, pela sua sobrevivência e pela dos seus familiares, para quem olha nos olhos do seu filho faminto e não sabe como o alimentar, a prática da liberdade está profundamente condicionada pela necessidade de satisfação das coisas mais básicas de que todos os seres humanos precisam. Por isso, também por isso, se torna impossível isolar palavras como «liberdade» sem as relacionar com outras que a condicionam e com o contexto em que se desenvolve: a crueza da vida, a realidade, a «circunstância» de Ortega y Gasset[3].

3. Segurança

Afirma-se frequentemente que se não se agir não se arrisca, que se o problema for com «outros» estou em segurança e ainda que o problema é «deles». A questão que se coloca: devo agir quando perseguem outros? Segurança e paz são fundamentais para que exista desenvolvimento, e sem desenvolvimento é difícil conseguir manter a segurança e a paz. Há uma ordem natural: primeiro tem de existir paz e segurança, depois vem o desenvolvimento. A ausência de segurança torna as sociedades mais susceptíveis a propostas de ideias radicais. A preocupação com a sobrevivência de cada dia propicia uma adesão facilitada a regimes que, normalmente, se considerariam absurdos.

Foi a ausência de paz e de segurança, o ter de viver entre o desespero, a fome e a violência, que levou milhões a aceitarem ideias radicais. Anos de guerra e de sofrimento, de desemprego e de fome podem levar à aceitação, não completa nem sequer consciente, de propostas ditatoriais (Pires, 2016a). Assim apareceram pessoas a acreditar no nazismo, nas extremas-esquerdas e extremas-direitas, nos grandes planos dos Talibãs, na retórica distorcida do Daesh e nas promessas de protecção do Boko Haram. Como afirmou Albert Einstein em 1932, há muitas formas de manipular e de «organizar e dominar as emoções das massas, e fazer delas um instrumento seu» (Einstein e Freud, 2017, p. 49).

---

[3] José Ortega y Gasset (1883–1955) afirmou que «o homem é o homem e a sua circunstância».

A religião, tópico central na justificação da maioria do actual terrorismo transnacional (Hill, 2018, p. 16), pode ser uma escolha, um caminho, uma opção vivida na intimidade. Uma religião pode ser também a base de um sistema político, uma forma de solidificar uma sociedade, um conjunto normativo de regras para estabelecer uma forma de vida. A palavra «pode» é diferente de «deve» e ainda mais distinta da expressão «tem de». Mais do que compreender a percepção sobre o mundo de uma determinada religião, importa sobretudo compreender como a mesma é vivida, permitida ou assumida por uma determinada sociedade. Afinal, é fundamental salientar a diferença entre uma escolha individual e uma aceitação de um sistema alternativo ou de construção da vida numa sociedade regulada por princípios religiosos:

- «poder», no sentido mais lato, é um direito. Um cidadão escolhe uma religião e «pode» exercê-la de forma livre, sem constrangimentos e de acordo com a sua escolha individual. Mas também «pode», além de a escolher, tentar que a sua religião seja a base, em parte ou no todo, do sistema político que sustenta o país onde reside. Quando a esta liberdade de escolha se soma a «liberdade» de tentar mudanças políticas na sociedade em que se vive, pode ter-se, ou não, dependendo da forma eleita de governação, um conflito de valores e assim pôr em causa a «segurança» de todos os outros;
- «dever», no sentido amplo da palavra, é o complemento natural da construção de uma sociedade, ou seja, do equilíbrio entre direitos e deveres. A escolha, a entrada e a saída, de uma religião deve ser livre. A religião e a política, na maioria dos Estados democráticos, podem estar separadas e «devem», no caso de não o estarem, respeitar princípios gerais que garantam a absoluta liberdade de pensamento e de religião, aceites por todos. Como a religião

não «pode» ser imposta, deve prevalecer o «dever» pelo respeito individual e pela prática da mesma de forma íntima e pessoal;

- «tem de» é uma obrigação. Quando um postulado se torna impositivo, deixa de ser uma escolha. Se um cidadão «tem de» viver de acordo com uma determinada visão política ou religiosa, está coagido e cerceado de liberdades gerais. Se «tem de» respeitar em absoluto a sociedade em que se insere, então não «pode» impor um sistema político. «Tem de» são dois sentidos. Numa sociedade que imponha um sistema político baseado, no todo ou em parte, numa determinada religião, o cidadão tem de cumprir. Numa sociedade que proíba qualquer tipo de interferência das religiões na política, o cidadão «não pode» viver fora do normativo geral em vigor e «tem de» se submeter aos princípios políticos definidos. Como o mundo não é 8 ou 80, encontramos, entre um extremo e outro, inúmeras variações na forma de entender o «pode», o «deve» e o «tem de»;
- segurança e bem-estar é o fim último de qualquer Estado. Que haja segurança, mas que não seja obtida pelo medo (Bauman, 2006). Para haver segurança tem de se dissuadir aqueles que a querem pôr em causa; mas se for pelo medo, pelo regime impositivo, é uma segurança condicionada e em nada respeitadora da liberdade. Torna-se por isso essencial que os Estados encontrem formas de garantir a segurança sem afrontar os princípios mais elementares da liberdade, que se mostrem determinados em se defender e em afastar quem os quer atacar sem comprometer valores e princípios mais relevantes. Dissuadir o terrorismo é uma forma de garantir a segurança, o difícil é definir «como» o conseguir.

3.1. Terrorismo e liberdade

Dissuadir é ter meios e processos eficazes para garantir o contra e o antiterrorismo. Para haver dissuasão, *deterrence*, tem de se articular, de forma estruturada, dois conceitos: o de dissuasão e o de acção. É necessário ter meios para dissuadir, o que, no caso do terrorismo, implica ter Forças Armadas determinadas que actuem fundamentalmente antes e sobre a origem do fenómeno onde quer que este se encontre, geralmente dentro de amplas coligações e depois de estas estarem preparadas para reforçar, complementar e suplementar, de forma coordenada e eficaz, a acção das forças policiais dentro do território nacional. Implica também ter forças e serviços de segurança que vigiem e cooperem com outros países, e saibam agir de forma integrada contra quaisquer ameaças no interior ou vizinhança do país. Ter meios implica ainda ter recursos humanos altamente qualificados, agentes que estudem e estejam dentro dos grupos sociais em que podem emergir os fenómenos, com recursos financeiros para prevenir e actuar e com meios materiais que permitam antecipar possíveis ataques, chegar imediatamente após a ocorrência e gerir o pós-ataque (Europol, 2017). Em suma, dissuadir na forma de agir. Por fim, ter os meios de dissuasão implica ter políticas de integração, de contra e anti-radicalização e formas de reintegrar quem se arrependeu ou simplesmente foi detido.

Um dos documentos mais equilibrados sobre a prevenção do terrorismo e a garantia dos direitos e liberdades dos cidadãos foi elaborado em 2004 pela Organização para a Segurança e Cooperação na Europa (OSCE). Esta organização representa 57 países com uma enorme diversidade política, cultural e social e, talvez por isso, põe a tónica no sítio certo: para se se prevenir tem de se conseguir contrariar o extremismo violento e a radicalização que leva ao terrorismo (OSCE, 2004). Previne-se o espalhar do discurso violento, contraria-se a narrativa abjecta, prova-se a falsidade dos argumentos sem fundamentação, demonstra-se a prática dos sistemas ditatoriais e impositivos. Combate-se a radicalização da mesma forma que o terrorismo espalha a violência, ou seja, sem fronteiras, dentro e fora de cada Estado, tanto nos Estados em que mais se afirma como na dimensão sem soberania que é o ciberespaço.

Trata-se de um documento de 2004, mas os princípios que aí se defendem fazem sentido em 2018, porque parte da prática tentada para a recomendação da acção, baseando-se em vários estudos de caso, do Canadá, Noruega, Espanha, Reino Unido, Turquia, EUA, etc., e oferece recomendações. Em 2018, sabe-se que umas recomendações de 2004 resultaram mais do que outras, mas, acima de tudo, pode afirmar-se que a lógica por detrás da estratégia defendida pela OSCE em 2004 continua a fazer sentido em 2018: só se derrota definitivamente o terrorismo quando se junta uma acção normativa e respeitadora dos valores à narrativa que se afirma. São os actos e não as palavras que contam. Tão importante é mostrar determinação política e vontade de contrariar o terrorismo, em todas as suas dimensões, como é saber fazê-lo na forma que se escolhe; ou, ao contrário, uma acção que contradiga a narrativa é profundamente prejudicial. Lembremos, a título de exemplo, o terrível impacto que tiveram as imagens da prisão de Abu Ghraib no Iraque em 2006 e 2007, suficientes para desacreditar toda a acção dos EUA naquele país. Se o terrorismo é o oposto da democracia e do respeito pelos direitos humanos («Terrorism is a denial of democracy and of human rights», OSCE, 2004, p. 19), então, quem responde tem, obrigatoriamente, de cumprir os valores que afirma defender.

O nexo interno-externo está provado, a relação profunda das dimensões de segurança e defesa está assumida e é fundamental para o sucesso, como confirma Federica Mogherini (European Union, 2017, pp. 26–28). Porém, todos os meios serão insuficientes se não houver um segundo passo da dissuasão, ou seja, a credibilidade.

A credibilidade resulta de demonstração. Há credibilidade quando há determinação em aplicar a lei, quando as comunidades querem ser parte da solução e ajudar em processos de integração, acolhimento, vigilância e cooperação; quando outros países reconhecem a eficiência e a eficácia dos comportamentos das forças e serviços do país; e, fundamentalmente, quando, pela acção permanente, dentro e fora do território nacional, a conduta é exemplar, democrática, respeitadora de direitos, liberdades e garantias. A forma inteligente como se actua, em especial, fora do território nacional, o modo de mostrar competência, respeito e determinação na defesa da lei são dos instrumentos mais poderosos para prevenir actos de terrorismo no interior do país.

Crime e terrorismo não são a mesma coisa. Embora o nexo entre os dois fenómenos esteja amplamente demonstrado – porque os terroristas precisam de financiamento, de armamento e de explosivos, da mesma forma que muitos criminosos beneficiam de actividades terroristas para mais facilmente conseguirem o seu comércio –, os objectivos de uns e de outros são muito distintos. Como tal, o direito que se lhes aplica tem de reflectir essa diferença (Hill, 2018, p. 20). Tratar fenómenos terroristas como se de simples crimes se tratasse foi, e em alguns países ainda é, um erro assumido pelas nações democráticas. Um criminoso posto em liberdade pode tentar repetir um crime isolado; um terrorista pode aproveitar e tentar matar centenas ou milhares de pessoas. Os dois devem ser tratados e requerem leis diferentes. Deixar um criminoso ou um terrorista em liberdade, em circunstâncias que parecem idênticas, não é a mesma forma de garantir a segurança. Um dos resultados visíveis dos últimos anos de ataques terroristas em todo o mundo foi o de ter trazido essa mudança e de ter permitido clarificar conceitos, procedimentos, estratégias e, acima de tudo, políticas estruturais aceites por mais de um Estado. Este tem sido o caminho seguido, por exemplo e bem, pelos Estados que constituem a União Europeia, como se pode ler em Conselho Europeu, «Luta da UE contra o terrorismo», 2018 (http://www.consilium.europa.eu/pt/policies/fight-against-terrorism/). Ainda é pouco, e tímido, mas tem-se mostrado como uma política correcta e na direcção certa, separando de forma clara criminalidade e terrorismo, prevenção e acção, terrorismo e radicalismo.

3.2. Terrorismo e segurança

Nos países democráticos o dilema é permanente: o risco de um ataque, a suspeita sobre uma determinada comunidade, dentro ou fora do território nacional, pode aconselhar a acção rápida e preventiva, mas do outro lado está a lei, os princípios e valores democráticos. Em países democráticos, tem sempre de prevalecer as garantias de liberdade. Para garantir a segurança é preciso agir rápida e antecipadamente, evitar o ataque. Mas se o ataque não ocorreu e não se consegue provar, de forma absoluta e transparente, que iria ocorrer, deve-se deter?

Num documento importante, o *Livro Branco sobre o Futuro da Europa* (Comissão Europeia, 2017), encontramos a preocupação com o combate ao terrorismo. Fundamentalmente, pede-se uma mudança nas atitudes para se conseguir fomentar a confiança e a partilha, nomeadamente das informações. A cooperação e a coordenação para a defesa e segurança são aprofundadas em termos de investigação e desenvolvimento, para que a UE seja capaz de ter uma voz e uma acção mais unidas. Permite-se assim juntar capacidades, tanto civis como militares, e, ao mesmo tempo, reforçar a solidariedade financeira para as missões da UE no exterior, que são efectivamente as que combatem e previnem o terrorismo «numa só voz» (Comissão Europeia, 2017).

Primeiro é preciso saber actuar na origem e sobre os que incentivam as acções terroristas. Os movimentos terroristas têm líderes, combatentes e apoiantes e é preciso entender as motivações de todos e de cada um deles. Em 2018 foi possível perceber como foram importantes duas grandes acções: a derrota do grupo Daesh, nas extensas áreas que já ocupava, e a imensa cooperação internacional que se estabeleceu, dentro e fora de cada país, para lidar com esta ameaça transnacional. Não resolveu o problema, mas conseguiu-se muito.

Com a derrota do Daesh, fechou-se o mais importante instrumento de financiamento dos actos terroristas um pouco em todo o mundo, desfizeram-se enormes grupos armados, retomaram-se territórios ocupados e repôs-se a normalidade (dentro dos limites possíveis depois de uma enorme destruição). Acima de tudo, mostrou-se ao mundo a verdadeira face do Daesh: as monstruosidades praticadas, a acção de pilhagem, violação, destruição. Os mais de 5000 europeus, por exemplo, entre os mais de 50 000 voluntários que lutaram junto do Daesh, iludidos por uma imagem de uma governação apelativa, justa e implacável, só encontraram a parte do implacável, pois tudo o resto era mentira. As adesões baixaram, muitos tentaram sair e os milhares de adeptos que surgiam tiveram vergonha de se assumir. No entanto, fica o alerta: apenas com uma estratégia pensada antes da intervenção, corrigida e permanentemente controlada durante e, no fundo, com uma profunda determinação em construir a paz durante muitos anos, depois de uma ou várias intervenções, é que se conseguem resultados duradouros.

3.3. *Liberdade e segurança*

Democracia e segurança, segurança e bem-estar, suspeição e factos – poder-se-á deter alguém porque se suspeita do que vai fazer? Ataca-se uma região longínqua porque pode estar a apoiar grupos próximos no território-nação? Religião, afiliação ideológica pode constituir-se como estatuto de suspeita? Este é um debate permanente, em especial dentro de Estados democráticos em que as leis, e quem as executa, estão sempre a ser escrutinadas. No relatório ao parlamento britânico que descrevemos no início, é evidente a preocupação de conseguir a maior transparência possível e o maior cuidado em políticas de detenção (Hill, 2018, p. 72), porque a eficácia «não pode» retirar os direitos fundamentais aos cidadãos.

Parece relativamente consensual afirmar que, desde que um cidadão esteja ao abrigo da Declaração Universal dos Direitos Humanos, o sistema em que se insere deverá ter as condições mínimas para garantir a liberdade e a segurança. Se for uma democracia constitucional, isso quererá dizer que, em princípio, há limites impostos aos que governam e que estes têm de prestar contas às populações que os elegeram para governar. Mas ser uma democracia constitucional não implica que tenha de ser liberal ou religiosa ou de outro tipo qualquer. O sistema político escolhido, desde que não seja imposto e responda a alguns requisitos básicos, será sempre um sistema em evolução em que os cidadãos que nele vivem encontrarão formas de o saber melhorar e de o melhor servir.

No interior dos Estados vigora o direito próprio. Nos espaços das alianças e das comunidades de países há direitos partilhados, como o quadro legal da União Europeia, e o Direito Internacional. Nenhuma área ou região do planeta é mais importante do que outra no que se refere ao respeito pelos direitos humanos, sendo fundamental manter e conseguir a vigilância e a acção, se possível de forma imparcial (como nos relatórios elaborados pela Security Council Report, em Nova Iorque: securitycouncilreport.org.). Há instituições que funcionam e há o lado verdadeiramente humano para a fraqueza das decisões:

> Logo à partida, deparo-me com uma dificuldade; um tribunal é uma instituição humana que, em relação ao poder que dispõe, é inadequada para fazer cumprir os seus veredictos, está muito sujeita a vê-los serem bloqueados por pressões extrajudiciais. Este é um facto com o qual temos de contar. (EINSTEIN e FREUD, 2017, p. 47)

4. Terrorismo, liberdade e segurança

É também na dimensão das respostas aos fenómenos do terrorismo que medimos o carácter dos povos e a determinação das nações. O respeito pelos direitos, liberdades e garantias, na sua plenitude, faz toda a diferença. Não há liberdade se não houver segurança e uma sociedade democrática e respeitadora não pode permitir abusos, interpretações, manipulações e tentativas de impor modelos inaceitáveis e incongruentes com valores e princípios edificados.

Compromisso e determinação são princípios inegociáveis. Quem não respeita a Declaração Universal dos Direitos Humanos terá de optar: ou se conforma ou abandona o país que o acolhe. Se não se estabelecerem limites, não pode haver segurança. Declarar que determinada ideologia é incompatível com a democracia deve ser entendido como uma declaração de recusa em aceitar os deveres da cidadania democrática. Afirmar que a solução política em vigor, votada por uma nação, é errada é não aceitar a liberdade dos povos que a escolheram e a ergueram em processos evolutivos da História. Afirmar e defender processos totalitários de imposição da vontade, ameaçar as pessoas com a morte e o terror é incompatível com a noção de liberdade. Isso não é liberdade de expressão; é abuso de poder e não pode ser aceite, nem tão-pouco tolerado.

Há limites ao que se propõe e defende: quem defende o contrário do que está estipulado na Declaração Universal dos Direitos Humanos, quem defenda que se pode matar para impor uma visão ou uma imposição não tem lugar entre cidadãos livres e democráticos. Defender ideias diferentes é excelente, fazer debate sobre múltiplas formas de política e de organização da sociedade é essencial para o crescimento e fortalecimento das nações, mas há premissas-base, há condições de partida que não podem ser negociadas. Defender que as mulheres não podem ter os mesmos direitos que os homens, que determinados grupos não devem ter acesso à educação, que não podem abandonar uma determinada religião depois de se lhe terem juntado não é aceitável. Para que haja segurança e liberdade na vida de todos, e para ser de todos não apenas de alguns, tem de se assegurar escolhas livres e abrangentes. Ninguém tem o direito de fazer as escolhas por outros. A defesa de posições não pode passar pela condenação das posições dos outros.

Uma nação não se pode deixar intimidar porque, se defende a dignidade dos povos de forma global, não pode permitir que actos terroristas, dentro de cada Estado, ponham em causa as acções humanitárias na defesa de milhões de seres humanos. Em muitos casos, as acções terroristas pretendem intimidar populações para que os seus governos saiam de regiões onde impera o terror e as maiores brutalidades contra seres humanos. Quem lá exerce a influência e deseja instaurar regimes de imposição de terror pretende a expulsão dos povos que ali estão para ajudar. É fácil ceder. E todavia, não se pode, nunca, jamais, ceder!

Referências e leituras recomendadas

BAUMAN, Zygmunt, *Medo Líquido*, Rio de Janeiro, Zahar, 2006.

COMISSÃO EUROPEIA, *Livro Branco sobre o Futuro da Europa*, Bruxelas, 2017.

EINSTEIN, Albert e FREUD, Sigmund, *Porquê a Guerra? Uma Conversa entre Dois Génios do Século XX*, Lisboa, Cultura, 2017.

EUROPEAN UNION, «From Shared Vision to Common Action: Implementing the EU Global Strategy», Bruxelas, European Comission, 2017.

EUROPOL, *European Union Terrorism Situation and Trend Report (Te-Sat)*, Haia: Holanda, European Union Agency for Law Enforcement Cooperation, 2017. Disponível em: https://www.europol.europa.eu/activities-services/main-reports/eu-terrorism-situation-and-trend-report-te-sat-2017.

GONÇALVES, Mara, «O «muçulmano moderado» é um exemplo de uma ficção simples», *Público*, 2018. Disponível em: https://www.publico.pt/2018/02/04/mundo/entrevista/o-muculmano-moderado-e-um-exemplo-de-uma-ficcao-simples-1801459.

HILL, Max, *The Terrorism Acts in 2016: Report of the Independent Reviewer of Terrorism Legislation on the Operation of the Terrorism Acts 2000 and 2006*, Londres, UK Parliament, 2018. Disponível em: https://terrorismlegislationreviewer.independent.gov.uk/wp-content/uploads/2018/01/Terrorism-Acts-in-2016.pdf.

ONU, *Declaração Universal dos Direitos Humanos*, 2009. Disponível em: http://www.ohchr.org/EN/UDHR/Documents/UDHR_Translations/por.pdf.

OSCE, *Preventing Terrorism and Countering Violent Extremism and Radicalization that Lead to Terrorism: A Community-Policing Approach*, Viena, 2004. Disponível em: http://www.osce.org/atu/111438?download=true.

PIRES, Nuno Lemos, Do Terrorismo Transnacional ao Choque de Valores, *Revista Nação e Defesa* 143, Lisboa, IDN, 2016a: pp. 59–70.

PIRES, Nuno Lemos, *Resposta ao Jiadismo Radical*, Lisboa, Nexo Literário, 2016b.

Reinares, Fernando e García-Calvo, Carola, «Actividad yihadista en España, 2013–2017: de la Operación Cesto en Ceuta a los atentados en Cataluña», Real Instituto Elcano, 2017. Disponível em: http://www.realinstitutoelcano.org/wps/portal/rielcano_es/contenido?WCM_GLOBAL_CONTEXT=/elcano/elcano_es/zonas_es/dt13-2017-reinares-garciacalvo-actividad-yihadista-en-espana-2013-2017-operacion-cesto-ceuta-atentados-catalunya.

Tolerância e democracia nas relações internacionais

Jaime Nogueira Pinto

Faculdade de Direito e Instituto Superior de Ciências Sociais e Políticas (ISCSP) da Universidade de Lisboa

1. Genealogia dos conceitos

O conceito de democracia é um dos mais extensos e controversos da história política da humanidade, pelo menos da humanidade ocidental – greco-romana e cristã. Parte desta linhagem greco-romana e cristã foi transposta e laicizada pelo humanismo e democratismo liberal, que, depois de 1945, se tornou ideologicamente hegemónico e foi consagrado em documentos internacionais, como a Carta das Nações Unidas e os textos fundamentais da União Europeia.

O embaraço em relação à tradição democrática e ao conceito de democracia reside na ambiguidade do seu conteúdo e significado, exemplificado pela adjectivação. Além de uma ideia-base de «soberania nacional popular», a controvérsia vai das «democracias populares» do bloco soviético até à «democracia orgânica» do Estado Novo. Ainda hoje persiste a diferença entre uma versão liberal e individualista da democracia, mais preocupada com a protecção dos direitos individuais – liberdade de consciência, de movimento, de expressão e económica, logo, com a protecção da minoria –, e uma versão continental, mais centrada nos direitos soberanos da maioria. A versão liberal, de tradição anglo-saxónica, deve muito a Locke, a Stuart Mill, a Adam Smith, a Montesquieu; e a continental, a Jean-Jacques Rousseau, que a afirmou, desenvolveu e defendeu, referindo até uma obrigação ético-jurídica e uma responsabilidade moral do cidadão em obedecer ao mandado da comunidade, à vontade geral, definida maioritariamente, que o «obrigaria a ser livre».

Por seu turno, a tolerância entende-se como um espírito que leva o próprio Estado ou comunidade política a admitir uma pluralidade de credos religiosos e políticos. O tema da tolerância, com a tradição humanista enunciada por Thomas More e Erasmo de Roterdão, foi tratado em numerosos escritos e panfletos por pensadores como Bodin, Grócio, Milton e Locke. Destes escritos, um dos mais conhecidos, *Carta sobre a Tolerância* (1689), redigido em latim por Locke durante o exílio holandês, ficou como um tratado célebre sobre a matéria, em torno de um Estado livre da tutela eclesiástica. Mas esta tolerância era só para «os religiosos»; aos ateus, Locke negava em absoluto qualquer liberdade. Voltaire também escreveu um *Tratado sobre a Tolerância* (1763), que marcará os textos vindouros.

A persistência das ideias de democracia e de tolerância como valores e princípios de orientação permanente das sociedades liberais tem dependido naturalmente da persistência no poder desses valores. Consequentemente, no século XX, no auge dos regimes totalitários de direita e de esquerda, estes valores viram-se muito limitados. E voltam a sê-lo nos nossos dias, e não poucas vezes por aqueles que, oficialmente, proclamam a tolerância e a democracia como princípios.

Inicialmente, a admissão de dissidência ou de pluralidade de movimentos e crenças deu-se na área religiosa, na sequência das guerras de religião desencadeadas na Europa, a partir de 1517 e da cisão luterana no seio da Igreja Católica.

Duraram mais de um século, até ao fim da Guerra dos Trinta Anos (1618–1648); já em França, as guerras religiosas tinham assumido características de guerra civil política, polarizando a sociedade e o Estado, até ao Édito de Nantes (1598), em que, em contrapartida da liberdade de culto, os protestantes reconhecem a autoridade real de Henrique IV e seus descendentes.

A ideia de «tolerância» implica, de certo modo, a existência de uma fé e de um culto religioso ou político «verdadeiro» ou assim considerado que, após o fracasso da repressão e para alcançar a paz civil, recorre ao pluralismo de crenças, à admissão de outras crenças ou cultos em igualdade de circunstâncias, ou melhor, em subsidiariedade ao culto oficial. A intolerância e a perseguição dos dissidentes não foram, evidentemente, exclusivas da Igreja Católica ou dos Estados católicos, embora às vezes se pretenda inculcar esse conceito.

2. A ordem internacional e a ordem interna

A ordem internacional não é uma ordem de pessoas, é uma ordem de Estados, de «grandes pessoas», segundo uma terminologia clássica no Direito Público Europeu. Assim, não podemos esperar que a ela se apliquem os valores e os conceitos analíticos que se aplicam nas relações intra-societárias, entre membros de uma mesma comunidade política.

Isto não obstante um esforço histórico de pensadores e correntes de pensamento, às vezes determinantes da política dos Estados ou, pelo menos, da sua retórica, de transformar a sociedade internacional numa comunidade regida por um direito semelhante ao direito interno. Fazem-no através de uma opção humanista, traduzida em declarações de princípio de âmbito globalizante e internacionalista, que tenta impor à ordem internacional uma doutrina e uma forma paralela à do humanismo racionalista kantiano, acrescido de princípios consagrados nos textos fundacionais das revoluções americana e francesa do século XVIII. Estes princípios obedeciam a uma espécie de humanismo individualista, baseado numa concepção optimista do homem, num discurso de laicização de textos cristãos como o Sermão da Montanha. Essencialmente, esta doutrina acabaria por «personalizar» a sociedade internacional, que mais do que uma comunidade de Estados seria uma comunidade de indivíduos.

A principal contestação a estas posições está no comportamento dos Estados que as foram enunciando e proclamando: ao actuarem na área internacional, a Grã-Bretanha da Revolução Gloriosa (1688) e os Estados Unidos da América (EUA) das Declarações dos Direitos e do Preâmbulo da Declaração de Independência (1776) praticaram, sob a capa da retórica humanista e liberal, políticas ditadas pelo mais estrito interesse nacional e razão de Estado. A Grã-Bretanha foi maquiavélica e até impiedosa nas suas áreas coloniais, da imposição à China dos Tratados Iníquos – desde o Tratado de Nanquim (1842), que, tendo vindo pôr termo à primeira das denominadas Guerras do Ópio, consagrava a possessão de Hong Kong por tempo indeterminado pela rainha Vitória e seus descendentes – até à repressão, na Índia, da Revolta dos Cipaios (1857–58). Os EUA foram implacavelmente determinados na expansão territorial e da esfera de influência, à custa do México e das Filipinas. Mesmo a Guerra de Cuba (1895–1898) e a liquidação do império espanhol ou as intervenções na América Central, geralmente apresentadas como «libertação», fizeram parte de uma fria política expansionista, embora com justificações ideológicas nobres e humanistas, quando não humanitárias.

Também os princípios da «democracia e tolerância», enunciados nos textos fundacionais programáticos e de doutrina geral da Revolução Francesa (1789), parecem ter sido squecidos pela República nas guerras da Revolução e do império.

Os exércitos da revolução, da República e, mais tarde, do império napoleónico mostraram uma avidez de saque, de domínio e de controlo bem surpreendentes para quem proclamava o ideário libertador e libertário que a revolução pretendia encarnar. E sempre preferindo o interesse de França aos princípios gerais humanitários.

A criação de um Direito Público Europeu, *Jus Publicum Europaeum*, é anterior ao liberalismo e à democracia. A partir do século XVII, depois da Guerra dos Trinta Anos e precisamente pelos horrores que ela desencadeou, houve um esforço político e legislativo para impor às «nações civilizadas» uma regulação da guerra, que foi observada nos conflitos entre os Estados soberanos europeus ao longo dos séculos XVIII e XIX e até à Grande Guerra (1914–1918), e mesmo nas guerras entre europeus nos espaços coloniais. Esses princípios foram postos em causa com o reaparecimento, sob a forma de guerras ideológicas, de valores «humanitários» de sentido totalitário que, mesmo no quadro internacional, tendem a excluir e a criminalizar determinados regimes ou a considerar o inimigo – o *justus hostis* da tradição publicista europeia – um criminoso. Tudo começou, aliás, em Versalhes (1919), quando os vencedores pretenderam julgar e criminalizar os vencidos.

3. A intolerância dos tolerantes

Por razões ideológicas e sobretudo geopolíticas, a ordem internacional não é igual à ordem interna de uma comunidade; quando muito, será uma sociedade composta por sujeitos – os Estados – bem diferentes entre si e quanto à natureza dos seus valores políticos, crenças religiosas e modelos institucionais. Porém, o idealismo e o utopismo que caracterizaram o discurso político dominante muitas vezes ocultaram esta diferença e as ambições de natureza económica, financeira e política, comuns a todos os Estados. Dirigentes americanos, como Woodrow Wilson (1913–1921) ou Franklin D. Roosevelt (1933–1945), ou até John F. Kennedy (1961–1963) ou Bill Clinton (1993–2001), inscreveram essa retórica nos documentos programáticos com que procuraram moldar um novo *Zeitgeist* (espírito do tempo) internacionalista.

Wilson quis criminalizar a Alemanha e o Kaiser, imprimindo um carácter punitivo a Versalhes e com isso contribuindo para a humilhação germânica. Anos depois, aproveitando essa humilhação como capital de queixa a somar ao perigo da Revolução Bolchevique de 1917, deu-se o triunfo de Adolf Hitler. Derrotado Hitler e os seus aliados do Eixo, a Carta das Nações Unidas e os seus princípios de democracia e tolerância entre os Estados não resistiram ao peso da desigualdade ideológica entre a União Soviética e os ocidentais, na Guerra Fria. E terminada a Guerra Fria, os vencedores procuraram exportar e impor o seu modelo de democracia política e economia de mercado ao resto do mundo, usando e abusando do prestígio da vitória e mostrando uma relativa «intolerância» em relação aos regimes diferentes.

Assim, a última década do século passado viu uma tentativa de imposição da «democracia liberal» a todo o mundo, sem cuidar de averiguar se ali existiam condições – como *nação* e *sociedade civil* – essenciais de uma democracia funcional.

Curiosamente, esta tentativa de globalização democrática pressupõe uma implícita intolerância para os regimes que não são democráticos ou que levantam restrições à globalização económica e financeira, que vêem como uma forma insidiosa de domínio das grandes potências e do grande capitalismo mundial.

Não é uma prática nova, esta imposição de modelos considerados «superiores» aos demais e, em seu nome, a prossecução de interesses pouco éticos ou legítimos (à luz da teoria dos próprios sobre a democracia, a igualdade e a tolerância preconizadas). Nos alvores do imperialismo europeu – entendendo este imperialismo como o período que vai, sensivelmente, de meados do século XIX até à Segunda Guerra Mundial e que foi caracterizado por Hobson e Lenine pelo uso da dominação político-militar como instrumento da expansão económica –, foi muito comum a imposição de quadros de submissão imperial ou colonial, sendo os «indígenas» vistos como «inferiores» em termos civilizacionais, escravos da ancestralidade e de instituições menos esclarecidas. As características do modelo capitalista tornaram-no, logo na Europa e nos EUA, um sistema marcado pela deslocalização, pela automação e pela obsessão de redução ou cortes nos custos, sobretudo no trabalho, causando a onda de protesto designada por «populista».

Assim, no modelo actual, o capitalismo globalizado acabou por regressar ao capitalismo «selvagem» do tempo de Marx que, por isso mesmo, voltou a ser «actual», como se avalia pela extensa bibliografia recente, coroada pelo já clássico *O capital no século XXI*, de Thomas Piketty (2013).

4. Um ano de ruptura: 2016

O ano de 2016 pode ficar, simbolicamente, como um ano de ruptura – ou do princípio da ruptura – com uma ordem mundial inaugurada um quarto de século antes, com o fim da Guerra Fria (1989) e a fragmentação da União Soviética (1991). Essa ordem era uma reafirmação dos princípios de globalização ideológica e económica, já inscritos na Carta das Nações Unidas e na maioria da documentação da União Europeia. Embora, na realidade, esses textos fossem esquecidos e até violados sempre e quando algum poder maior era por eles confrontado ou limitado nos seus interesses vitais e acções estratégicas, a verdade é que a afirmação e proclamação dos princípios democráticos e tolerantes pesava sobre os poderes médios e pequenos e funcionava como dissuasor para todos.

As novidades de 2016 tiveram que ver com o triunfo, não apenas do eurocepticismo mas da própria eurofobia, no referendo britânico de Junho, vencido pelos que se proclamavam anti-Bruxelas e anti-União Europeia.

Esta eurofobia resulta também da «democracia de proximidade» a que estão habituados os cidadãos do Reino Unido – com os deputados eleitos por circunscrição, conhecidos e acessíveis aos seus eleitores –, em contraste com os ignotos e remotos burocratas de Bruxelas. Além deste importante aspecto funcional, os cidadãos britânicos queixavam-se da «invasão» político-cultural dos extra-europeus, que, segundo os *brexiters*, eram responsáveis não só pelo desemprego e pela degradação dos salários dos trabalhadores naturais, mas pela perda de uma identidade «britânica». Queixavam-se, acima de tudo, da perda de soberania política do Reino Unido, duramente ganha e defendida ao longo dos séculos.

O *Brexit* punha a Europa em questão também como prefiguração de uma utópica sociedade mundial, de um Estado mundial ou universal. Este Estado mundial de sociedades ideais que teriam eliminado os flagelos da guerra, da fome e da doença, e que aspiravam à felicidade eterna e à quase imortalidade, tinha já sido ficcionado e projectado para o futuro nas utopias/distopias anglo-saxónicas do século XX, como as de H. G. Wells (cujos títulos mais significativos, como *A Máquina do Tempo*, *O Homem Invisível*, *A Guerra dos Mundos*, foram publicados nos finais do século XIX) ou de Aldous Huxley em *Admirável Mundo Novo* (1932).

Este discurso utópico tinha raízes judaico-cristãs, nas retóricas igualitárias de algumas visões proféticas do Antigo Testamento e na bondade e perfeição do Sermão da Montanha. Mas a raiz transcendente perdera-se, e o moderno discurso igualitário e tolerante, desenvolvido nos textos e nas experiências dos utópicos construtores das novas sociedades, já de raiz laica e materialista, passava a considerar condição para a implantação da democracia e da tolerância a eliminação ou, pelo menos, a marginalização dos não democratas e dos não tolerantes, considerados inimigos da razão e da paz.

Como nas cidades utópicas, que sempre incluem um corpo de vigilantes ou de guardas da cidade que, com os magistrados, controlam e punem os marginais e os indesejáveis, assim também as ideologias inspiradas na igualdade, na tolerância e na democracia têm geralmente recomendações para vigiar e controlar os que consideram reais ou potenciais inimigos da democracia e da tolerância.

Logo em 1945, em *A Sociedade Aberta e os Seus Inimigos*, Karl Popper viera defender o direito de suprimir os intolerantes, «se necessário, pela força». Se não estivéssemos «preparados para defender a sociedade tolerante contra a investida dos intolerantes» e dos seus argumentos não racionais, escrevera, então os tolerantes «seriam destruídos». Devíamos, por isso, «reivindicar, em nome da tolerância, o direito de não tolerar o intolerante».

É este o paradoxo da tolerância e dos tolerantes: a intolerância em relação àqueles que definem como intolerantes, mediante critérios tão arbitrários como os dos «intolerantes» e com procedimentos que incluem o abandono da «argumentação racional» e o recurso à força.

5. Tolerância e democracia na ordem internacional

Os conceitos de tolerância e democracia foram introduzidos na ordem internacional no pós-Guerra Fria, sob a fórmula conjunta de «internacionalismo democrático», uma fórmula útil que permitia às potências vencedoras justificarem intervenções na esfera soberana dos países indiciados e discriminados como não democráticos ou intolerantes. As intervenções nos Balcãs contra a Sérvia (1999), no Médio Oriente contra o Iraque de Saddam Hussein (2003), no Norte de África contra Kadafi (2011) e nalguns países da África Subsaariana foram desta natureza.

Sendo conceitos já ambíguos e manipuláveis na ordem interna, passaram a sê-lo mais ainda na ordem internacional, com as acrescidas incertezas e ambiguidades doutrinárias que a definição de uma ética transnacional acarreta. Como qualquer ética transcomunitária, esta arriscava-se a servir não uma legitimidade abstracta e independente, mas os interesses estratégico-políticos ou até comerciais dos mais poderosos, sob a capa da justiça, do direito e da moral.

Mas os esforços para objectivar estes valores, a fim de os poder usar legitimamente na ordem internacional, não têm tido grandes resultados – nem mesmo com construções elaboradas, como a de Jürgen Habermas em *Direito e Democracia* (1992) que pretende atingir a normatividade através de uma «discussão racional» entre os diversos sujeitos interessados numa mesma comunidade. No modelo de Habermas, é esta «discussão racional» que permite traçar uma bissectriz da «vontade geral», de modo que a convergência final, reconhecida por todos porque resultante da confrontação, harmonização e síntese dos diferentes intervenientes, possa depois transformar-se em mandato social legítimo. O modelo foi pensado não só para comunidades políticas nacionais, mas também para comunidades mais vastas, como a ordem europeia ou mesmo a humanidade.

Os clássicos do contrato social – Hobbes, Locke e Rousseau – partiam do «estado de natureza», em que o homem primitivo, isolado perante todos os perigos e temendo pela vida, acabava por se submeter voluntariamente a um certo número de regras que o elevavam a um «estado social» em que os seus interesses privados e essenciais se misturavam, convergiam e se identificavam com o bem público ou se transformavam no interesse público, através de uma associação ou contratualização hipotética. A partir desse «contrato» – que era uma hipótese histórica explicativa –, o «homem natural», obcecado pela sobrevivência, tornava-se um ser social quando entendia que a sua sobrevivência e a da sua família e clã estavam subordinadas e dependentes de valores que os transcendiam: valores religiosos, políticos e civis que consubstanciavam e legitimavam o pacto e a sociedade.

As ideias ou valores de democracia e tolerância entravam nesse pacto como fundamentos e como objectivos: de democracia, na medida em que os sujeitos ou cidadãos se assumiam como «iguais» dentro dessa comunidade e de tolerância, porque a aceitação das diferenças de religião, de visão, de opiniões era essencial para a concretização do pacto social que fundava e fundamentava a comunidade.

Mas a razão, resultado e valor desse pacto estava – está – na ideia de criar e manter uma comunidade capaz de proteger e defender os seus membros de ameaças externas e alheias. Pela mesma razão que na lógica democrática se procurava um equilíbrio entre a vontade da maioria e a protecção da minoria, também no equilíbrio extracomunitário, internacional ou intra-estatal, se vai procurar esse mesmo equilíbrio através de um princípio democrático de igualdade entre os vários Estados e de um princípio de tolerância, admitindo na convivência internacional Estados regulados por valores diferentes.

A negação da igualdade democrática entre os Estados, ou mesmo o não reconhecimento da sua existência, tem sido uma das causas da conflitualidade internacional. Assim, parte dos Estados islâmicos e do Médio Oriente não reconhece Israel; alguns Estados ainda reconhecem o governo de Taipé como representante legítimo e legal da China; e na Guerra Fria reconheciam-se duas Alemanhas.

A introdução da tolerância e da democracia nas relações intra-estatais implica a existência de uma comunidade e de regras entre os seus membros. No entanto, ao transportar o paradigma para a área internacional, dificilmente encontraremos os mesmos problemas e as mesmas soluções. O que acontece internamente – onde há um Estado, com tutela sobre todos os cidadãos, que pode impor coercivamente comportamentos, direitos e deveres a toda a comunidade – não sucede no plano internacional, até pela própria natureza «soberana» dos Estados. Esta soberania estatal implica a não tutela externa sobre a sua liberdade de decidir e de actuar e de escolher o seu regime político e modelo interno, que poderá ser tolerante ou intolerante, democrático ou não democrático.

Também na sociedade internacional, precisamente por se tratar de uma sociedade de Estados independentes, vigoram leis e princípios que estão entre uma ordem interna regulamentada e um «estado de natureza» em que o Estado é lobo do Estado. Uma versão historicista destas relações mostrará sempre que a ordem e harmonia internacionais se observam ou quebram à mercê dos interesses convergentes ou conflituantes dos Estados, especialmente dos mais poderosos.

6. Uma reflexão histórica

À semelhança do «homem lobo do homem» de Hobbes, quando os Estados se vêem numa situação de hegemonia tranquila ou de perigo iminente reagem como predadores ou vítimas dos seus vizinhos ou próximos. Basta olhar para os últimos 100 anos da ordem europeia e internacional para perceber estes sintomas na origem dos grandes conflitos: em 1914, a Alemanha do Kaiser queria impor-se como hegemónica na Europa, enquanto o Reino Unido pretendia impedir essa hegemonia continental e travar a progressão da economia alemã; a França queria recuperar a Alsácia-Lorena e tirar a desforra de 1870–71; e a Rússia não podia deixar de proteger os seus irmãos búlgaros e todos os eslavos do Sul e manter um estatuto de grande potência.

Estes Estados – com exclusão da Rússia – já eram Estados democráticos ou, pelo menos, constitucionais, unidos por tratados, às vezes com regimes políticos diferentes, mas aceitando convenções sobre os limites da guerra, como as Convenções de Genebra. Ou seja, dominava a *Realpolitik* à Bismarck, numa linha de actuação em que o Estado e o governo são guiados não por preocupações ideológicas mas, antes, pelos interesses do país e do povo, num rigoroso exame do balanço de forças em presença, governados por regras de *Realpolitik* (assim entendida) e de equilíbrio entre poderes que acabaram por lhes impor comportamentos agressivos e beligerantes.

Foi esta circunstância que, no Verão de 1914, empurrou as potências europeias para a guerra, através de uma sucessão de factos e actos que, analisados racionalmente e *a posteriori*, podiam ter dado lugar a alternativas menos penosas para todos. A Grande Guerra e o seu desfecho provocaram um terramoto na sociedade internacional cujas causas são indissociáveis da erupção ideológica de novos valores na vida e na política externa das potências.

O triunfo dos bolcheviques e da sua ideologia cosmocrática na Revolução de 1917 na Rússia causou grande surpresa e receio na Europa e nas Américas; e em países como a Itália e a Alemanha, a resistência ao bolchevismo acabou por determinar a formação e o sucesso ideológico dos movimentos fascista e nacional-socialista. Estas novas ideologias não só conciliavam o nacionalismo e o justicialismo social, como apareciam às classes médias como as mais capazes para fazer frente à ameaça comunista.

A par desta entrada da Rússia-União Soviética na cena mundial, houve a participação dos EUA na guerra, a partir de 1917, e as negociações de Paris, do presidente Woodrow Wilson, que repisavam o carácter punitivo da paz de Versalhes. Tudo isto ia contribuir para a ideologização ou partidarização da política e da ordem internacional, com consequências desastrosas que estão na origem da Segunda Guerra Mundial. A marca político-partidária da sociedade internacional, o maniqueísmo dos critérios da Sociedade das Nações, a atitude perante a Guerra da Etiópia (1935–1936) e o carácter de confronto ideológico da Guerra Civil Espanhola (1936–1939) radicalizaram a sociedade mundial amadurecendo a ideia de guerra.

7. Instrumentalização e esvaziamento dos conceitos

Este clima de guerra ideológica prolongou-se noutros moldes por toda a Guerra Fria, em que cada bloco procurou alistar sob as suas bandeiras os valores que correspondiam à linha geral da ideologia dominante, embora a determinação dessas bandeiras e correntes continuasse subordinada a relações de força, interesses estratégicos e até às mudanças nas linhas da política externa.

Assim, os blocos inimigos – o ocidental e o oriental – procuraram na guerra da propaganda apresentar-se como os autênticos defensores ou praticantes da genuína democracia e da verdadeira tolerância, mostrando o seu contraditor como inimigo desses mesmos princípios. Como resultado, esses valores ou princípios foram perdendo o seu significado filosófico-científico como categorias independentes para passarem a ser objecto de manipulação político-ideológica, significando tudo e o seu contrário e perdendo sentido objectivo. Assim, tal como aconteceu com outras categorias político-filosóficas ou politológicas, os conceitos passaram, no debate, para o campo das proclamações retóricas.

O fim da Guerra Fria não melhorou a situação: o triunfo do internacionalismo liberal e de uma linha intervencionista ideológica quis, a princípio, estender o modelo vencedor da Guerra Fria a todos os Estados do globo, quer pela acção institucional de organismos internacionais, quer pela utilização de agências financeiras e de outros instrumentos de pressão económica. Democracia e tolerância passavam claramente a servir objectivos e interesses de uns Estados contra outros, ou até mesmo agendas políticas internas que pretendiam apresentar os seus princípios ideológicos e políticos como valores de conteúdo e significado universal.

É nesta última fase que nos encontramos, sob uma concepção do mundo que se pretende neo-iluminista e portadora dos valores da Ilustração, conforme reafirmado pelo novo presidente francês, Emmanuel Macron, que tem procurado, com a chanceler alemã Angela Merkel, ressuscitar o velho eixo Paris–Bona, de De Gaulle e Adenauer, num eixo Berlim–Paris que faça face à dissidência inglesa do *Brexit* e ao bloco identitário representado pelos países de Visegrado e pela Itália de Salvini.

Apostada mais no controlo da Europa e na sua transformação num suposto Superestado, de natureza por enquanto indefinida, a União Europeia tem procurado defender a supremacia da democracia e da tolerância, valores até há pouco dominantes, mas que agora começam a desmoronar-se, à esquerda e, sobretudo, à direita, através do voto nos partidos nacionalistas e identitários.

8. Um novo paradigma?

A ética, ou pelo menos a retórica, que transmitia a mensagem humanista, integrando como valores indiscutíveis a tolerância e a democracia, vê-se agora abalada, quer na teoria quer na prática, quer na política doméstica quer na internacional, pela recusa desses valores ou mesmo pela afirmação de valores alternativos. Os movimentos identitários que, com o apoio popular, os preconizam têm vindo a pôr em causa a tolerância e a democracia como faces da mesma moeda. Isto porque a mensagem dos identitários, a afirmação de uma preferência nacional ou a rejeição do multiculturalismo envolve uma decisão democrática contra a tolerância; ou então o choque entre os muitos sentidos do conceito de democracia.

Também no plano internacional o fenómeno da globalização e da integração pacífica, política e económico-financeira está em regressão: os governos das primeiras potências do globo – EUA e República Popular da China – estão nas mãos de dirigentes assumidamente nacionalistas e realistas que pretendem disciplinar e subordinar as forças mais ou menos invisíveis dos mercados àquilo que entendem ser os interesses nacionais, não se inibindo de o fazer e de o afirmar.

O paradigma e o sentido da História parecem em revisão e mudança, e se a força das coisas, no plano da tecnologia e dos mercados, é, de certa forma, irreversível, e não se prevê, com toda a certeza, um regresso ao «mundo de ontem», delimitado por fronteiras políticas e económicas, também é certo que os «novos Césares» – os de Pequim e de Washington, como os de Moscovo e de Istambul – não parecem dispostos a vergar-se ao discurso que, em nome da democracia e da tolerância, quer limitar o poder nacional.

Referências e leituras recomendadas

Bessa, António Marques e Pinto, Jaime Nogueira, *Introdução à Política*, Volumes I, II e III, Lisboa, Verbo, 1999–2009.

Habermas, Jürgen, *Direito e Democracia: Entre Facticidade e Validade*, Volumes I e II, [*s.l.*], Tempo Brasileiro, 2003 [1992].

LOCKE, John, *A Letter Concerning Toleration*, Nova Iorque, Routledge, 1991 [1689].

PIKETTY, Thomas, *O capital no século XXI*, [*s.l.*], Tema e Debates, 2013.

PINTO, Jaime Nogueira, *Ideologia e Razão de Estado*, Porto, Civilização, 2013.

PINTO, Jaime Nogueira, *Bárbaros e Iluminados: Populismo e Utopia no Século XXI*, [*s.l.*], Publicações Dom Quixote, 2017.

POPPER, Karl, *A Sociedade Aberta e os Seus Inimigos*, Lisboa, Edições 70, 2012 [1945].

SCHMITT, Carl, *The Nomos of the Earth in the International Law of the* Jus Publicum Europaeum, [*s.l.*], [*s.n.*], 2006.

VOLTAIRE, *Traité sur la Tolérance à l'occasion de la mort de Jean Calas*, [*s.l.*], Librio, 2013 [1763].

Migrações e cidadania

Gonçalo Saraiva Matias e *Mariana Viana Pedreira*

Faculdade de Direito da Universidade Católica Portuguesa

Cabe a ética no debate sobre migrações?

O tema das migrações tem estado no centro do debate político nos últimos anos.

Trata-se de uma discussão sempre muito inflamada e emotiva, mas raras vezes informada. A discussão gira muito em torno do que se entende que um Estado pode ou não definir como política migratória, partindo sempre do pressuposto da liberdade jurídica desse Estado para definir a sua política. É, assim, raro ouvir um discurso ético em que as questões éticas e morais[1] influenciem decisivamente as políticas públicas em matéria de migrações.

---

[1] Ao longo deste texto, os conceitos «ética» e «moral» são utilizados no seu sentido específico, respectivamente, como racionalidade da acção, na consideração da sua fundamentação e encadeamento lógico da argumentação, e como conjunto de regras de acção, atendendo a valores e princípios estruturantes como o da justiça. Um dos nossos objectivos é o de introduzir nesta reflexão as dimensões metajurídicas da decisão justa e dos seus critérios.

Em todo o caso, parece inquestionável o papel central da ética neste debate. Por um lado, considerando as perspectivas de quem chega e procura acolhimento e projecto de vida num outro país; por outro, as de quem está, e deveria acolher e integrar quem procura o seu país para fixar vida e contribuir para o seu crescimento. Este encontro de vontades e de projectos tem algo de profundamente ético na sua essência, devendo caber ao direito – e à política – apenas dar-lhe forma e substância.

A própria premissa de que é legítimo haver um olhar ético sobre este debate é controversa, alegando-se que o seu único lugar é a política, pois cabe a cada Estado a decisão sobre quem entra no seu território, quem fica e quem tem direito a ser cidadão, sendo tal decisão inerente e necessária à sua soberania. Os dois princípios invocados para afastar este debate de um olhar moral são o princípio da soberania dos Estados e o princípio da autodeterminação, segundo os quais deve ser respeitada a liberdade de cada Estado para construir as suas políticas migratórias, livre do escrutínio de outros Estados, sendo a cidadania e as migrações assuntos do chamado «domínio reservado dos Estados».

É também esta convicção, há muito firmada, que explica a persistência da desregulação internacional no que toca à cidadania e às migrações. No entanto, impõem-se limites à regulação interna das migrações, nomeadamente o respeito pelos direitos humanos e pelos princípios fundamentais do direito internacional.

Como Joseph Carens sustenta, pensar na validade moral de certa política migratória não implica questionar a validade moral de caber ao Estado a definição das suas políticas, ou seja, as decisões do Estado podem ser imorais, mesmo tendo o Estado legitimidade moral para as tomar. Assim, e decorrendo dos alicerces da própria democracia, qualquer poder estatal é limitado pelos valores que o orientam, pelo que não é possível retirar o debate sobre as migrações do espaço que a ética ocupa no contexto dos princípios democráticos[2].

Deste modo, iremos analisar as dimensões éticas na regulação jurídica de cada momento relevante para as migrações: o da entrada, o da permanência e o da naturalização. Daremos ainda nota da sua aplicação ao tema dos refugiados, ética e juridicamente distinto do dos chamados migrantes económicos, tal como adiante explicitaremos.

1. Quem entra?

1.1. Admissões regulares

Já se viu que ao direito internacional não repugna a ideia de soberania dos Estados na definição das suas políticas migratórias, e que, simultaneamente, a inexistência de uma autoridade mundial que regule os movimentos migratórios torna esta tarefa dos Estados ainda mais exigente.

Do ponto de vista dos Estados, são indesejáveis sistemas migratórios que recusem as migrações, mas também os que assentem numa desregulação total das mesmas. Como afirma Paul Collier, alguma imigração é melhor do que nenhuma, mas deve ser procurado o ponto óptimo[3]. Isto implica algum critério de escolha e, mesmo assumindo que os Estados têm liberdade para definir que imigrantes aceitam, não se pode concluir que a sua liberdade se estende ilimitadamente aos critérios de exclusão e selecção dos mesmos.

---

[2] Carens, Joseph, *The Ethics of Immigration*, [*s.l.*], Oxford University Press, 2013, p. 6.

[3] Collier, Paul, *Exodus: How Migration Is Changing Our World*, [*s.l.*], [*s.n.*], 2013.

Começando pelos critérios de exclusão de potenciais imigrantes, imediatamente pode dizer-se que nenhum critério de exclusão que assente na cor da pele, etnia, religião, género ou qualquer preconceito poderá ser legítimo eticamente.

O risco para a segurança nacional que candidatos a imigrantes representam é um dos critérios de exclusão mais utilizados, o que é compreensível, sendo até este critério o único que pode justificar a reposição de controlos fronteiriços ou a restrição ao direito de livre circulação dentro do Espaço Schengen, na União Europeia. O problema deste critério é, como Carens aponta, a facilidade com que pode ser manipulado e ser objecto de abusos.

O conceito de segurança nacional pode ser interpretado, como, aliás, já foi, de uma maneira extensiva que permita às autoridades estatais não aceitarem qualquer candidato pelas razões que bem entendam. Não se dirá que a segurança nacional não seja motivo pertinente para a exclusão, mas será preciso garantir que o conceito é estritamente interpretado, firmando-se a exclusão no comportamento ou ameaça do candidato concreto, para que possa ser considerada moralmente permissível[4].

Outro dos critérios de exclusão mais facilmente aceite é o risco para a saúde pública. Carens realça que este pode também ser facilmente objecto de manipulação, nomeadamente por se correr o risco de que espelhe o preconceito popular associado a determinadas doenças, em vez de resultar de uma avaliação concreta e objectiva dos riscos que a condição do migrante possa comportar para a sociedade que o vai acolher.

O risco para a segurança pública e para a manutenção da lei e ordem dentro do Estado, expresso pela necessidade de exibição de registo criminal dos candidatos a imigrantes, é também

---

[4] Carens, Joseph, *op. cit.*, p. 175.

considerado um critério de exclusão admissível. No entanto, dizendo que a verificação de existência de registo criminal é admissível, é necessário salvaguardar que as consequências dessa verificação respeitam o princípio da proporcionalidade, ou seja, não poderá ser considerada legítima a exclusão imediata de um potencial imigrante por apresentar no seu registo criminal uma infracção menor[5].

Outro dos critérios há muito utilizados para excluir potenciais imigrantes é o da insuficiência económica, este já mais controverso no que toca à sua validade moral. O critério tem em conta o peso que o imigrante poderá representar imediatamente para o sistema de segurança social do país de acolhimento, que teria de assegurar a sua subsistência, contra o interesse público desse país. Este interesse público não pode ser desvalorizado e, não tendo os Estados nenhuma obrigação de acolher imigrantes, é legítimo que neguem a entrada aos que vão depender de apoio social e, consequentemente, originar custos acrescidos para a sociedade.

Dito isto, este critério suscitou larga controvérsia, uma vez que tende a privilegiar os imigrantes com condições económicas que, de um ponto de vista humanitário, são os que menos necessitam do acolhimento dos Estados, deixando desprotegidos aqueles que têm maiores dificuldades económicas. De resto, como sustenta Paul Collier, quem consegue migrar não são os mais pobres de entre os pobres, já que a decisão de migrar exige, apesar de tudo, alguns recursos, os quais não estão ao alcance de todos, sobretudo dos mais necessitados[6]. Sob a perspectiva ética e moral, poder-se-ia até admitir que os Estados tivessem um dever de acolher migrantes em situação

---

[5] Matias, Gonçalo Saraiva, *Migrações e Cidadania*, Lisboa, Fundação Francisco Manuel dos Santos, 2014, p. 18.

[6] Collier, Paul, *op. cit.*

de carência económica, mas tal não lhes é imposto pelo direito internacional, o que permite este critério de exclusão. Todavia, como é óbvio, uma vez acolhidos, não é eticamente aceitável discriminar negativamente os migrantes, sobretudo no acesso aos direitos de liberdade e aos direitos sociais.

Há também quem defenda que os Estados democráticos devem poder excluir os candidatos a imigrantes que não partilhem dos seus valores e normas democráticas, já que a democracia assenta numa crença partilhada pela população nos seus valores e, como Carens explica, a entrada generalizada de pessoas que dela não partilhem pode levar ao seu desmembramento. Se este receio, em abstracto, poderá ser compreensível, já será imprestável como critério de exclusão. A menos que alguém declare expressamente que o seu objectivo de migração é a destruição da sociedade de acolhimento, qualquer especulação sobre as intenções dos migrantes no momento da entrada é abusiva e redundará numa manipulação não tolerável dos critérios de exclusão, ademais com motivações étnicas ou ideológicas[7]. Princípios democráticos, como a liberdade de pensamento, de religião e de consciência, impedem a adopção deste critério que apresenta, portanto, o risco de ofender valores fundamentais.

Vistos os critérios de exclusão para candidatos a imigrantes, importa agora analisar os critérios de selecção, sendo que estes podem ser utilizados em procedimentos normais de admissão – permitindo aos candidatos antever que, desde que preencham determinados requisitos, poderão ser admitidos –, mas também em políticas de captação de migrantes características de sistemas migratórios mais desenvolvidos. Estas políticas passam pela identificação do perfil de imigrantes de que o Estado precisa e que procura em cada momento e pela sua captação activa.

---

[7] Carens, Joseph, *op. cit.*, p. 176.

Um dos critérios possíveis na admissão de imigrantes é o da existência prévia de uma relação laboral ou promessa de trabalho, o que garante a sua melhor integração, assim como a sua subsistência económica. Este critério acaba por transferir a decisão de admissão para o mercado de trabalho, pelo que o Estado não adopta verdadeiramente uma política migratória, sendo um mero sujeito passivo.

Os sistemas migratórios mais sofisticados, como o encontrado no Canadá, começaram a assentar num mecanismo de atribuição de pontos em função de critérios predefinidos. De um ponto de vista ético, este é um sistema transparente e não discriminatório, sendo aplicado a todos em igualdade de circunstâncias e podendo ser conhecido de antemão pelos candidatos a migrantes. O sistema classifica os candidatos através de pontos atribuídos por qualificações académicas ou características pessoais, como o conhecimento de línguas ou de um ofício ou profissão particular.

Os pontos atribuídos reflectem essencialmente o potencial económico dos candidatos, relevando para o mecanismo factores como a idade, o percurso académico, a experiência profissional e o conhecimento de línguas. O critério do potencial económico dos candidatos para a selecção de migrantes é, no entanto, criticado por prejudicar países mais pobres, estimulando a deslocação das pessoas com mais educação, ou seja, com mais potencial para ajudar a mudar a situação económica do país de origem.

Numa perspectiva ética ou moral, e numa óptica de justiça global, poder-se-ia defender a existência de obrigações dos Estados ricos perante Estados mais pobres, nomeadamente a não adopção de políticas que prejudiquem estes últimos, como é o caso das que promovem o fenómeno da fuga de capital humano ou «fuga de cérebros». Porém, no quadro actual, não será legítimo dizer que esta obrigação justifique a invalidação do critério em causa. Ainda assim, a admissão ou não de migrantes mediante o seu potencial económico é questionável, não pelas razões já mencionadas, mas porque afasta dos migrantes a integralidade da sua dimensão pessoal, tratando-os somente como recursos económicos, o que pode ser considerado ofensivo à sua dignidade e, dessa forma, ao princípio da dignidade da pessoa humana, um dos alicerces da nossa sociedade.

A questão está em saber se o critério de selecção de migrantes com base no seu potencial económico constitui, ou não, uma violação da dignidade da pessoa humana, porque transforma a pessoa num objecto, mercantilizando-a numa transacção comercial. Contudo, este argumento não pode ser usado para sustentar que o critério económico na selecção de migrantes é inaceitável, sob pena de pôr em causa a própria capacidade de os Estados escolherem os migrantes em função da sua contribuição económica, o que conduziria, no limite, a impedir qualquer tipo de selecção. Ora, impedir uma selecção que tenha por base a necessidade de aceitação de imigrantes conduziria, por sua vez, à degradação das condições de vida e de trabalho não só dos residentes nos países de acolhimento, como dos que para lá se deslocam, porque não considera as suas oportunidades de integração nessas sociedades e economias.

Deste modo, o critério económico de selecção não deve desaparecer, nem é eticamente reprovável, desde que seja enquadrado por outros critérios que valorizem as diversas valências do ser humano e a sua integralidade. Um critério puramente económico poderia redundar, como se disse, na mercantilização da pessoa. Já a consideração do potencial económico do migrante, no contexto das suas diversas capacidades, é perfeitamente aceitável no quadro da definição da política migratória.

Essa possibilidade existe quer por meio do referido sistema de pontos, em que entre os critérios de selecção são incluídos outros factores além dos económicos, quer por meio de um sistema de vistos alargado, incluindo vistos de natureza meramente económica, como é o caso de vistos para investimento, mas também outros tipos de visto que permitam a admissão de pessoas com vários perfis e várias valências, assim garantindo o acesso ao território por vários tipos de migrante, e não apenas por aqueles que revelem potencial económico.

Os laços familiares secundários e o conhecimento da língua e da cultura do país de acolhimento são também utilizados por alguns Estados como critério de selecção de potenciais imigrantes, o que se justifica eticamente na medida em que permite unir famílias e culturas.

1.2. Admissões obrigatórias

O poder de decisão dos Estados no que toca a políticas migratórias é incontestável, mas não é ilimitado, como já foi referido. Assim, há migrantes que têm necessariamente de ser admitidos, nomeadamente, a família imediata de imigrantes com autorização de residência. O princípio do reagrupamento familiar traduz-se no direito de o imigrante trazer para junto de si, no país de destino, a família mais próxima.

Este princípio tem uma larga base ética no imperativo de protecção da pessoa e do seu bem-estar, assim como da família, só sendo permitido o afastamento de familiares próximos quando preencham algum dos critérios de exclusão já mencionados.

1.3. Refugiados

Do ponto de vista jurídico, releva distinguir a categoria dos chamados migrantes económicos dos refugiados. Entende-se por migrantes económicos as pessoas que decidiram voluntariamente abandonar os seus países em busca de uma vida melhor. Já os refugiados deixaram os seus países fugindo de uma perseguição intencional que punha em risco a sua vida ou integridade física. O elemento distintivo essencial é o do carácter voluntário ou forçado da saída – diferença marcante também sob o signo da ética. Assim, não deve ser também igual o tratamento concedido a alguém que deixa o seu país voluntariamente ou que é forçado a fazê-lo.

De acordo com o direito internacional, os países devem conceder asilo a quem o procura em consequência de um receio fundado de perseguição por motivos étnicos, raciais, religiosos, em razão de pertença a um grupo ou de expressão de opinião política. É isto que resulta quer do artigo 14.º da Declaração Universal dos Direitos Humanos, quer da Convenção (das Nações Unidas) relativa ao Estatuto dos Refugiados de 1951. Deste modo, é incontestável a obrigação jurídica dos Estados, em particular dos Estados que são parte da Convenção, de acolherem e protegerem os requerentes de asilo que se encontrem nas condições descritas, enquanto o risco se mantiver.

De um ponto de vista moral, e tendo em conta que a recusa de protecção conduziria a um risco sério para a vida dos requerentes, é uma obrigação de todos os Estados concederem o asilo.

2. Cidadania

A cidadania corresponde ao vínculo que liga um indivíduo a determinada comunidade política. Esse vínculo traduz-se numa afinidade estreita, assente em critérios de conexão que justificam o acesso a direitos próprios dos membros de certa comunidade, porque relativos ao seu modo de organização.

É de notar, no entanto, que qualquer pessoa, seja ou não cidadã, é titular de direitos fundamentais, alicerçando-se os mesmos no princípio da dignidade da pessoa e ligando-se, por isso, à pessoa independentemente do seu estatuto legal. Os direitos de cidadania passam, então, pelos direitos que possuam uma ligação incindível ao estatuto do cidadão, como os direitos políticos e os direitos de livre circulação[8].

«Em princípio, as questões de nacionalidade são questões do âmbito da jurisdição interna de cada Estado»[9] – esta é a resposta da concepção tradicional no que diz respeito à questão de se saber quem define quem é ou não cidadão de certo Estado. Isto é facilmente justificado sendo a definição do povo uma prerrogativa de qualquer comunidade política[10] e sendo, inclusivamente, esse um dos traços caracterizadores de qualquer Estado soberano.

A Convenção de Haia de 1930, no seu artigo 1.º, consagra explicitamente a ideia de que cabe a cada Estado soberano definir, de acordo com a sua lei nacional, quem são os seus nacionais; no entanto, dita também o respeito da lei nacional às convenções internacionais, ao costume internacional e aos princípios de direito generalizadamente reconhecidos.

O artigo 15.º da Declaração Universal dos Direitos do Homem (DUDH) estabelece, no número 1, que «todo o indivíduo tem direito a ter uma nacionalidade» e, no número 2, que «ninguém pode ser arbitrariamente privado da sua nacionalidade nem do direito de mudar de nacionalidade», vindo assim estabelecer o direito à cidadania.

---

[8] MATIAS, Gonçalo Saraiva, *op. cit.*, p. 55.

[9] BROWNLIE, Ian, *Princípios de Direito Internacional Público*, Lisboa, Fundação Calouste Gulbenkian, 1997, p. 405.

[10] MATIAS, Gonçalo, *Citizenship as a Human Right: The Fundamental Right to a Specific Citizenship*, [*s.l.*], Palgrave Macmillan, 2016, p. 44.

O direito internacional proíbe expressamente que o critério de atribuição de cidadania seja arbitrário, assim como impõe a atribuição de cidadania em determinadas situações, como é o caso de pessoas nascidas no território do Estado que seriam apátridas se o mesmo não lhes concedesse cidadania. Esta imposição resulta da Convenção (das Nações Unidas) sobre a Redução de Casos de Apatridia.

2.1. Cidadania originária

Como foi dito, o direito à cidadania implica que cada pessoa tenha direito a uma nacionalidade e, tradicionalmente, a maioria das pessoas adquire a sua cidadania à nascença.

As leis da cidadania dos Estados adoptam tipicamente, para a concessão da cidadania originária, uma combinação dos critérios *jus sanguinis* (direito de sangue) e *jus soli* (direito de solo), dizendo o primeiro respeito à cidadania dos pais e o segundo à relação que aqueles possuem com o território do Estado onde nasceu a criança.

É necessário, porém, distinguir seis situações diferentes no que toca à atribuição de cidadania à nascença, nomeadamente as situações em que: i) a criança nasce em território de que os seus pais são cidadãos residentes; ii) a criança nasce em território onde os pais são imigrantes regulares de longa duração; iii) a criança nasce em território estrangeiro onde os pais são imigrantes regulares; iv) a criança nasce no território de certo Estado e será apátrida se esse Estado não lhe reconhecer cidadania; v) a criança nasce em território onde os seus pais não residem e de onde não são cidadãos; vi) a criança nasce de pais que residem ilegalmente no território de certo Estado. Consideremo-las sucessivamente.

i) Quando a criança nasce em território de que os seus pais são cidadãos residentes, pode afirmar-se que é eticamente obrigatória a concessão da cidadania: quer pela relação com os seus pais, membros da comunidade política; quer pela relação com o próprio Estado, pelo simples facto de nele residir; quer pela confiança que precisa de ter nesse mesmo Estado para que saiba que a sua voz é válida e será ouvida, nomeadamente através do exercício dos seus direitos políticos. Nesta situação, é exigível ao Estado que reconheça que aquela criança, desde a nascença, faz legalmente parte do seu povo.

ii) Quando a criança nasce no território de um Estado onde os pais são legalmente residentes de longa duração, e à semelhança dos filhos de cidadãos que têm o direito à cidadania automaticamente e à nascença, também estas crianças o deviam ter, partilhando do vínculo de ligação ao Estado e à comunidade política em que nasceram e irão residir, devendo-lhes ser reconhecida legalmente esta ideia de pertença.

A cidadania tem uma vertente relevante para a identidade e desenvolvimentos pessoal e social da criança e seria profundamente injusto, de um ponto de vista ético, negar a uma criança o direito de crescer no Estado em que nasceu, e no qual os seus pais residem há tempo considerável.

Além disto, a não concessão de cidadania nestes casos pode gerar casos de apatridia, o que penaliza especialmente as crianças em idade escolar e em pleno desenvolvimento da personalidade.

iii) Quanto à criança que nasce de pais emigrantes, habitualmente, esta criança irá receber a cidadania dos seus pais, ou à nascença, ou mediante pedido perante o consulado.

No que concerne à justificação para tal prática, Carens aponta a relação que as crianças de pais emigrantes mantêm com o país de onde os pais partiram, quer culturalmente quer por laços familiares e amigáveis, assim como a possibilidade de os pais voltarem ao seu país de origem e de, por isso, a criança vir aí a residir. Isto justifica também o porquê de a atribuição de nacionalidade se ir dificultando quando estejam em causa terceiras e quartas gerações, entendendo-se que a relação da criança com o Estado do qual os avós ou bisavós emigraram não será forte o suficiente para que haja o vínculo que caracteriza a cidadania.

Recentemente, Portugal alterou a sua lei da cidadania para permitir o acesso a netos de emigrantes portugueses que mantenham com Portugal laços efectivos, sendo que a prova de tal ligação não cabe ao requerente, cabendo antes ao Estado provar que ela não existe.

iv) Quanto à criança que nasce em certo Estado e que, se lhe não for atribuída cidadania desse mesmo Estado, será apátrida, o Estado tem obrigação de lhe conceder cidadania, com o nascimento e por mero efeito da lei, que consta da Convenção (das Nações Unidas) sobre a Redução de Casos de Apatridia, e do próprio artigo 15.º da DUDH que contempla o direito à cidadania.

O que se propõe analisar aqui é o que justifica esta obrigação e qual a base ética para ser um direito fundamental: o de certo indivíduo a uma nacionalidade ou cidadania. Em primeiro lugar, como já foi referido, a cidadania é um factor de relevo na identificação de cada indivíduo, tal como o nome e demais direitos de personalidade que concretizam cada indivíduo como si próprio, pelo que será obviamente uma situação moralmente condenável aquela em que alguém não tem possibilidade de se concretizar como indivíduo. Além disto, a apatridia tem como consequência a definitiva exclusão social e política do indivíduo, como aponta Jorge Pereira da Silva[11]: negar a cidadania a alguém seria negar-lhe a sua dimensão comunitária, o que, mais uma vez, sob uma perspectiva ética

---

[11] SILVA, Jorge Pereira da, *Direitos de Cidadania e Direito à Cidadania*, Lisboa, Observatório da Imigração, 2004, p. 101.

e partindo do princípio da dignidade da pessoa humana, se apresenta altamente questionável.

v) Quanto à criança que nasce num Estado em que os seus pais não residem e do qual não são cidadãos, os exemplos mais frequentes serão filhos de turistas ou de estudantes. Neste caso, só adoptando uma política de *jus soli* puro, ou seja, uma política de atribuição de cidadania a qualquer pessoa que nasça no seu território, poderia um Estado atribuir cidadania a esta criança.

Numa perspectiva ética, não se poderá dizer que haja uma obrigação dos Estados à atribuição de cidadania a estas crianças. Aliás, na acepção de cidadania como vínculo efectivo que liga determinado indivíduo a determinada comunidade política, espelhando a qualidade do mesmo enquanto membro dessa mesma comunidade, não seria razoável exigir a atribuição de cidadania a uma criança que não partilha nenhuma ligação com o Estado em questão.

Como Carens indica, moralmente, só nasce uma obrigação do Estado quando o indivíduo tenha expectativas de fazer parte daquela sociedade, situação em que o Estado não lhe pode negar o seu reconhecimento como membro da comunidade[12].

Tal não significa, naturalmente, que os Estados estejam impossibilitados de adoptar uma política de *jus soli* puro, como a que existe, por exemplo, nos Estados Unidos da América. Essa política é, todavia, cada vez mais rara, tendo sido abandonada por diversos países, de que é exemplo a Irlanda.

vi) Quanto à criança que nasce num Estado no qual os seus pais residem ilegalmente há tempo considerável, importa previamente distinguir entre imigrantes legais, aqueles que chegam e residem legalmente no Estado em questão, e

---

[12] CARENS, Joseph, *op. cit.*, p. 36.

imigrantes irregulares, aqueles que ou entram ilegalmente no Estado e aí permanecem sem autorização, ou entram legalmente, mas permanecem no território por mais tempo do que a autorização que lhes foi concedida, o chamado *overstay* (permanência no país além do período permitido pelo visto de turista).

Já se tratou da obrigação moral de os Estados atribuírem cidadania originária aos filhos de residentes legais de longa duração que nasçam no seu território; contudo, a questão torna-se mais controversa no que toca a filhos de pais que residem ilegalmente no território. Por um lado, pesam a favor da atribuição de cidadania os mesmos argumentos que pesaram para os filhos de residentes legais, podendo até a distinção de tratamento ser considerada discriminatória, e sendo moralmente condenável a ideia de que os filhos sofrerão as consequências das escolhas dos seus pais. São também atendíveis os argumentos que negam esta possibilidade, visto que consideram a unidade familiar para a valorização jurídica da presença no território.

Importa ter em conta, desde logo, que a questão desaparece quando se tratar de um sistema de *jus soli* puro, uma vez que aí a concessão da cidadania é automática pelo nascimento, independentemente do estatuto dos pais, o qual pode ser irregular.

Depois, não é irrelevante a consideração do tempo de permanência dos pais para este efeito, podendo encontrar-se soluções intermédias de concessão de cidadania a filhos de imigrantes irregulares quando estes já tenham nascido no território do Estado.

Não sendo esse o caso, a cidadania das crianças e dos pais terá muito provavelmente de ser considerada em conjunto, no quadro da naturalização de imigrantes irregulares, de que adiante daremos conta.

2.2. *Naturalização*

Como foi previamente mencionado, a maneira mais comum de aceder à cidadania é de forma automática, por mero efeito da lei, no momento do nascimento. Ainda assim, é possível que a atribuição de cidadania se dê num momento posterior.

Tipicamente, poder-se-á distinguir entre dois tipos de situação: aqueles em que o estrangeiro acede à cidadania por força do princípio da unidade familiar; e aqueles outros em que o estrangeiro acede à cidadania em virtude da residência no Estado em questão. No que toca às primeiras situações – em que se incluem a aquisição de cidadania por celebração do casamento, os casos de adopção por pais cidadãos e os casos de filhos menores ou incapazes de pais que adquiriram a cidadania –, releva, como foi dito, o princípio da unidade familiar. Este princípio decorre da protecção da família e pretende evitar situações em que a diferença de estatuto legal poderia levar à separação da mesma.

Uma diferença fundamental que decorre de se ser ou não cidadão é a hipótese de expulsão do território como sanção, sendo que esta sanção só pode ser aplicada a estrangeiros e não a cidadãos. A possibilidade de ter no seio familiar membros estrangeiros e membros cidadãos poderia implicar que, quando ditada a expulsão de um estrangeiro, isso originasse ou a expulsão de um cidadão, dizendo que o mesmo não toleraria a separação, ou uma destruição do seio familiar, e nenhuma destas hipóteses pode ser considerada moralmente aceitável. Não por acaso, por exemplo, a lei de execução de penas em Portugal impede a expulsão de cidadão estrangeiro que tenha um menor português a seu cargo.

Sobre a expulsão do território como sanção, haverá algum debate moral à volta deste assunto. No entanto, entende-se que a base para esta sanção é a mesma do critério de não aceitação de migrantes com registo criminal, que já foi considerada moralmente aceitável por acautelar a segurança pública e a ordem no Estado. Ainda assim, como nesse caso, as consequências das infracções devem respeitar o princípio da proporcionalidade. Além disto, há um factor diferenciador entre não aceitar um migrante e a expulsão de um migrante, sendo que o segundo já terá criado expectativas de vida naquele território, assim como já terá criado uma ligação efectiva ao Estado em questão – será tanto mais difícil considerar aceitável a expulsão do estrangeiro, quanto maior for o seu tempo de residência no Estado em questão.

Ainda sobre este tipo de atribuição de cidadania, há Estados que impõem mais requisitos do que a mera celebração do casamento, nomeadamente a prova de ligação efectiva ao Estado. Esta política pretende evitar os casamentos celebrados meramente como forma de acesso à cidadania, e, moralmente, não será ilegítima, desde que proporcional, ou seja, não se poderá exigir que o casamento dure 20 anos para que seja concedida cidadania ao cônjuge estrangeiro, já que isso seria impor-lhe um período demasiado longo sem que pertencesse à comunidade em que se insere, e na qual a sua família será criada, mas poder-se-á exigir que o mesmo dure três anos para que a cidadania seja pedida, como acontece no sistema português, por exemplo.

No que toca ao segundo tipo de situações, em que a cidadania é atribuída por naturalização, ou seja, em virtude do tempo de residência no território nacional, supõe-se, com efeito, que «existe um consenso no seio das democracias liberais segundo o qual a residência de longa duração confere o direito à nacionalidade»[13].

---

[13] WEIL, Patrick e HANSEN, Randal, *Nationalité et citoyenneté en Europe*, Paris, [*s.n.*], 1999, p. 18.

Neste sentido, a Convenção Europeia sobre a Nacionalidade de 1997, e, em particular, o seu artigo 6.º, estatui que «cada Estado Parte deverá prever no seu direito interno a faculdade de naturalização de indivíduos legal e habitualmente residentes no seu território» que ali residam por «um período não superior a 10 anos imediatamente anterior à formulação do pedido». Esta é uma imposição do direito internacional à liberdade dos Estados na definição das suas políticas de cidadania e revela uma outra acepção do direito à cidadania, não como o direito a uma qualquer cidadania, mas como o direito a *certa* cidadania.

Sobre o porquê desta imposição, suponhamos, por hipótese, que determinado Estado recusa adoptar mecanismos de naturalização, de tal modo que estrangeiros, por mais tempo que lá vivam e por muito relevantes que sejam as suas contribuições, estarão permanentemente afastados da cidadania. Uma tal solução corresponderia ao paradoxo democrático: parte da população do Estado seria apenas sujeita e nunca autora das leis desse Estado[14].

Isto poria em causa a legitimidade democrática do Estado em questão, não só porque em todo o momento haveria uma parte da população que não era representada, já que os direitos políticos advêm, como já foi dito, do estatuto de cidadão, mas também porque essa mesma parte da população, por muito integrada na comunidade social e política que estivesse, nunca seria reconhecida como parte do seu povo. Ora, do ponto de vista destes residentes, isto seria profundamente injusto, uma vez que vedaria o merecido reconhecimento dos mesmos na única comunidade em que se encontram integrados, para a qual contribuem e com a qual partilham uma ligação efectiva.

---

14 Matias, Gonçalo Saraiva, *op. cit.*, p. 52.

Pensando nos imigrantes que chegam ao país de destino ainda em crianças, frequentando lá os estudos, estabelecendo as suas raízes e formando expectativas de participação activa na comunidade que integram, a sua situação aproxima-se em larga medida da situação de crianças que nascem de pais residentes, não cidadãos. Esta situação já foi abordada aquando da referência à cidadania originária. Neste mesmo contexto, e partindo da ideia de que a cidadania tem uma vertente relevante para a identidade e desenvolvimentos pessoal e social da criança e de que seria profundamente injusto negar-lhe o reconhecimento de que pertence ao Estado no qual passou a sua infância e irá crescer, a cidadania deveria ser-lhe concedida com a mesma facilidade com que é atribuída às crianças que nascem no território, sendo imoral exigir mais requisitos. É difícil estabelecer quando esta cidadania deve ser atribuída. Carens admite ser legítimo aos Estados esperar que a criança se tenha integrado na comunidade para que lhe seja atribuída cidadania[15]. No entanto, a criança deverá ser cidadã, pelo menos, a partir do momento em que se torna maior e pode exercer os seus direitos políticos.

Reportando-se a imigrantes adultos, a Convenção Europeia sobre a Nacionalidade não impede que mais requisitos sejam exigidos para a atribuição de cidadania e, habitualmente, os Estados podem exigir requisitos que comprovem, de alguma forma, o vínculo dos indivíduos à comunidade que vão além do período de residência dos mesmos. Considerando esses requisitos, releva averiguar se a sua exigência é conforme aos princípios democráticos, ou seja, se é eticamente aceitável ou não. Tipicamente, estes requisitos passam pela renúncia da cidadania existente, por uma prova de bom comportamento

[15] Carens, Joseph, *op. cit.*, p. 48.

durante o período de residência ou pela realização de testes de conhecimento cívico relativamente ao Estado em questão.

Quanto à renúncia da cidadania de que o estrangeiro já é titular, a ideia de base é que seja uma prova de lealdade para com o Estado em questão. Porém, isto implica uma escolha sobre a que Estado um indivíduo é leal, partindo da premissa de que só o pode ser a um.

Este requisito obriga o indivíduo a escolher entre a sua nacionalidade originária, que reconhece a sua ligação ao país onde nasceu, cresceu e onde a sua identidade se formou, e a cidadania do local para onde emigrou, se estabeleceu e criou raízes. Moralmente, isto tem de ser considerado inadmissível, sendo de uma violência desproporcional para o indivíduo, não lhe permitindo ver reconhecida a ligação efectiva a duas comunidades que o tornam quem é[16].

No que concerne à prova de bom comportamento, que se traduz habitualmente na ausência de registo criminal, poder-se-ia dizer que reconhecer este requisito como moralmente aceitável para vedar a entrada de migrantes implica reconhecê-lo igualmente como moralmente aceitável para vedar o acesso à cidadania. Contudo, como foi dito a propósito da expulsão como sanção, é preciso ter em conta as expectativas dos indivíduos que já residem no Estado. O princípio da proporcionalidade não permite que este requisito exclua indivíduos com registos criminais leves, sendo a consequência demasiado gravosa, e, mesmo para os casos mais graves, Carens defende que isso não deve poder vedar o acesso à cidadania como um todo, mas somente atrasar o processo de naturalização, para que possa ser considerado legítimo eticamente[17].

---

[16] Note-se que, actualmente, existe uma clara tendência de admissão da dupla cidadania.

[17] Carens, Joseph, *op. cit.*, p. 55.

Finalmente, quanto à realização de testes de conhecimento cívico, os mesmos são vistos como uma demonstração de que o indivíduo tem o conhecimento necessário para vir a integrar-se como cidadão na sociedade de acolhimento. Os testes podem recair sobre o conhecimento da língua oficial, a história do país, o sistema de governo e justiça e até sobre a cultura. No que diz respeito à validade ética destes mesmos testes, releva, em primeiro lugar, distinguir os testes que são utilizados como meio de exclusão de indivíduos que apresentam uma reivindicação moral relativamente à cidadania, resultante do vínculo que partilham com o Estado, dos testes que, de facto, pretendem somente avaliar o conhecimento dos indivíduos, sendo que os primeiros corresponderão, em princípio, a testes muitíssimo exigentes e os segundos, a testes facilmente realizados pela maioria dos imigrantes. A invalidade moral dos primeiros não é dificilmente reconhecida, no entanto, há uma ampla aceitação dos segundos. Joseph Carens, porém, defende a invalidade moral de quaisquer testes de conhecimento cívico, especialmente para residentes de longa duração. Da mesma forma que actualmente não se considera admissível a necessidade de realizar nenhum teste para o exercício de direitos políticos, não deverá ser considerada admissível a necessidade de realizar testes para se ser cidadão. O autor admite que, no limite, se poderia conceder a cidadania de modo mais rápido aos indivíduos que comprovassem a sua integração na comunidade antes do período habitualmente estabelecido para que tal ligação se considere formada[18].

---

[18] *Idem, ibidem*, p. 60.

2.3. Imigrantes irregulares

Até agora, sempre que se referiu a atribuição da cidadania através da naturalização, tratou-se da situação de imigrantes documentados. Porém, será que os imigrantes irregulares não têm também essa reivindicação, pelo menos moral?

A generalidade das leis da cidadania dos Estados exige a residência legal como critério de atribuição da nacionalidade, o que significa que, aos imigrantes irregulares, está vedado o acesso àquele estatuto. Este facto cria dificuldades sérias à integração destes imigrantes, visto que existe um conjunto de direitos que jamais poderão exercer – direitos políticos –, e fá-los enfrentar dificuldades reais no acesso ao território, por exemplo, impedindo-os de ir aos seus países de origem e regressar, bem como introduz restrições jurídicas e *de facto* ao exercício de direitos, tais como os direitos sociais. A questão do acesso dos imigrantes irregulares à cidadania é assim incontornável na discussão sobre as implicações éticas e jurídicas deste estatuto, porquanto a não previsão desse acesso relega o imigrante irregular para um limbo jurídico no qual ficará eternamente afastado da titularidade de direitos e da plena integração.

O fundamento habitualmente utilizado para que não seja atribuída cidadania aos imigrantes irregulares é o de que esta atribuição constituiria uma recompensa pela violação da lei da imigração, bem como teria um efeito de chamada relativamente a outros imigrantes irregulares que procurassem alcançar o mesmo resultado. Todavia, o argumento moral e jurídico decisivo para sustentar o acesso dos imigrantes irregulares à cidadania é o das expectativas jurídicas criadas pela permanência prolongada do imigrante no território de um Estado e pelo contributo que este terá dado para o seu crescimento. Seria ética e juridicamente inaceitável desconsiderar esta permanência e contributo, os quais ocorreram ao menos perante a inércia do Estado, que impediu o imigrante irregular de obter o estatuto pleno, forçando-o a viver entre a opção da ilegalidade e o retorno ao seu país de origem.

Assim, a solução que parece mais adequada será a de permitir aos imigrantes irregulares que possuem uma ligação efectiva ao território, através da residência prolongada, o acesso à cidadania desse Estado. Tal significa que, se considerarmos a cidadania uma consequência natural de um caminho iniciado no momento em que o imigrante atravessou a fronteira de um país para aí residir, teremos de conceder, provavelmente, o direito à cidadania. Hoje, não é já o direito a ter uma cidadania, mas o direito de aceder a uma cidadania[19].

3. Em jeito de conclusão

São várias e intrincadas as questões éticas presentes na regulação internacional das migrações e da cidadania. Por isso, nem a comunidade internacional, nem os Estados as podem desconsiderar quando aprovam os instrumentos jurídicos atinentes às migrações e à cidadania.

Procurámos analisar essas várias dimensões nas etapas mais relevantes do chamado «caminho para a cidadania», que se inicia no momento em que o migrante atravessa a fronteira de um Estado e se encerra quando ele se integra plenamente, com a passagem de migrante a cidadão.

Este é um caminho em que a ética e o direito andam de mãos dadas, não podendo a regulação ficar apenas relegada à política, aos populismos e às percepções infundadas.

É para o debate esclarecido sobre essas opções políticas que procurámos aqui modestamente contribuir.

---

[19] Matias, Gonçalo Saraiva, *op. cit.*, p. 81.

Referências e leituras recomendadas

BETTS, Alexander e COLLIER, Paul, *Refuge: Transforming a Broken Refugee System*, [*s.l.*], Allen Lane, 2017.

CARENS, Joseph, *The Ethics of Immigration*, [*s.l.*], Oxford University Press, 2013.

COLLIER, Paul, *Exodus: How Migration Is Changing Our World*, [*s.l.*], Oxford University Press, 2013.

MATIAS, Gonçalo Saraiva, *Migrações e Cidadania*, Lisboa, Fundação Francisco Manuel dos Santos, 2014.

MATIAS, Gonçalo, *Citizenship as a Human Right: The Fundamental Right to a Specific Citizenship*, [*s.l.*], Palgrave Macmillan, 2016.

Bens comuns globais

Paula Duarte Lopes
Centro de Estudos Sociais e Faculdade de Economia
da Universidade de Coimbra

1. O que são bens comuns globais?

A dimensão ética associada à governação dos bens comuns globais possui contornos extremamente complexos, pois remete para questões de justiça, de responsabilidade, de precaução, de humanidade e de cooperação (entre outras) que adquirem diferentes entendimentos com o tempo e o local, incluindo preocupações intergeracionais.

É essencial começar por definir o que se entende por «bens comuns globais». Na verdade, historicamente, o termo «bem comum» está associado à existência de «pastos comuns», ou seja, um pedaço de terra utilizado em comum por habitantes de uma vila ou aldeia para os seus rebanhos ou cabeças de gado. Estes «pastos comuns» teriam regras de acesso e utilização para impedir a sobreexploração (por exemplo os baldios, quando organizados, em Portugal).

Com a publicação de Hardin, em 1968, «The Tragedy of the Commons», o conceito de «bens comuns» passou a ser genericamente entendido como um pedaço de terra de livre acesso, como se não houvesse propriedade definida ou regras de uso estabelecidas. O significado do conceito ficou ainda mais difuso quando se começaram a identificar «bens comuns globais», em que a propriedade nem sempre pode ser definida (por exemplo, o ar), em que as regras de acesso são inexistentes ou escassas ou de difícil monitorização (por exemplo, os oceanos), e em que a sobreexploração é um problema global com diferentes intensidades locais (por exemplo, os solos ou a água).

Neste capítulo, os bens comuns globais – ar, água, solo, ambiente – são definidos não em termos de propriedade legal, nem exclusivamente em termos económicos, mas antes tendo em conta três factores: a natureza física global destes bens, a sua utilização ser de natureza competitiva e ser socialmente difícil impedir o seu acesso.

Primeiro, estes bens têm uma natureza física comum definida à escala planetária, ou seja, são bens que, apesar de poderem ser fisicamente apropriados, estão interligados, independentemente da sua localização. Estes são bens utilizados por todos em todo o lado, apesar de em intensidades diferentes. O ar que se encontra na atmosfera é um todo, impossível de fragmentar para definir direitos de propriedade (com a excepção das botijas de oxigénio). Quanto à água, é extremamente difícil aplicar e monitorizar de forma plena a implementação e garantia de regras de apropriação, uma vez que a água cai em forma de chuva, flui, se infiltra e evapora, quaisquer que sejam os direitos de propriedade ou as fronteiras políticas. Os solos, apesar de serem um recurso com características mais estáticas e cuja definição de propriedade privada foi historicamente possível há mais tempo, apresentam características de erosão, desertificação, diminuição de fertilidade e submersão marítima que também não respeitam fronteiras e que têm impactos directos sobre a água e o ar. Acresce ainda que estes recursos naturais, estes bens comuns globais, são essenciais à vida humana, bem como à vida no planeta.

Segundo, a utilização destes bens é competitiva, ou seja, apesar de serem bens renováveis, e de existirem em quantidades mais ou menos constantes no planeta, a sua utilização intensiva pode impedir outros seres de os utilizarem. Quanto mais um solo é utilizado intensivamente, menos possibilidade existe de outros, nesta ou em gerações futuras, poderem vir a usufruir das culturas desse solo. Estas dinâmicas também estão relacionadas com problemas de erosão e desertificação. Quanto mais água uma pessoa consome ou polui, menos água, naquele momento e local, está disponível para outra pessoa. A água é renovável, mas o seu ritmo de renovação natural tem-se revelado inferior à velocidade de extracção e poluição dos seres humanos. Assim, estas dinâmicas também podem diminuir a quantidade de água disponível para gerações futuras, em termos da sua qualidade. No que diz respeito ao ar, em termos gerais, a única forma de impossibilitar alguém de o utilizar é impedir que a pessoa respire, ou tornar o ar tão poluído que se torne impossível respirar (mas, nesse caso, seria nocivo para todos de forma igual). A natureza competitiva da utilização destes bens, associada ao seu papel vital para a existência humana, torna-os muito valiosos, correndo facilmente o risco de serem sobreexplorados (De Moor, 2011, §24).

Em terceiro lugar, é socialmente difícil impedir o acesso a estes bens, ou seja, são bens que, apesar de poderem ser técnica e fisicamente apropriados, são na verdade bens de que todos os seres humanos necessitam para a sua sobrevivência e que se encontram de forma tão difusa no planeta, que impedir o seu acesso de forma plena é extremamente difícil e dispendioso de impor, além de socialmente questionável. Mais, não se trata apenas de extracção ou captação do bem em causa, mas também do que se pode fazer com esse bem. A questão da poluição é aqui crucial, pois utilizar o ar, a água, os solos, o ambiente em geral, para dispor dos efluentes líquidos, sólidos e gasosos que se produz, não diminui a quantidade do ar, da água ou do solo *per se*, mas diminui o que podemos fazer com esses bens, nomeadamente em termos da sua utilização para a sobrevivência humana. Assim, a questão do acesso, quando se trata de bens comuns globais, não está apenas relacionada com a quantidade do bem que se pode extrair ou captar, mas também com o que se pode «colocar» nesse bem sem que se torne impossível utilizá-lo.

No decorrer dos últimos séculos, estes bens comuns globais foram conquistados, apropriados e abrangidos por diferentes regimes de gestão ou governação de recursos (De Moor, 2011, §24), na tentativa de prevenir a sua sobreexploração e a possibilidade de se atingir um ponto de ruptura ecossistémica.

Vários outros bens têm sido apresentados como bens comuns globais, mais na área socioeconómica, incluindo a paz e a segurança, o bem-estar, a saúde, a dignidade humana e a Internet, entre muitos outros. Estes outros bens comuns globais, também eles essenciais em diferentes escalas a um padrão de vida condigno, estão mais ligados a questões de acesso e usufruto e não necessariamente de captação ou extracção. No entanto, as problemáticas éticas associadas à governação dos bens comuns globais são partilhadas por todos estes tipos de bem, ainda que com contornos e intensidades distintos. A opção de este capítulo se focar na discussão das questões éticas associadas à governação de bens comuns globais entendidos como bens naturais essenciais à vida humana pretende, por um lado, ancorar a discussão nos bens comuns historicamente entendidos como tal e, por outro lado, tentar, tanto quanto possível, descentrar essa mesma discussão da variância de entendimentos e concepções éticas associada aos outros bens comuns globais.

2. Qual a importância da tragédia dos bens comuns?

Hoje em dia, é praticamente impossível elaborar uma análise sobre bens comuns, globais ou não, sem referir o artigo de Garrett Hardin «The Tragedy of the Commons» (1968) ou o trabalho da Prémio Nobel de Ciências Económicas Elinor Ostrom, com o seu livro *Governing the Commons* (1990). Hardin discute a capacidade de suporte do planeta, tendo em conta a evolução demográfica, e conclui que os comuns estão destinados à ruína, caso não haja uma forma directa de restringir a sua utilização, nomeadamente através da definição de direitos de propriedade privada ou de legislação para impedir coercivamente a sobreexploração. Ostrom, por seu lado, demonstra como bens comuns podem ser governados com sucesso, no sentido de evitar a sua sobreexploração ou desaparecimento, sem a existência de regulação por autoridades centrais ou de um processo de privatização.

O ponto de partida de Hardin não é preciso. De facto, os pastos comuns em Inglaterra não resultaram em ruína devido a serem comuns, porque, na realidade, os que utilizavam esses pastos foram criando regras comuns de acesso e usufruto para prevenir a sua sobreexploração. Ostrom parte exactamente desta realidade e apresenta casos concretos em que práticas de coexistência e sobrevivência resultaram em esquemas de governação conjunta de bens comuns locais (solos, água, mas também de espécies animais ou florestas) que têm sido bem-sucedidos na prevenção da sobreexploração e extinção desses bens.

A discussão sobre a tragédia dos comuns e a sua governação tem sido bastante densa e profícua, mas, para a análise apresentada neste capítulo, são essencialmente dois os aspectos que importa reter. Primeiro, existe um consenso de que a má gestão de bens comuns tem consequências nefastas estruturais: a desflorestação contribui para inundações e deslizamentos de terra, a desertificação afecta a fertilidade dos solos e a produção alimentar, a utilização desregrada de água doce resulta em escassez com implicações económicas e sociais. Segundo, existe o reconhecimento de que é necessário criar colectivamente regras e práticas de boa governação dos bens comuns, prevenindo assim a sua sobreexploração e extinção e minimizando os impactos negativos já existentes.

À escala transnacional e global, vários têm sido os esforços desenvolvidos para definir regras comuns de acesso e de utilização de bens considerados comuns globais. A Convenção sobre o Comércio Internacional de Espécies da Fauna e da Flora Selvagem Ameaçadas de Extinção (CITES, 1973), a Convenção das Nações Unidas sobre o Direito do Mar (1982), a Convenção para a Protecção da Camada de Ozono (1985), a Convenção sobre a Diversidade Biológica (1992), a Convenção-Quadro das Nações Unidas sobre Alterações Climáticas (1992), a Convenção das Nações Unidas de Combate à Desertificação nos Países Afectados por Seca Grave e/ou Desertificação (1994) ou a Convenção sobre o Direito Relativo à Utilização dos Cursos de Água Internacionais para Fins Diversos dos de Navegação (1997) constituem exemplos do estabelecimento de regras para evitar a sobreexploração e/ou o desaparecimento de alguns bens comuns globais. Regional e/ou sectorialmente, existem também alguns esforços colectivos que reflectem esta preocupação, como o Projecto de Gestão Ambiental e da Água do Programa da Bacia do Mar de Aral (Cazaquistão, Quirguistão, Tajiquistão, Turquemenistão e Uzbequistão) do Banco Mundial (1998), o Protocolo relativo à Protecção do Mar Mediterrâneo contra a poluição resultante da prospecção e da exploração da plataforma continental, do fundo do mar e do seu subsolo (2012), do qual a União Europeia é signatária, ou, por exemplo, as Áreas Marinhas Protegidas existentes um pouco por todo o mundo.

3. Quais os desafios éticos da governação de bens comuns globais?

Existem questões éticas essenciais na definição e funcionamento de todos estes esforços colectivos de governação de bens comuns globais. Algumas destas são mais ou menos explícitas, uma vez que a definição e aplicação de regras de acesso e usufruto cria a possibilidade de exclusão, de tratamento preferencial e, em alguns casos, de extinção do bem em causa. As questões éticas associadas à governação de bens comuns globais tornam-se mais complexas devido à escala e magnitude do que está em causa – a sobrevivência humana.

Acresce ainda que o entendimento de princípios éticos é sensível ao tempo e ao local em que a questão se coloca. Por exemplo, hoje existe uma convergência alargada em se considerar que se deve ter em conta a responsabilidade intergeracional na governação de bens comuns (globais), o que antes da década de 1980 não acontecia. Também, em certas regiões do mundo, a implementação de regras de acesso a determinados bens comuns (globais) depende da capacidade económica que uma pessoa possui, enquanto em outras essa questão não se coloca. Assim, revela-se importante frisar que a ética associada à governação de bens comuns globais é função do sistema de governação no momento em que este está em vigor.

Os arranjos de governação criados para os bens comuns globais centram-se nos Estados como actores responsáveis e de direito na definição das regras de acesso e utilização desses bens, bem como na monitorização do cumprimento dessas regras. No entanto, não existindo um governo global, os Estados podem a qualquer momento sair destes arranjos, deixar de cumprir o estipulado nos mesmos, ou nem sequer participar de todo na sua co-construção. A definição e implementação destes arranjos de governação desencadeiam questões éticas de justiça, de responsabilidade, de precaução, de humanidade e de cooperação, entre outras, as quais se baseiam em entendimentos e práticas que se tornam literalmente vitais quando nos reportamos a bens comuns globais como o ar, a água ou o solo. São questões que se prendem com a sobrevivência diária de seres humanos, mas também com a sobrevivência futura da humanidade. Apesar de estes princípios éticos estarem todos interligados, procede-se a uma discussão segmentada de cada um para melhor evidenciar os aspectos mais relevantes.

Nesta secção, a discussão será ilustrada com referência à governação da água (doce). Convém referir que não há um regime internacional consensual em vigor. Todavia, com base na análise de tratados entre países ribeirinhos que partilham rios, lagos e/ou aquíferos internacionais, bem como de diferentes modelos nacionais de governação, e ainda de acordos globais nesta matéria, é possível identificar alguns princípios e normas de conduta, além das regras legalmente estabelecidas, que orientam a governação deste bem natural à escala global, regional, transnacional, nacional e local.

Princípio de justiça

Quando se discute o princípio de justiça, a sua compreensão envolve múltiplas dimensões. Sem entrar de forma aprofundada na discussão do conceito de justiça propriamente dito, alguns aspectos são importantes no debate em torno dos bens comuns globais, como a igualdade, a equidade ou a razoabilidade. Estes aspectos aplicam-se à partilha do bem em causa, quer em termos de extracção, quer em termos de limites de poluição.

A *igualdade* é hoje comummente aceite, em particular em países democráticos, como um princípio de organização social em que todos os cidadãos devem ter os mesmos direitos, deveres e privilégios. Neste sentido, no que diz respeito à água, este princípio parece ser de aplicação clara. No entanto, com o processo de mercantilização do sector hídrico a partir da década de 1990 – aplicando-se a cobrança pelo consumo da água e possilibitando-se o envolvimento de actores privados –, o entendimento de igualdade alterou-se. Os cidadãos são iguais no acesso ao serviço público de água, mas têm de pagar consoante o seu nível de consumo (ligação com o aspecto da equidade). Não pagando, não têm direito ao acesso à água. Ou seja, o aspecto da igualdade tem sido reinterpretado desde os anos de 1990, implicando a desconexão do serviço de água por falta de pagamento. Desta forma, a igualdade no acesso à água fica condicionada à capacidade financeira de a pessoa pagar por esse serviço.

Quando se analisa o aspecto da igualdade no plano internacional, os contornos alteram-se, pois passa-se a discutir o acesso igual entre Estados a um rio, lago ou aquífero. Neste sentido, é consensual a ideia de que os países ribeirinhos – países que partilham esse corpo de água – têm igual direito de acesso ao mesmo, em detrimento de quem não partilha esse corpo de água (assim como nenhum país tem direito de acesso às águas nacionais de outro país). Contudo, este igual direito de acesso, mesmo entre países ribeirinhos, não é pleno, no sentido em que o aspecto da equidade é também relevante neste caso. Mas, talvez mais importante, um país que fisicamente tenha recursos hídricos escassos não tem direito de aceder a recursos hídricos de outro país, mesmo que seja *apenas* para abastecer a sua própria população. Assim, a igualdade internacional no acesso à água apenas se coloca no que diz respeito a países ribeirinhos, ou seja, a regiões geograficamente localizadas.

A *equidade* está intrinsecamente ligada à igualdade: a ideia é que a igualdade seja aplicada, mas não de forma neutra e sim tendo em conta as necessidades e as condições de cada indivíduo. Assim, logicamente, a equidade deveria sobrepor-se à igualdade no acesso à água, com base na capacidade financeira de pagamento do serviço, por exemplo. A equidade também é aplicada quando se define a prioridade que deve ser dada em termos de abastecimento, caso a água seja escassa: abastecimento doméstico primeiro, depois diferentes actividades económicas e, entre estas, a prioridade é normalmente dada às de serviço público e social (por exemplo, escolas, lares ou instituições públicas de solidariedade social).

A nível internacional, a equidade tem sido entendida como forma de calibrar as necessidades de um país ribeirinho relativamente a outro. Assim, os países não devem apenas partilhar a água comum de forma igualitária, em termos quantitativos, mas devem ter em conta, em primeiro lugar, a dimensão da população residente em cada território e também as actividades económicas instaladas (ou a instalar) que dependem dessa água. Por exemplo, esta questão é muito premente em casos como a bacia hidrográfica do rio Nilo, em que o país mais a jusante – o Egipto – é, historicamente, o mais desenvolvido. O rio Nilo é partilhado por mais dez países – Burundi, Eritreia, Etiópia, Quénia, República Democrática do Congo, Ruanda, Sudão, Sudão do Sul, Tanzânia e Uganda –, e quando alguns destes países conseguiram organizar-se para intensificar os seus processos de desenvolvimento, necessitando de extrair mais água do rio Nilo, o Egipto alegou exactamente a questão da equidade. Ou seja, os outros países ribeirinhos não podiam diminuir o fluxo de água que chegava ao Egipto a ponto de porem em causa a sua economia, sendo necessário definir uma partilha equitativa. Obviamente, os restantes países também utilizaram o aspecto da equidade para defender que necessitavam de mais água para as suas economias se desenvolverem e melhorarem as condições de vida das suas populações. O Egipto tinha feito isso no passado, e agora estes países também tinham o direito de o fazer. Neste caso, a Iniciativa da Bacia do Nilo apresenta como objectivo «atingir o desenvolvimento socioeconómico sustentável, através da utilização equitativa, e do benefício, dos recursos hídricos da Bacia comum do Nilo» (ver http://www.nilebasin.org/). A própria Convenção sobre o Direito Relativo à Utilização dos Cursos de Água Internacionais para Fins Diversos dos de Navegação (1997) refere, no seu artigo 5.º, o princípio da «utilização [...] equitativa e razoável» dos cursos de água internacionais.

A equidade também está interligada com a *razoabilidade*, exactamente para que a aplicação de uma noção de equidade absoluta não ponha em causa o próprio princípio de justiça geral. Assim, a razoabilidade está associada à ideia de bom senso e de proporcionalidade, com base num fundamento que seja considerado sensato, aceitável e adequado à situação. Neste sentido, o decidir pela não desconexão do abastecimento de água por falta de pagamento pode ser baseado numa noção de razoabilidade, uma vez que a água é essencial à sobrevivência humana. Durante o período de austeridade em Portugal (2010–2016), vários agregados familiares deixaram de ter condições para pagar a despesa da água. Porém, não houve uma desconexão em massa aplicada a todas estas famílias. Na esmagadora maioria dos casos, os municípios decidiram assumir o ónus dessa despesa, alegando que não era razoável desligar a água a estas famílias, que estavam a viver uma situação económica precária, nem mesmo a instituições como escolas ou lares.

Internacionalmente, o aspecto da razoabilidade é sempre referido e incluído em tratados e convenções. Por exemplo, na situação de seca que se viveu na Península Ibérica em 2017–2018, a aplicação deste aspecto impediu que Espanha suspendesse de forma plena os fluxos de água das cinco bacias hidrográficas partilhadas com Portugal, por necessitar dessa mesma água em terras espanholas. É necessário haver proporcionalidade e bom senso nas negociações de regras de acesso, nomeadamente em situações de alteração repentina das condições existentes (climáticas, económicas, sociais ou políticas).

Princípio de responsabilidade

A aplicação do princípio de responsabilidade é bastante complexa, porque existe uma responsabilidade entre pares (de igual para igual) e uma responsabilidade hierárquica (transferida das pessoas para as suas instituições governativas e ainda entre gerações presentes e futuras). Esta última responsabilidade prende-se com questões de garantia da aplicação do princípio de justiça, do princípio de precaução, do princípio de humanidade, bem como do princípio de cooperação.

Por exemplo, quando se pensa no princípio do poluidor-pagador, a ideia é atribuir a responsabilidade de indemnizar pelos prejuízos causados, ou de assumir as despesas de mitigação ou limpeza da poluição, a quem foi responsável – em termos de acção – por essa mesma poluição. Este é um princípio que se aplica internacionalmente, por exemplo na poluição dos mares, bem como a nível nacional – em países democráticos. Esta é uma responsabilidade legal, definida e regulamentada em tratados internacionais e legislação nacional e garantida pelos tribunais com a jurisdição relevante. Pode, no entanto, referir-se um outro tipo de responsabilidade que está associado, no plano nacional, a uma ideia de contrato social, em que a população de um determinado país – especificamente países democráticos – atribui a responsabilidade ao Estado de lhe garantir o acesso mínimo aos bens essenciais à sua sobrevivência condigna. Nestes casos, o Estado tem a responsabilidade de assegurar o abastecimento de água, a qualidade do ar, o acesso a alimentação, bem como a outros serviços considerados, em cada país, socialmente essenciais à vida humana. Esta responsabilidade não se resume aos limites do seu território nacional, mas tem também implicações internacionais, relativas à sua posição em diferentes negociações, ao exemplo que pode dar no âmbito de temas menos consensuais e à pressão que pode exercer sobre outros países.

Mas a aplicação do princípio de responsabilidade, em termos éticos, prende-se também, e indissociavelmente, a um entendimento de ética que permeia a própria definição do que está em causa em termos de responsabilidade. Se, por um lado, não é fácil atribuir a um Estado uma dimensão ética, por outro lado, se tivermos em conta que o Estado (democrático) representa uma determinada população e esta, individual e colectivamente, possui um determinado entendimento de ética, então pode dizer-se que cada Estado representa um determinado entendimento de ética resultante da população que representa. No entanto, hoje em dia, as pessoas individuais já não necessitam de ser representadas pelos seus Estados para projectarem as suas preocupações éticas internacionalmente. Assim, existe uma pressão da população relativamente aos seus governantes, de cada Estado em relação aos outros Estados no sistema internacional, incluindo no seio e através de organizações internacionais, mas também de grupos de pressão transnacionais sobre determinados Estados e organizações internacionais, assistindo-se a um processo difuso, com dinâmicas interactivas, dialécticas e que se influenciam mutuamente. Ainda assim, quando se trata de casos de vida ou de morte, por seca ou por fome, ou devido a crises naturais ou a conflitos violentos, é possível identificar uma preocupação ética associada a um princípio de humanidade, em que Estados e organizações assumem um princípio de responsabilidade no sentido de garantir o acesso a água, a alimentação e a bens de primeira necessidade às populações vítimas dessas situações.

Princípio de precaução

A discussão ética associada a bens comuns globais, principalmente quando é centrada em bens ambientais, inclui o princípio de precaução, devido à incerteza das consequências. Este é um princípio nem sempre consensual, uma vez que existe um debate estrutural entre quem defende o princípio de precaução devido ao facto de o ambiente ser caracterizado por sistemas e dinâmicas tão complexos e interligados, que é impossível ter a certeza absoluta dos resultados das acções humanas, e quem defende que, quaisquer que sejam os problemas que possam ou não vir a surgir, a humanidade tem conhecimentos e competências suficientes para encontrar uma solução. Este debate é fracturante em muitas negociações internacionais. Ainda assim, existem disposições internacionais no sentido de se evitar a extinção de determinadas espécies, como no caso da CITES ou da Convenção sobre a Diversidade Biológica. No caso específico dos cursos de água internacionais, existe o princípio da «obrigação de não provocar dano significativo» aos demais Estados ribeirinhos (artigo 7.º). A aplicação deste tipo de princípio é complexa e de difícil monitorização, mas a existência de um entendimento geral sobre o mesmo revela a importância que lhe é conferida, independentemente da posição assumida no debate.

Princípio de humanidade

Todos os princípios até agora discutidos estão interligados e são indissociáveis, em termos éticos, do princípio de humanidade, que tem que ver com solidariedade, empatia e altruísmo. Estes aspectos são normalmente associados a sentimentos de pertença, à partilha de valores, de idiomas, de religião ou de cultura, ancorando o princípio numa lógica de «ajudar aqueles com que nos identificamos mais facilmente». Contudo, em situações extremas, a solidariedade, a empatia e o altruísmo com base humanitária, em que é necessário garantir o acesso a água, a alimentação, a bens de primeira necessidadc, pura e simplesmente porque se trata de seres humanos, são adoptados. O problema é que, por um lado, já se vive uma certa fadiga de crises humanitárias e, por outro, a garantia do acesso no dia-a-dia, na vida quotidiana das pessoas, acaba por ser algo demasiado técnico e localizado ao mesmo tempo. A nível nacional, o princípio da solidariedade normalmente funciona. Cada governo (democrático) considera ser sua função, em termos gerais, garantir o acesso aos bens naturais necessários à vida condigna da sua população, mesmo em situações extremas. Mesmo no caso de pessoas sem cidadania nacional, os governos (democráticos) asseguram os bens de primeira necessidade (ainda que, por vezes, em condições não muito dignas). Internacionalmente, não existe um princípio de solidariedade global *per se*, mas, por exemplo, no caso de rios, lagos ou aquíferos partilhados, na prática, existe uma norma «de direito natural» dos países a jusante à água partilhada. Ou seja, historicamente, os países a jusante têm tido direito de usufruir da água partilhada pelo simples facto de existirem como país ribeirinho.

Ainda assim, importa referir a título ilustrativo que, no caso de água potável, historicamente, a nível internacional, em situações de excepção, várias convenções têm defendido a necessidade de garantir o seu acesso a diferentes grupos: a vítimas de violência armada, a civis em tempo de guerra e a prisioneiros de guerra (Convenções de Genebra, 1949, e respectivos protocolos adicionais, 1977), a mulheres (Convenção sobre a Eliminação de Todas as Formas de Discriminação contra as Mulheres, 1979), a crianças (Convenção sobre os Direitos da Criança, 1989) ou a pessoas portadoras de deficiência (Convenção sobre os Direitos das Pessoas com Deficiência, 2006).

Todas estas convenções definem o direito de acesso à água por estas pessoas, mesmo nas situações mais extremas, independentemente de nacionalidade, capacidade financeira, religião ou qualquer outro aspecto potencialmente discriminatório.

É neste sentido que, em 2010, quer a Assembleia-Geral das Nações Unidas quer o Conselho de Direitos Humanos das Nações Unidas aprovaram resoluções reconhecendo o Direito Humano à Água (e ao Saneamento), institucionalizando o princípio de humanidade no que diz respeito ao acesso à água. Este é um direito individual, de cada ser humano. Mas a sua implementação tem o potencial para criar pressões internacionais entre países ricos e países pobres em água. Esta é uma questão ainda em aberto: como aplicar o princípio de humanidade a pessoas localizadas em outros territórios sem ser em situação de crise, ou seja, qual a responsabilidade de um país rico em água em garantir o direito humano à água de pessoas localizadas num país pobre neste recurso?

4. Como proteger os bens comuns globais?

A aceitação dos princípios discutidos, a sua aplicação e monitorização requerem a criação de instituições que reflictam as dinâmicas e preocupações locais num quadro global, imbuídas dos princípios éticos enunciados. Estes não são apenas aplicados no presente. As preocupações associadas à governação dos bens comuns globais estão intrinsecamente ligadas à questão das gerações futuras. A ideia de desenvolvimento sustentável, que permita que as gerações futuras tenham acesso pelo menos ao mesmo que as gerações presentes, coloca uma pressão inexorável sobre o entendimento, a aceitação e a aplicação destes princípios éticos. Assim, um princípio de intergeracionalidade é essencial para enquadrar a discussão ética associada à governação dos bens comuns globais. Devido à complexidade temporal, local e intergeracional destes princípios, revela-se fulcral considerar ainda um princípio de cooperação inclusiva. Primeiro, porque todo e qualquer problema associado a um bem comum global não tem uma solução individual possível. A sobreexploração e/ou a extinção destes bens só pode ser evitada ou mitigada com base em acções colectivas de todos os envolvidos e afectados. A acção de uma pessoa individual ou de um Estado isoladamente não consegue ter o impacto necessário para evitar a «tragédia dos comuns» ou mitigar os seus efeitos de forma estrutural. E segundo, porque a inclusão não deve ser assegurada apenas pela não discriminação no acesso e usufruto, mas também na co-definição das regras e do entendimento dos próprios princípios. Desta forma, criam-se as condições para uma apropriação multinível e de multiactores das instituições criadas, promovendo dinâmicas resilientes de confiança e de sentimento de partilha, essenciais para lidar com momentos de ruptura de forma cooperante e pacífica. As alterações climáticas, por exemplo, constituem um desafio estrutural à governação de todos os bens comuns globais, transnacionais e locais.

Por fim, a complexidade associada à governação de bens comuns globais tem sido exacerbada com a intensificação de processos de mercantilização de alguns desses bens. A água é um dos casos mais paradigmáticos. Tendo resistido historicamente à apropriação privada, desde a década de 1990 que a sua mercadorização, como bem económico, e a participação crescente de actores privados nos seus modelos de governação criaram novos desafios aos princípios acima discutidos. A lógica de mercado aplicada à governação destes bens faz que a definição das regras de acesso e usufruto seja regida por princípios económicos, os quais não têm subjacente, por definição, nenhuma preocupação ética. O lucro é o principal objectivo de qualquer relação comercial e é maximizado quando os custos são minimizados e a afectação de recursos é a mais eficiente possível. Todos os bens são recursos, e quanto mais escassos mais valiosos em termos económicos. Alguns têm defendido que a criação de incentivos económicos pode ser a forma mais eficiente de proteger os bens comuns. No entanto, há um limite na própria aplicação da lógica de mercado. Por exemplo, quando se discute a definição de quotas de emissões de CO_2, não se prevê a possibilidade de um actor não estatal, não económico, poder comprar essas quotas, segundo a lógica de mercado, apenas para as tirar do mercado e assim diminuir de forma estrutural o montante global de emissões de CO_2.

Desta forma, o grande desafio ético que o predomínio do paradigma económico liberal coloca à governação de bens comuns globais prende-se com a decisão de assegurar que, na aplicação dos princípios acima enunciados, os mais desfavorecidos têm voz na definição das regras de acesso e de usufruto dos bens comuns globais e são protegidos relativamente à procura do bem comum para o benefício de alguns, mas em detrimento de outros. Neste sentido, a educação pode contrariar uma tendência para se fazer a coisa errada, mas a imparável sucessão de gerações requer que a base para este conhecimento seja constantemente renovada (Hardin, 1968). Este constitui o maior desafio aos princípios éticos associados à governação de bens comuns globais.

Referências e leituras recomendadas

Boda, Zsolt, Global Environmental Commons and the Need for Ethics, *Society and Economy* 25, 2003: pp. 213–224.

Buck, Susan, *The Global Commons: An Introduction*, Washington, D. C., e Covelo, Island Press, 1998.

De Moor, Tine, From common pastures to global commons: a historical perspective on interdisciplinary approaches to commons, *Natures, Sciences, Sociétés* 19, 2011: pp. 422–431.

Goldman, Michael (org.), *Privatizing Nature: Political Struggles for the Global Commons,* Londres, Pluto Press em associação com Transnational Institute, 1998.

Haas, Peter M.; Keohane, Robert O. e Levy, Marc A. (org.), *Institutions for the Earth: Sources of Effective International Environmental Protection,* Cambridge e Londres, MIT Press, 1993.

Hardin, Garrett, The Tragedy of the Commons, *Science* 162, 1968: pp. 1243–1248.

Okereke, Chukwumerije, *Global Justice and Neoliberal Environmental Governance: Ethics, Sustainable Development and International Co-operation,* Londres e Nova Iorque, Routledge, 1998.

Ostrom, Elinor, *Governing the Commons: The Evolution of Institutions for Collective Action,* Cambridge, Nova Iorque, Melburne e Cidade do Cabo, Cambridge University Press, 1990.

Ética e globalização: por uma «ética da sobrevivência»

Luís Amado

EDP-Energias de Portugal

A actualidade da ética no mundo contemporâneo é o reflexo não só dos problemas com que nos confrontamos individualmente e das escolhas que temos de fazer, mas também das dificuldades sentidas pela generalidade das organizações, públicas ou privadas, perante transformações e mudanças estruturais que desafiam a sua própria existência.

Historicamente, as questões de natureza ética colocam-se e adquirem sempre mais interesse e atenção em momentos de descontinuidade e de ruptura, quando as escolhas humanas, individuais ou colectivas, impõem opções mais ou menos dilemáticas.

Sucede que estamos a viver precisamente um desses momentos em que, apesar do progresso extraordinário das condições materiais de vida da população mundial, nos interrogamos não só sobre o nosso próprio futuro, mas sobre o destino da humanidade, tendo em conta a «desordem» vigente, a proliferação de guerras e conflitos, a «revolta» da natureza e a emergência de um mundo «pós-humano» que se insinua nas novas fronteiras do poder mundial, da ciência e da tecnologia.

A crise em que temos vivido na última década situa-se na fronteira crítica, extremamente complexa, das interacções entre o funcionamento dos mercados financeiros, o comportamento da economia real e as tensões sociais, políticas e geopolíticas que a crise tem evidenciado de forma mais ou menos dramática, uma crise agravada pela difícil articulação das decisões dos diferentes actores e operadores dos múltiplos sistemas de globalização.

O questionamento da crise e das suas consequências tem particular pertinência no chamado «mundo ocidental», que, sob diferentes formas e categorias, orientou o processo de globalização nos últimos séculos. Aqui, a crítica da globalização tem-se confundido, ao longo desta década, com a própria «crise da globalização», alimentando um amplo debate em torno dos problemas suscitados pelo capitalismo triunfante, pela erosão do modelo democrático liberal e pela crescente consciência da crise ecológica e ambiental. Uma crítica que nos interpela, enfim, sobre os próprios limites do racionalismo científico e do seu método de pensamento, de conhecimento e de poder.

Na procura das origens desta inquietação existencial, somos inevitavelmente confrontados com a ideia de globalização e com toda a problemática que lhe está associada, cujos temas têm dominado a agenda mundial nos últimos 30 anos: os problemas da guerra, a questão nuclear, os limites do crescimento e os problemas ecológicos e ambientais, a sustentabilidade dos diferentes sistemas que suportam a nossa vida em sociedade, as fronteiras da ciência e da tecnologia, entre muitos outros. Esta reflexão desenvolve-se à volta destas questões tendo por referência a ideia de globalização, o seu impacto nas relações sociais e humanas e o despertar do que poderíamos chamar de uma «ética da sobrevivência», que nos obriga a repensar as relações do homem consigo próprio, as relações com «o outro» e a sociedade, as relações com a própria natureza. Enfim, a eterna questão do poder.

Simultaneamente, a presente reflexão tem em conta algumas tendências que caracterizam a evolução das sociedades contemporâneas: o «individualismo», como expressão do extraordinário poder individual gerado pela Internet, fenómeno sem paralelo na história da humanidade; o «tribalismo», como reflexo identitário, reacção natural a uma envolvente política e social cada vez mais instável e insegura; e o «cosmopolitismo», como reflexo de uma urbanização crescente.

Referimo-nos a uma «ética da sobrevivência» centrada na consciência ecológica do humano e da humanidade. É compreensível a desilusão de uma geração que, tendo acreditado poder mudar o homem através da ideologia e pela acção omnipotente do Estado, vê o mundo mudar tão rapidamente pela força dos mercados e da tecnologia. Mas perante a humanidade em risco resta-nos a possibilidade ética de nos modificarmos a nós próprios e, simultaneamente, mudarmos a nossa atitude para com o mundo, para com os outros e para com a própria natureza.

Entre a complacência e o radicalismo, urge o activismo ético como atitude: uma acção fundada numa noção de «objectividade», mais próxima da condição intrínseca do objecto e da intimidade do sujeito que o analisa e que, em última instância, o domina.

Talvez seja ainda possível, através do reencontro do homem com a natureza, reinventar a relação do homem consigo próprio e com o seu semelhante.

1. A crise da globalização

Historicamente, o processo de globalização caracteriza-se por, ao longo dos séculos, desencadear importantes movimentos de troca culturais e civilizacionais e um padrão de evolução e desenvolvimento em que se pode identificar sempre um vector de abertura, de inovação ou de descoberta. Os seus impulsos de aceleração têm normalmente na sua origem importantes descobertas científicas e novas aplicações tecnológicas, traduzindo-se quase sempre no aumento da produção de riqueza, no incremento do comércio e da circulação de capitais e em novos movimentos migratórios.

A matriz da globalização que marcou os últimos 30 anos da história mundial não é diferente, a não ser na amplitude, intensidade e rapidez do fenómeno, resultante de uma singular convergência de factores: a expansão vertiginosa dos mercados a partir dos anos 80, provocada simultaneamente pela liberalização dos movimentos de capitais e pela introdução das categorias do mercado na organização da economia chinesa; a brusca mutação geopolítica provocada pelo desaparecimento inesperado da União Soviética; finalmente, a revolução da Internet.

Na realidade, a globalização a que hoje nos referimos é o resultado dessas mudanças estruturais simultâneas com impacto em todo o mundo e que foram acompanhadas na Europa pela queda do Muro de Berlim e pela reunificação da Alemanha, pondo em causa, definitivamente, o conceito estratégico em que se fundara o processo de integração europeia. O compromisso de Maastricht, que se traduziu na criação do euro e no alargamento da União Europeia (UE) aos países saídos da órbita soviética, provocaria a aceleração «virtual» da integração europeia, com as consequências que a crise da última década viria a revelar. A globalização mudou a natureza do projecto europeu.

Por outro lado, se pensarmos nas vastas regiões do continente asiático que viviam ainda há pouco mais de 30 anos fora da economia de mercado e que desde então foram sendo integradas nos circuitos do capitalismo mundial, nas suas estruturas de produção e de consumo, percebemos melhor a amplitude e a rapidez com que o processo se desenvolveu nas últimas décadas. A aceleração extraordinária da integração da economia mundial é reflexo da rápida expansão do capitalismo, da crescente interdependência dos sistemas financeiros, das novas dinâmicas demográficas e migratórias e, acima de tudo, da revolução nas tecnologias de comunicação e informação provocada pelo desenvolvimento da Internet.

Ora, como hoje se percebe melhor, os efeitos deste processo são muito assimétricos, provocando impactos muito diferenciados nos diversos grupos sociais mais expostos à abertura e às dinâmicas sociais, económicas e políticas por ele geradas, pelo que não devemos estranhar as reacções de hostilidade à globalização que se sucedem, em particular nas economias mais desenvolvidas e no mundo ocidental. Aqui, as poderosas forças de integração planetária acabaram por gerar movimentos contrários de rejeição da globalização cada vez mais influentes.

Foi sempre assim, poderá dizer-se. A história da humanidade sempre se caracterizou pela dialéctica entre conservação e mudança que as crises projectam. Mas para melhor compreender a «crise da globalização», é preciso ter em conta que ela se desenrola na fronteira, extremamente complexa, da inovação tecnológica, do funcionamento dos mercados financeiros, do comportamento da economia real e das tensões sociais, políticas e geopolíticas, que interagem em cadeia, impondo dinâmicas de mudança extremamente rápidas e profundas, que estão a condicionar a evolução da forma como os homens se relacionam entre si, se organizam em sociedade e se relacionam com o ambiente e a natureza em que vivem.

A crise que teve início e epicentro em Wall Street e que se propagou a todo o sistema financeiro internacional e à economia mundial, provocando a Grande Recessão de 2009, projectou, na sua evolução assimétrica, as mudanças verificadas nas três décadas que a precederam, abrindo as portas de um mundo estruturalmente diferente daquele a que nos habituáramos depois do fim da Guerra Fria. As revoluções que abalaram a economia e o sistema internacional, praticamente em simultâneo, durante os anos 80 e 90, alteraram profundamente as relações de produção e de troca entre as principais regiões económicas do mundo. Com a rápida ascensão económica da China, o seu enorme excedente comercial e volume de reservas cambiais, tornando-se no maior credor mundial, o eixo de gravidade da economia mundial deslocava-se rapidamente do Ocidente para a Ásia.

A situação de grande conflitualidade social e política que se viria a revelar com mais ou menos intensidade na generalidade das sociedades ocidentais, nos Estados Unidos da América (EUA) e na Europa em particular, reflecte uma realidade nova que não pode deixar de ser pensada no contexto do longo processo histórico da globalização dos últimos cinco séculos, que assistiu à génese do «mundo ocidental» e à sua hegemonia ideológica, cultural e geopolítica sobre o «resto» do mundo, fosse sob o signo da evangelização, da colonização ou do império.

A «crise da globalização» reflecte o fim da hegemonia do Ocidente e a sua decadência, sendo por isso indissociável da sua própria crise. A grande interrogação em aberto é se a ideia de «Ocidente» resistirá à dinâmica de mudança e de transformação que está em curso na economia mundial e no sistema de poder internacional, pondo em causa as relações transatlânticas e o destino da Europa.

2. A crítica da globalização

A crise da globalização não é alheia à «crítica da globalização», tal como esta foi evoluindo desde o início deste século, nas sociedades ocidentais, como consequência dos impactos mais disruptivos na ordem económica, social e política vigente. A crítica da globalização foi-se desenvolvendo a partir da acção de pequenos movimentos contra a globalização e ganhando cada vez mais expressão política, animada por actores ideológicos muito diversos, como sejam grupos ambientalistas, formações de inspiração marxista, forças nacionalistas ou mesmo grupos radicais islâmicos.

Haverá sempre, na linha do psicólogo e linguista norte-americano Steven Pinker entre tantos outros, quem argumente em defesa da globalização dizendo que, além de todos os problemas que se nos colocam, nunca as condições da vida humana na Terra foram tão favoráveis como hoje, sendo as dificuldades maiores resultantes mais do sucesso do que de falhas do processo de globalização.

Na verdade, trabalhos mais recentes, como os do economista de Oxford Max Rosen, a que Pinker recorre, confirmam que nunca as condições de vida foram tão estimulantes, quando analisamos as estatísticas mundiais sobre os índices de bem-estar humano. Isso justifica que a crise seja percebida de forma muito distinta em razão das suas diferentes vivências nas diversas regiões económicas do mundo.

Mas não é possível ignorar todo um conjunto de problemas, percebidos na Europa e nos EUA, como o resultado da rápida abertura dos seus mercados às economias emergentes em condições de concorrência desigual. Com a entrada da China na Organização Mundial do Comércio (OMC) e a integração dos países da Europa Central e de Leste na União Europeia, os sectores industriais de mão-de-obra intensiva foram muito abalados pelos processos de deslocalização maciça, com enorme impacto no mercado de trabalho, no emprego e nos salários, e reconhecidas consequências sociais e políticas.

Na última década, a crise agudizou ainda mais esta situação, quer na sociedade americana quer nas sociedades europeias, provocando a quebra de rendimento das classes médias e maiores desequilíbrios na distribuição da riqueza. O aumento das desigualdades e a crescente percepção por vastos grupos sociais de terem sido sacrificados em nome da globalização abriu caminho ao populismo político que se instalou na generalidade das democracias ocidentais, em torno de uma mistura ideológica cujo vector comum é a rejeição da abertura e do internacionalismo liberal.

A surpreendente vitória de Trump, a saída do Reino Unido da União Europeia e a queda vertiginosa dos partidos tradicionais que governaram a Europa nas últimas décadas são acontecimentos que reflectem a amplitude do movimento ideológico e político adversário da globalização. Quando as potências que lideraram este processo em nome de uma visão liberal do mundo se colocam exactamente na posição oposta, de rejeição do internacionalismo e de afirmação estrita de uma política fundada nos interesses nacionais, temos seguramente razão para preocupação. E quando a defesa do internacionalismo e do livre comércio passa a ser assumida pela China, é porque alguma coisa mudou no mundo e na vida internacional.

Por outro lado, no Ocidente, a crítica da globalização confunde-se simultaneamente com a crise do capitalismo e com a crise da democracia representativa. Se a expansão universal do capitalismo e o reconhecimento da supremacia da economia de mercado foram o reflexo automático do fim da União Soviética e da introdução do capitalismo na China, para os que viram o fim da história no triunfo universal do capitalismo e na expansão da democracia liberal, a situação política internacional não podia ser mais desconfortável. A crescente dificuldade de resposta do capitalismo e do mercado aos problemas que eles próprios geram acompanha não só a recessão da democracia no mundo, como a preocupante erosão da democracia liberal no Ocidente, ao mesmo tempo que um modelo alternativo, de capitalismo de Estado, autoritário, se impõe e consolida em outras regiões.

Para compreender a evolução possível desta situação, importa analisar alguns dos factores de disrupção da ordem política liberal, designadamente a tecnologia, o funcionamento dos mercados e as forças geopolíticas.

Disrupção tecnológica

A disrupção tecnológica tem sido e continuará a ser o principal catalisador da inovação e da mudança na economia e no sistema financeiro, na organização social e na própria actividade política. A revolução digital em curso, nos seus vários desenvolvimentos – robótica, armazenamento e tratamento de dados, inteligência artificial –, a par de importantes inovações nos campos da genética, da biologia e da medicina continuarão a impor mudanças dramáticas na forma como vivemos e morremos, como produzimos e consumimos, como utilizamos os tempos livres e nos relacionamos em sociedade.

O impacto da terceira vaga da revolução da Internet, que já se iniciou, será porventura ainda mais disruptivo do que os anteriores e as suas implicações a prazo, em termos económicos, sociais e mesmo políticos, não são ainda perceptíveis em condições de nos podermos sentir confortáveis e seguros.

Podemos, contudo, antecipar todo um conjunto de novos problemas que algumas dessas inovações mais inesperadas não deixarão de suscitar nos domínios da organização económica e social, da responsabilidade política, mas também nos planos da moral e da ética.

Disrupção dos mercados

Um segundo factor de disrupção, a que temos de continuar a dar a devida atenção, prende-se com o funcionamento dos mercados à escala global, tendo em conta a sua dimensão e complexidade, as suas dinâmicas próprias cada vez mais difíceis de prever e controlar, a sua volatilidade e a dificuldade de definir os quadros regulatórios ajustados às diferentes condições económicas regionais em situação de interdependência numa economia globalizada.

A crise revelou também que, entre a «ordem espontânea» de Adam Smith (na convicção de que a ordem surge espontaneamente do caos, característica do liberalismo) e a «ordem decretada» de Karl Marx (na prossecução de um plano bem ordenado), há um território imenso de temas e problemas a que a teoria económica tem de procurar responder através de novas ferramentas teóricas. A globalização económica e a sua crise impuseram uma realidade nova à economia enquanto disciplina, que tem conhecido um processo de experimentação ao longo da última década cujos resultados são ainda difíceis de avaliar. Mas se foi possível dominar a crise levando as políticas monetárias para territórios pouco conhecidos e através de uma acção coordenada dos Bancos Centrais, ninguém parece estar ainda bem seguro de como sair deles sem provocar nova crise, sobretudo tendo em conta as nuvens de incerteza associadas ao renascimento do nacionalismo económico e do proteccionismo, com consequências políticas e geopolíticas difíceis de avaliar em toda a sua extensão.

Disrupção geopolítica

Um terceiro factor gerador de eventuais rupturas que importa acompanhar prende-se com as profundas alterações geopolíticas que estão a provocar uma reconfiguração das relações de poder no plano mundial: o regresso da política das grandes potências, atendendo à crescente rivalidade competitiva entre os EUA, a China e a Rússia e o seu impacto nos diferentes sistemas de equilíbrio de poder regional, em particular na Europa. Este cenário acentua uma inegável dinâmica de confrontação, o aumento das tensões e dos conflitos que se propagam um pouco por todo o mundo pondo em causa a paz no sistema internacional, agravando o quadro de incerteza, de instabilidade e de insegurança em que nos encontramos.

Como fenómeno mais preocupante, não devemos ignorar as tensões que se projectam no mundo ocidental, nas relações transatlânticas e, em particular, na Europa, pondo seriamente em risco o destino do projecto de integração europeia.

Perante factores tão poderosos de transformação e de mudança, é fácil compreender as dificuldades dos Estados e dos respectivos sistemas políticos em garantir o controlo adequado dos processos em curso.

Estamos confrontados com uma nova fenomenologia política que exige uma agenda ética própria, dada a natureza dos novos problemas que emergem desta realidade, ao mesmo tempo que assistimos à inexorável erosão dos mecanismos de representação e de intermediação política, instrumentos essenciais do regular funcionamento das democracias liberais.

Simultaneamente, a questão do Estado e a questão da soberania ganham actualidade pertinente num contexto internacional em que o unilateralismo e a política das grandes potências impõem a sua própria agenda, nem sempre em conformidade com as prioridades da agenda mundial e com a necessidade de respostas globais para problemas que afectam toda a humanidade.

A dificuldade da situação internacional deriva do que poderíamos chamar de o «paradoxo da globalização» – um mundo de crescente interdependência reforçada pela hiperconectividade gerada pelas empresas, pelos agentes económicos e pelos indivíduos, em contraste com uma infra-estrutura política e geopolítica em fracturação.

O que torna a actualidade política particularmente perigosa é justamente a enorme pressão que incide sobre os Estados, sobre os governos e sobre a actividade política em geral, estando os seus agentes cada vez mais condicionados por factores que escapam ao seu controlo.

3. A ética da sobrevivência

A «crise da globalização» corresponde a um momento de ruptura ou de descontinuidade do próprio processo de globalização, como outros que podemos identificar ao longo dos séculos passados.

Uma diferença a registar quando comparamos a crise actual com as crises do passado reside, contudo, na mudança sem paralelo na estrutura e natureza do poder mundial. A comparação recorrente com os Anos 20 do século passado esbarra em dois factores importantes: a extraordinária interdependência económica entretanto gerada e, no plano geoestratégico, a existência dos arsenais nucleares, ou seja, a «impossibilidade» da guerra entre as grandes potências como forma clássica de ultrapassar as rivalidades, as contradições e os conflitos de interesses em presença.

Mas se a guerra directa entre as potências nucleares não pode ser racionalmente percebida como «a continuação da política por outros meios», isso não significa que a «impossibilidade da guerra» entre as principais potências reforce as probabilidades da paz, adaptando livremente os famosos conceitos do filósofo e sociólogo francês Raymond Aron (de transição entre a pluripolaridade e a bipolaridade, entre a homogeneidade e a heterogeneidade, e reciprocamente), um dos grandes pensadores contemporâneos do fenómeno da guerra. Pelo contrário, assistiremos certamente à proliferação dos conflitos, à reinvenção da guerra, à «guerra híbrida», uma estratégia militar que conjuga diversos tipos de táctica, das convencionais às cibernéticas, que começa hoje a proliferar.

Nesta perspectiva, a «crise da globalização» em que vivemos adquiriu, além das suas dimensões estritamente financeira, económica, social e política, uma dimensão antropológica que não pode deixar de nos inquietar e de nos questionar, individual e colectivamente, nos planos moral e ético.

Ao longo dos últimos séculos, germinou no Ocidente a ideia de que era possível transformar o mundo pela violência identitária da luta de classes, do nacionalismo ou da religião. O rasto de tragédia que fica das ideologias que dominaram o pensamento político ocidental envergonha a humanidade.

Perante os desafios que a crise actual nos coloca, impõe-se, mais do que nunca, uma abordagem de verdadeiro questionamento ético, sem respostas antecipadas e sem os constrangimentos da moral. Como sublinha recorrentemente o filósofo australiano Peter Singer, a ética não tem tanto que ver com o que não podemos fazer quanto com o que podemos e devemos fazer.

Designamos por «ética da sobrevivência» tudo o que nos questiona sobre uma humanidade em risco e nos obriga a repensar as relações do homem consigo próprio, as relações com «o outro» e a sociedade, ou as relações com a própria natureza.

Esta reflexão não pode ignorar algumas tendências que marcam a evolução das sociedades contemporâneas e que justificariam por si só um outro ensaio.

O individualismo

A primeira dessas tendências é o «individualismo». Se aceitarmos, como considera Jean-François Mattéi (2018), que a globalização «é o processo de unificação de toda a Terra e, em consequência, de todos os homens que a habitam ou habitarão», nada terá contribuído mais para a aceleração a que atrás aludimos do que o desenvolvimento da Internet com as suas inúmeras aplicações económicas e sociais, associado à revolução que provocou nos processos de comunicação e informação à escala mundial. O processo de «unificação de toda a Terra» adquiriu com a Internet uma direcção inesperada, ao colocar os indivíduos no centro de um processo que durante séculos teve o monopólio dos Estados. Efectivamente, a Internet conferiu a cada ser humano um poder extraordinário de acesso a ilimitadas redes de informação, conectividade e comunicação constituindo um elemento de notável acréscimo de poder, reforçando a esfera de autonomia individual e social. Este fenómeno não tem paralelo na História. Que homem e que humanidade daqui resultarão? Eis a mais difícil e mais inquietante das interrogações.

O tribalismo

Em paralelo, desenvolve-se uma outra tendência de reconfiguração social associada ao «tribalismo», reflexo identitário de insegurança ou medo, fenómeno normal em sociedades pressionadas pela mudança. Nas sociedades democráticas, as correntes populistas que o animam continuam a ganhar audiência perante a pressão migratória e a percepção de agravamento de factores de risco e de novas ameaças, colocando sérios desafios à governabilidade e à estabilidade social e política.

Individualismo e tribalismo colocam problemas éticos diferentes, mas complementares, e tanto um como outro alimentam a dinâmica de fragmentação social que ameaça a coesão e a estabilidade da generalidade dos sistemas políticos democráticos.

O cosmopolitismo

Uma terceira tendência que devemos integrar na nossa reflexão é a do «cosmopolitismo» associado a uma urbanização crescente, funcionando em contraponto aos fenómenos anteriores numa perspectiva mais favorável aos princípios da globalização e aos valores da abertura e do internacionalismo. A estabilidade da vida urbana exige uma convivência quotidiana e uma sociabilidade interétnica e intergeracional que tenderá a evitar a segregação e a exclusão identitárias, sob pena de as cidades do futuro se transformarem em campos de guerras civis intermináveis. É aqui, por isso mesmo, que os valores do cosmopolitismo e do humanismo universalista acabarão por se impor.

São estas considerações que nos transportam até à ideia de uma «ética da sobrevivência», centrada na consciência ecológica do humano e da humanidade em risco a que as novas gerações parecem ser particularmente sensíveis.

Se no plano individual não podemos transformar o mundo, podemos mudar a nossa atitude individual para com ele e contribuir assim para uma maior consciência colectiva dos seus problemas. Se ainda há uma réstia de esperança, ela reside na serena consciência de cada ser humano, na sua relação consigo próprio, com os outros e com a natureza.

Referências e leituras recomendadas

ARON, Raymond, *Penser la guerre, Clausewitz,* [*s.l.*], Gallimard, 1976.

MACDONALD, James, *When Globalization Fails: The Rise and Fall of Pax Americana,* [*s.l.*], FSG, 2015.

MATTÉI, Jean-François, *Éthique et économie,* [*s.l.*], Éditions Manucius, 2018.

PINKER, Steven, *The Better Angels of Our Nature,* [*s.l.*], Penguin Books, 2012.

PINKER, Steven, *Enlightenment Now,* [*s.l.*], Allen Lane, 2018.

SERVAN-SCHREIBER, Jean-Louis, *L'humanité: apothéose ou apocalypse?*, [*s.l.*], Fayard, 2017.

SINGER, Peter, *Ethics in the Real World,* [*s.l.*], [*s.n.*], 2017.

TEGMARK, Max, *Life 3.0: Being Human in the Age of Artificial Intelligence,* [*s.l.*], Allen Lane, 2017.